珞珈铸魂丛书

珞珈铸魂

武汉大学课程思政论文集

（第一辑）

主编 周叶中

WUHAN UNIVERSITY PRESS
武汉大学出版社

图书在版编目（CIP）数据

珞珈铸魂：武汉大学课程思政论文集. 第一辑／周叶中主编 .
武汉 :武汉大学出版社,2025.7. -- 珞珈铸魂丛书 . -- ISBN 978-
7-307-24803-8

Ⅰ. G641
中国国家版本馆 CIP 数据核字第 2024QJ5583 号

责任编辑:喻　叶　　　责任校对:鄢春梅　　　版式设计:韩闻锦

出版发行: **武汉大学出版社** 　（430072　武昌　珞珈山）
　　　　（电子邮箱: cbs22@ whu.edu.cn　网址: www.wdp.com.cn）
印刷:武汉邮科印务有限公司
开本:720×1000　1/16　印张:20.25　字数:331 千字　插页:2
版次:2025 年 7 月第 1 版　　2025 年 7 月第 1 次印刷
ISBN 978-7-307-24803-8　　定价:88.00 元

珞珈铸魂：武汉大学课程思政论文集
（第一辑）
编委会

主　编　周叶中

副主编　陈慧女　邱　超

编　委（以姓氏拼音为序）

　　　　陈慧女　陈苏一　陈训威　郭贤星

　　　　黄　舒　姜　昕　邱　超　唐　飞

　　　　王　郢　张　晶　邹进贵　周叶中

　　　　朱智敏

序

习近平总书记在党的二十大报告中指出，"教育是国之大计、党之大计。培养什么人、怎样培养人、为谁培养人是教育的根本问题"，强调"育人的根本在于立德"。因此高等教育作为"着力造就拔尖创新人才"的主阵地，必须把育人和育才相统一，把弘道、崇德、明理、固本、育心、铸魂贯通落实于人才培养全过程，在突出知识性、专业性教育的同时，坚持教育的价值塑造和精神培育。

全面实施课程思政，就是围绕教育的根本问题，培养中国特色社会主义事业建设者和接班人的重要举措。课程思政建设回应时代潮流之变化、世界格局之新形势、中国社会进步之要求、人的全面发展之需要，通过成人与成才教育有机融合，价值引领、知识传授和能力培养内在融通，思想政治教育体系与专业课程体系同向同行，对"三全育人"长效机制的探索与实践等，努力培养德才兼备、有理想有信念、愿意为中国特色社会主义事业不懈奋斗的时代新人。一流大学担负着为中华民族伟大复兴大业培养栋梁之才的社会责任，无疑应以课程思政建设为重要抓手和发力点，力践笃行，有为、勇为、能为、善为、精为，不断推进人才培养、教育教学改革、教育管理等工作全方位实现新跨越。

武汉大学高度重视课程思政建设，不仅成立了学校课程思政工作领导小组，构建起课程思政建设完备的组织体系和工作制度，引导广大专业课教师切实将课程思政建设落实到课程目标设计、教学大纲修订、教材编审选用、教案课件编写和教学评价等方面，贯穿于课堂授课、教学研讨、实习实训、创新创业等各环节，确保课程思政建设见功见效，从而形成全员参与、教学过程全融入、全链条推动的全覆盖课程思政格局，而且举办全校课程思政说课大赛和教学创新大赛，开展课程思政示范专业、课程思政示范课程、课程思政示范课堂、课程思政优秀案例、课程思政优秀教学研究论文等评选工作，力求"以赛促教""以评促研"，推动广大教师进一步强化育人意识，找准育人角度，提升育人能力。

本论文集收录的是 2022 年武汉大学课程思政教学研究论文评选活动中遴选出来的优秀论文，涵盖哲学、经济学、法学、教育学、文学、历史学、理学、工学、医学、管理学、交叉学科 11 个学科门类和水利类、电气类、测绘类、环境科学与工程类、生物工程类、建筑类、基础医学、临床医学、口腔医学、公共卫生与预防医学、药学等 10 多个专业教育领域的课程思政教学探索。论文研究内容聚焦当前高校课程思政教学内容供给、教学方法实施、教学评价研究等重点、难点、前瞻性问题，围绕不同学科专业人才培养特色，对课程思政教学特点、思维方法和价值理念进行探索，显示了武汉大学课程思政建设"研学理、讲方法、重落实、求实效""以知导行、由行致知、知行并进"的特点。这些教育理论探讨、教学经验总结、教学活动反思、教学前沿探索，对于进一步推动专业教育与思政教育深度融合，深化高等教育教学改革，提升高校人才培养能力具有启示性价值。

当然，课程思政建设是一篇大文章，无论理念、思路和举措都还需要不断探索和总结，但我们希望能通过本书与兄弟高校的同行们对话交流，开阔思路、凝聚共识、汇聚力量、共进务成，共同推动课程思政建设和教育教学创新发展走深走实，谱写新时代高等教育人才培养的新华章。

周叶中

目　　录

浅析高校思政课程与课程思政协同育人的逻辑理路

余永跃[1]　徐丽姗[2]

(1. 武汉大学　马克思主义学院，湖北　武汉　430072；

2. 乐山师范学院，四川　乐山　614000)

摘　要：高校推进思政课程与课程思政协同育人，构建"大思政"格局，构筑"育人共同体"，提升思想政治工作实际效能，是新时代我国高校落实立德树人根本任务的新路径选择。高校思政课程与课程思政协同育人有着深厚的内在逻辑，为此，要加强学理研究，奠定坚实的理论基础；要明确主体责任，构建体系化长效机制；要完善评价体系，确保呈现良性发展态势，以期实现协同育人实效。

关键词：思政课程；课程思政；协同育人

2016 年 12 月，习近平总书记在高校思想政治工作会议上强调"要把思想政治工作贯穿教育教学全过程""其他各门课都要守好一段渠、种好责任田，使各类课程与思想政治理论课程同向同行，形成协同效应"。① 就是要求所有课程都要紧紧围绕"育人"目标，充分挖掘好每一门课程的"德育"元素，构建"大思政"格局，落实好立德树人的根本任务。此后，教育部将思政课程与课程思政建设的具体要求列入推进高校思想政治工作的有关文件中，如《教育部关于加快建设高水平本科教育全面提高人才培养能力的意见》《关于深化新时代学校思想政治理论课改革创新的若干意见》《高等学校课程思政建设指导纲要》等，对思政课程与课程思政协同育人进行了统筹规划和全面指导。上海一批高校走在课程思政建设的前列，率先在所有课程中融入"思政育人"的教学

---

① 习近平：《习近平谈治国理政（第二卷）》，外文出版社 2017 年版。

理念，取得了可喜的实效。随后，思政课程与课程思政协同育人在全国高校达成广泛的共识。近年来，我国高校在扎实推进思政课程与课程思政协同育人机制建设、理论研究和实践探索等方面取得了长足进展，为高校思政教育工作开辟了一条全新的路径。

一、高校思政课程与课程思政协同育人的内在逻辑

我国历来高度重视学生的思政教育工作，始终把"德育"放在首位，根源于中华优秀传统文化，贯穿于中华民族筚路蓝缕的奋斗历程。近代以来，中国共产党创造性地将马克思主义与中华优秀传统文化相结合，走出了一条中国特色社会主义道路，为思政教育工作提供了行动指南。新时代，党中央将高校思政课程与课程思政协同育人深化推进，借助所有课程体系的系统合力，以确保同向同行，提升育人实际效能。

1. 思政课程与课程思政协同育人有着优良的历史传统

回顾我国历史发展长河，中华民族五千年文明沃土中蕴含着深厚的"德育"思想。孔子云："君子怀德"，他心目中的"仁、义、礼、智、信"是德育的主要内容，主张"德育"是教育的根本，应放在首要位置。董仲舒提出"善为师者，既美其道，有慎其行"，其中"道"即是"德育"。他强调，好的教师应以道德教化为本来教育学生。在任北京大学校长期间，蔡元培提出"德育实为完全人格之本"，主张通过后天的道德教育完成对人格的建构。[1] 此外，马克思恩格斯在《共产党宣言》中提出"每个人的自由发展是一切人的自由发展的条件"，[2] 即"人的全面发展"理论，涵盖了人的劳动、能力、素质、个性和社会关系的全面发展，[3] 正如我国一直以来突出强调的要培养全面综合能力发展的人，而不是马尔库塞的"单向度的人"。纵观我国教育事业发展进程，"大思政"的"德育"理念并不是新概念，我国历代领导者都十分重视，并不断继承和丰富德育思想内容。毛泽东提出："我们的教育方针，应该使受教育者在德育、

---

① 高德毅：《实施大中小德育课程一体化建设的现实需求》，载《社会主义核心价值观研究》2017年第3期，第74页。

② 《马克思恩格斯选集（第一卷）》，人民出版社2012年版，第199页。

③ 张瑞芳、徐鹏杰：《新时代高校思政课课程引领课程思政建设的逻辑理路》，载《教育理论与实践》2022年第6期，第45页。

智育、体育几方面都得到发展，成为有社会主义觉悟的有文化的劳动者。"；① 邓小平强调"特别要抓思想工作，做人的工作"；② 江泽民讲道："思想政治教育，在各级各类学校都要摆在重要位置，任何时候都不能放松和削弱。"；③ 胡锦涛指出要"增强青年思想政治工作针对性和实效性"；④ 习近平强调："要旗帜鲜明加强思想政治教育、品德教育，加强社会主义核心价值观教育。"；⑤ 等等，皆为思政教育拓展新局面、取得新成效提供了科学指导和根本遵循。⑥

2. 思政课程与课程思政协同育人有着同向的价值追求

习近平指出，思政课与其他课程都有着共同的价值追求，即立德树人，把青年一代培养造就成德智体美劳全面发展的社会主义建设者和接班人。⑦ 立德树人是高校的根本任务，而课程是实现这一任务的主要载体，这就意味着高校所有课程都承担着"育人"的历史使命和时代责任，共同达成知识传授、价值塑造与能力提升相统一的教学实效。思政课程与课程思政协同育人有着高度契合的逻辑基础，思政课程与课程思政都蕴含着丰富的思想政治教育元素，其本质都是要充分发挥内在的思想政治教育"育人"功能，是一个"育人共同体"。第一，从教育教学目的来看，坚持社会主义的办学教育方向，突出强调人的全面发展，要"培养社会主义合格建设者和可靠接班人"。第二，从教育教学过程来看，借助思想政治教育元素，聚焦培育社会主义核心价值观，以落实好"全员全程全方位"育人理念。第三，从教育教学模式来看，依靠新时代先进的教育教学理念和手段，注重政治引领和价值引领，实现协同育人机制螺旋式上升推进。这也是对"培养什么人、怎样培养人、为谁培养人"这一教育根本性问题的最有力回答。我国是以马克思主义理论为指导的社会主

---

① 毛泽东：《毛泽东文集（第七卷）》，人民出版社 1999 年版，第 226 页。

② 邓小平：《邓小平文集：一九四九——一九七四年（下卷）》，人民出版社 2014 年版，第 120 页。

③ 江泽民：《江泽民文选（第二卷）》，人民出版社 2006 年版，第 332 页。

④ 胡锦涛：《胡锦涛文选（第三卷）》，人民出版社 2016 年版，第 590 页。

⑤ 习近平：《习近平重要讲话单行本（2020 年合订本）》，人民出版社 2020 年版，第 278 页。

⑥ 吴满意、景星维：《精准思政：内涵生成与结构演化》，载《学术论坛》2019 年第 5 期，第 133 页。

⑦ 习近平：《在纪念五四运动 100 周年大会上的讲话》，载《人民日报》2019 年 5 月 1 日。

义国家，办中国特色社会主义高校是最鲜亮的底色。思政课程与课程思政协同育人必须统一到坚持中国特色社会主义这一正确的政治方向，坚持德智并举，厚植学生爱国主义和爱社会主义的基因，引导学生树立正确的世界观、人生观和价值观，增强学生的理想信念和社会责任意识，牢固树立中国特色社会主义道路自信、理论自信、制度自信和文化自信，合力培养又红又专、文道统一、干劲十足的新时代青年。①

3. 思政课程与课程思政协同育人有着互补的功能质效

中国特色社会主义进入新时代，面对西方主流意识形态和价值观念的渗透、美国霸权主义的战略打压和围追堵截以及"历史终结论""民主社会主义"的抹黑等多种风险挑战，传统的思政课程教育已无法单独承担起新时代"育人"使命，而思政课程与课程思政协同育人正是破解这一时代难题的新指针，唯有将这一"育人共同体"形成合力，同向发挥育人功能才能取得事半功倍的成效。思政课程与课程思政的"育人"本质是一致的，但两者"育人"功能的地位和作用略有不同。第一，思政课是落实立德树人根本任务的关键课程。思政课程是高校开展思想政治教育的主渠道，主要是通过"基础""原理""形势与政策"等几门思政必修课的学习讲授，旗帜鲜明地强调"显性"政治标准，强化对学生社会主义政治方向的正确引导和价值取向的塑造，具有较强的马克思主义意识形态属性，是巩固马克思主义主导地位、推进马克思主义理论建设、提高马克思主义理论素养的关键课程。② 第二，课程思政是"守渠种田"的重要课程。课程思政是一种课程观念和教育理念，是借助专业课中的思政元素来强化补充思想政治教育意识和功效，是课堂上的"隐性"教育。正如高德毅、宗爱东（2017）指出，"课程思政"其实质不是增开一门课，也不是增设一项活动，而是将高校思想政治教育融入课程教学和改革的各环节、各方面，实现立德树人润物无声。③ 这种思政课程与课程思政育人功能的不同定位，就明确要求我们不能把思政课程上成可有可无的"副科"，也不能把课程思政上

---

① 郑敬斌、孙雅文：《思政课与其他课程同向同行的逻辑前提、现实梗阻与实践指向》，载《高校辅导员》2019 年第 8 期，第 30 页。

② 骆郁廷、李俊贤：《思政课何以成为立德树人的关键课程》，载《马克思主义理论教学与研究》2021 年第 1 期，第 113 页。

③ 高德毅、宗爱东：《从思政课程到课程思政：从战略高度构建高校思想政治教育课程体系》，载《中国高等教育》2017 年第 1 期，第 44 页。

成思政课程或是简单的"主科"。思政课程凭借"政治理论"显性优势，抓住马克思主义理论这一逻辑主线，夯实学生政治理论基础，而课程思政凭借"专业素养"优势，借助课程内在的思政精神元素，以更具生动性和说服力的教学案例来"印证"思政课程的合理性和正确性。两者相辅相成、功能互补、相互支撑、殊途同归，共同达成协同育人效应。

二、推进高校思政课程与课程思政协同育人的现实困境

高校思政课程与课程思政协同育人是一项系统性工程，需要长期不懈地全力构筑"四梁八柱"，才能更好落实"全员全程全方位"的育人理念。近年来，党中央高度重视大学生的思想政治教育工作，许多高校在思政课程与课程思政协同育人方面进行了大胆的创新与实践，学者也从各个维度进行这方面的探讨和研究，取得了丰富的理论和实践成果，但在推进协同育人过程中存在的一些现实困境制约着"育人"实效的提升。

1. 思政课程与课程思政协同育人的有关理论研究不足

邱仁富（2019）在研究有关社会主义核心价值体系话语权一书中指出："唯有过硬的理论支撑，才能孕育出具有理论性、说服力、引领力的价值体系。"[1]同样，思政课程与课程思政协同育人工作的推进也离不开相应的理论基础支撑，唯有扎根于深厚的理论土壤，才能勾画出最大育人"同心圆"。当前，思政课程与课程思政协同育人的有关理论研究不足，主要体现在以下三个方面。

一是协同育人的理论体系研究不足。2022年8月，用"思政课程""课程思政""协同育人"关键词在中国知网上共检索出3287篇文章，发表时间主要集中在2017年至2022年，有关研究成果的数量呈逐年增加趋势。其中，2021年发表的有关研究论文达到峰值，全年共发表论文1346篇。对思政课程与课程思政协同育人的研究内容主要聚焦在逻辑关系、机制构建、实现路径、模式改革等应用型对策建议研究，在搜索基础上增加"理论体系"一词后，仅搜索到98篇论文。可见，有关协同育人理论体系的分析研究明显不足。缺乏强

---

① 邱仁富：《多元文化互动视域下社会主义核心价值体系话语权研究》，人民出版社2019年版，第232页。

有力的理论支撑研究，说服力也会相应地被弱化，势必会造成对协同育人的理论逻辑和未来发展态势把握不准确，从而制约着合力育人成效。吕宁（2018）提出，要着力构建"思政课程"与"课程思政"协同育人体系，探索建立"大思政"育人格局，固化两者协同育人的建设体系。① 陆道坤（2022）指出，理论体系的建设至关重要，但其难点在于理论逻辑的科学建构与历史逻辑的系统厘清，此是一项基础性工作。②

二是协同育人的多学科融合研究不足。近年来，教师对思政课程与课程思政协同育人的教育教学理念的认识有明显提升，对利用课程的思想政治教育元素培养学生也达成高度共识，但对于协同育人的视野不够开阔，育人元素的挖掘把握不准确，多学科融合育人的研究不够等问题还需要不断地破解。一方面，缺乏系统性多学科融合协同育人规划。教师热衷于挖掘自己讲授的单一课程的思政元素，比较随意化和碎片化地嵌入课程，没有系统性研究各类课程中思政元素"育人"的关联性和耦合性，协同育人效果会大打折扣，难以实现 1+1>2 的育人实效。另一方面，缺乏多学科融合协同育人的支撑点。长期以来，高校人才培养以学科专业为基础，学科壁垒的存在致使各类课程"各自为政""单独发声"，③ 给多学科融合协同育人带来困窘，缺乏多学科融合的研究与探索，不同学科协同育人的交融点和支撑点亟待深入探索。

三是协同育人的一般规律研究不足。毛泽东同志教导我们要"从感性认识而能动地发展到理性认识，又从理性认识而能动地指导革命实践，改造主观世界和客观世界"。④ 从辩证唯物论的角度出发，理性认识即规律性的认识，对协同育人的感性认识应上升为一般规律性理论，再回归指导协同育人的实践。纵观自 2017 年思政课程与课程思政协同育人成为学者研究的热点以来，有少数学者专注于对"上海模式"的分析研究，如张正光（2018）认为，上海市推行的"思政课程"与"课程思政"同向同行的教学改革实践，形成了一整套有

---

① 吕宁：《高校"思政课程"与"课程思政"协同育人的思路探析》，载《大学教育》2018 年第 1 期，第 122~124 页。

② 陆道坤：《新时代课程思政的研究进展、难点焦点及未来走向》，载《新疆师范大学学报（哲学社会科学版）》2022 年第 3 期，第 43~58 页。

③ 燕连福、温海霞：《高校各类课程与思政课同向同行育人的问题及对策》，载《高校辅导员》2017 年第 4 期，第 13~19 页。

④ 毛泽东：《毛泽东选集（第一卷）》，人民出版社 1991 年版，第 296 页。

实效、易操作、可推广的应用模式，实现了"思政课程"与"课程思政"的"无缝对接"。① 高锡文、郭晓平等人持类似观点。与此同时需要引起学界重视的是，截至目前还鲜有学者聚焦两者协同育人的规律性研究。

2. 思政课程与课程思政协同育人的主体责任不清晰

习近平强调："我国高等教育肩负着培养德智体美全面发展的社会主义事业建设者和接班人的重大任务。"② 当前，我国高等教育的人才培养目标是为中国特色社会主义事业培养合格的建设者和接班人，这正是高校思政课程与课程思政协同育人的根本任务和中心工作。高校在两者协同育人这一全局性、整体性和系统性工程中，搭建起"学校—学院—教师—学生"四级主体机制运作。在推进思政课程与课程思政协同育人有效落实过程中，各方面联动运行取得了一定成效，但各大主体还存在着一些责任划分不清晰、协同育人实际效能受制约的问题。

一是学校主体责任有待进一步明确。学校党委对思政课程与课程思政协同育人负有主体责任，是推进协同育人的坚强领导力量和重要组织保障。近年来，学校党委积极构建协同育人机制，多措并举加强马克思主义学院建设，但仍存在着一些困惑。一方面，学校贯彻落实国家有关协同育人的政策规定不打折扣，但对本校协同育人的统筹规划和整体布局把握不够，育人特色性与长效性的思考还不足。另一方面，在具体推进中，学校各职能部门的协同配合偶有"缺位""断档"现象。各职能部门认为此项工作是"谁牵头谁负责"，是某一职能部门或者学院的任务，没有深刻领会"全员全程全方位"育人的内涵。

二是学院主体责任有待进一步细化。学院是落实好学校协同育人方案的具体实施单位，承载着指导不同学科和专业的教师挖掘蕴含的思想政治教育资源的重要任务，既是学校政策的"传达者"，又是执行好政策的"中坚力量"。但学院推进协同育人的主导作用不够理想，只做学校政策的"宣传员"，把协同育人的责任直接传输给教师，而学院则成为协同育人的"甩手掌柜"或"中梗阻"，根本没有发挥带动教师提升协同育人能力的积极作用。

---

① 张正光：《"思政课程"与"课程思政"同向同行的逻辑理路》，载《思想政治课研究》2018年第4期，第16~19页。

② 习近平：《把思想政治工作贯穿教育教学全过程，开创我国高等教育事业发展新局面》，载《人民日报》2016年12月9日。

　　三是教师主体责任有待进一步精准。习近平在学校思想政治理论课教师座谈会上指出："办好思想政治理论课关键在教师，关键在发挥教师的积极性、主动性、创造性。"构建思政课程与课程思政协同育人"大思政"格局的关键也在教师，教师是协同育人的"主力军"。当前，教师主体责任的精准度还不够。第一，教师聚焦运用思政育人元素的技术不够精准。思政课程与课程思政协同育人要求贯穿课程建设的各主要环节，教师要深入专业课程中挖掘思政育人元素，但当前遇到思政元素"如何挖"、思政元素"怎么融"、课程思政体系"怎么建"等难题，① 这是实现协同育人"润物细无声"的关键，却囿于教师的能力、阅历和精神等多种因素限制，难以妥善完成。第二，教师多学科融合协同育人的思路不够清晰。教师将专业课程与思政课融合育人的意识有所增强，能积极开展本专业与思政课程协同育人的课题申报，但多学科融合协同育人的思路还不够清晰，多学科的思政育人元素的实时共享不足，导致协同育人偶有"分散性""条块化"的问题，不利于形成多学科合力育人局面。第三，教师使用贴近生活实际的协同育人方法不够精准。习近平在全国高校思想政治工作会议中强调："好的思想政治工作应该像盐，但不能光吃盐，最好的方式是将盐溶解到各种食物中自然而然吸收。"形象生动、贴近生活地诠释了做好思想政治工作的方式方法，要用好生活中的"盐"，才能熬制好协同育人这锅"汤"。当前，有些教师的育人方式流于形式、生搬硬套，忽视将生活中生动鲜活的案例引入课堂，不敢回应学生关切的现实热点问题等。第四，学生主体责任有待进一步夯实。思政课程与课程思政协同育人要有温度和效度，不仅需要学校、学院和教师等各主体履行好职责，还需要学生积极主动参与，将课堂上的"埋头"变为"抬头"，才能最终实现协同育人的"点头"。当前，有些学生将自己认定为"局外人"，只学习专业课程中的专业知识，对其他学习内容的参与度和认同感不高，不敢直面问题"发问"，一直处于"失语"状态。

3. 思政课程与课程思政协同育人的评价体系需进一步完善

　　《高等学校课程思政建设指导纲要》提出"把教师参与课程思政建设情况和

---

　　① 蒲清平、何丽玲：《高校课程思政改革的趋势、堵点、痛点、难点与应对策略》，载《新疆师范大学学报（哲学社会科学版）》2021年第9期，第109页。

教学效果作为教师考核评价、岗位聘用、评优奖励、选拔培训的重要内容"。①要求高校完善思政课程与课程思政协同育人的评价机制，以激发教师参与协同育人的主体性和积极性。目前，虽然各高校高度重视思政课程与课程思政协同育人工作，但对协同育人有突出成效的教师的奖励体现不充分、优秀典型教师事迹传播不开、优秀评价结果的运用不合理等问题的根源在于协同育人的评价体系需进一步完善。

一是评价标准内容有待完善。高校建设"同向同行、协同育人"体制机制应坚持管理与激励并重，建设导向明确、完善全面的评价机制。②评价机制是开展协同育人的"指挥棒"，但在推进协同育人过程中，当前各高校根据上级主管部门的文件精神制定的具体评价标准内容不一，存在重结果评价、轻过程评价，重领导评价、轻学生评价，重理论测试评价、轻德育考量评价，重短期成效评价、轻长期跟踪评价等问题。由于协同育人成效评价机制的特殊性，评价指标往往难以量化。因此，在制定评价标准内容时需要周全考量，如综合育人结果和过程指标，破解协同育人形式化的问题；综合领导和学生等多元主体评价内容，多角度衡量协同育人实效；理论测试加德育考量评价，检测学生是否真正全面发展；拉长育人的长期跟踪评价周期，才是检验协同育人成效真正的"试金石"。唯有通过一系列更加全面的评价标准内容的完善，才能形成相对科学合理的评判。

二是评价过程运行有待完善。评价标准的生命力在于执行，评价过程的运行正是对评价标准的贯彻落实。就目前一些高校对思政课程与课程思政协同育人的评价过程运行来看，主要存在以下问题。第一，评价牵头部门"单打独斗""一言堂"的问题。多数高校对协同育人的评价是通过教学部门在网上测评进行的，从最初的制定评价标准内容到评价发布再到评价结果分析等全过程，主要是教学部门牵头，其他部门全过程的参与很少，难以科学全面合理地反馈协同育人的成效和存在的问题。第二，评价过程有"走形式"现象，存在评价结果普遍向好的问题。从部分学校官方通报的协同育人评价结果来看，

① 《教育部关于印发〈高等学校课程思政建设指导纲要〉的通知》(教高〔2020〕3号)，载中华人民共和国教育部官网，www.moe.gov.cn/srcsite/A08/s7056/202006/t20200603_462437.html，2022年5月10日访问。
② 李国娟：《构建"同向同行、协同育人"新机制》，载《红旗文稿》2017年第12期，第22页。

百分之八十以上的评价结果向好，只存在小部分不满意或者不是很满意的结果，评价结果分析的原因一般是"可有可无"的表面问题，未见深刻反思协同育人过程中存在的深层次原因，评价过程运行的真实性值得深思。第三，评价运行中缺乏监督"缺位"现象。在推进思政课程与课程思政协同育人评价进程中，监督是为更加公平公正地贯彻落实评价，但其监督机制的建设较为薄弱，有些学校甚至还存在"缺位"现象，从而导致教师对协同育人评价结果的不接受和不理解。若其监督机制建设健全，可以有效解决评价过程运行中存在的一些问题，更加真实客观地反映协同育人的实效。

三是评价结果运用有待完善。评价结果的有效运用是让协同育人"活"起来的关键，有些高校在鼓励教师积极开展思政课程与课程思政协同育人时，承诺会在教师业绩考核、课堂教学质量评价、职称评审和各级各类评奖评优中优先倾斜考虑，但在实际操作过程中并未兑现，让协同育人的评价结果处于"真空"状态，如此难免会打消教师参与的积极性，从而让教师对推动协同育人工作从"不满意"转变为"不愿意"。

三、实现高校思政课程与课程思政协同育人的具体路径

高校思政课程与课程思政协同育人效应有赖于学理研究指导、主体实践和评价机制建设等各方面助推来实现，强化学理研究以夯实育人理论支撑，明确育人主体责任权限以构建一体化的长效机制，完善评价体系以确保育人良性发展态势，全方位、多视角、多元化构筑协同育人体系，环环相扣、有效统筹地提升协同育人实效。

1. 加强思政课程与课程思政协同育人的学理研究，为协同育人奠定坚实的理论基础

加强学理研究是推进思政课程与课程思政协同育人的应有之义，如何在现有学者的理论研究基础之上搭建合理的理论体系研究，更好地指导教师推动协同育人？结合目前学理研究中存在的主要问题要做到以下三点：一是整体性和系统性地构建协同育人理论体系研究。协同育人理论体系的构建有助于全方位指导育人工作的开展，凝聚理论研究方向，着力于整体规划理论研究，针对国家层面、学校层面、学院层面、教师层面和学生层面等系统性地开展育人理论体系研究，以杜绝基于个人经验"分散性"地开展科学研究，进

而夯实育人理论基础以科学合理指导协同育人工作。二是以多学科融合协同育人视角深入开展理论研究。打破学科壁垒，找准不同学科间的交融点和支撑点，开展跨学科多学科融合协同育人的理论研究。不同学科蕴含着不同类型的思想政治教育资源素材，如历史学科中蕴含着家国情怀和使命担当的育人资源、人文学科中蕴藏着中华优秀传统文化传承的育人资源，以及理工学科中暗藏着研究精神、工匠精神和奋斗精神等中国精神的育人资源，以育人资源为基础构建协同育人资源共享库，潜心理论研究为协同育人提供学理支撑。三是开展实证分析调研以探寻协同育人一般规律研究。通过对部分高校开展协同育人的问卷调研、访谈调查和数据整理分析等方式，总结协同育人成功案例中的特色和亮点等，了解协同育人存在的难点、困点和堵点，深入探析影响因素并形成有关理论研究，采取演绎和归纳方式将感性认识上升为一般规律，探索更多可复制和推广的育人模式，以更好地推动协同育人。

2. 明确思政课程与课程思政协同育人的主体责任，构建体系化协同育人的长效机制

高校思想政治工作必须构建协同一致、合力育人的思想政治工作格局，破解思想政治工作的"孤岛现象"，使学校各方力量、各种资源、各门课程都能发挥育人功能，从而真正实现育人的"协同效应"。[①] 构建"学校—学院—教师—学生"四级主体机制联动协同育人的长效机制，需要进一步落实各主体责任。一是明确学校的主体责任。在学校党委的统一领导下，以学校党委书记和校长作为第一责任人，进一步做好全校思政课程与课程思政协同育人的顶层设计，统筹规划并结合学校实际研究制定有特色、有亮点和有实效的协同育人管理机制，汇聚各职能部门力量组建工作领导小组，确保各部门"不缺位""不断档""不推诿"，打造全校人人育人的共同体。二是细化学院主体责任。以学科专业课程思政建设为抓手，在以各教研室为单位的育人共同体的基础上，凝聚学院课程思政建设合力，充分发挥学院领导班子的带头示范效应，搭建与其他学科的交流沟通平台，通过交叉学科集体备课、互进课堂、共享资源等多种方式推进多学科融合协同育人工作，切实履行好各学院"中坚力量"的职责。三是精准教师主体责任。鼓励教师读原著和学经典，多渠道提升教师的马克思主义理论素养，为深挖思政育人元素做好准备。以协同育人

---

① 韩进：《破解思政工作的"孤岛现象"》，载《光明日报》2017 年 4 月 6 日。

项目申报为载体，联结思政课和非思政课教师共同课题研究，教学互助、资源共享、共同进步，打开多学科融合协同育人思维。科学合理地将生活中生动鲜活的案例引入课堂，直面学生关切的现实热点问题，在师生互动中精准育人。四是夯实学生主体责任。引导学生树立主体意识，思想上认同德育的重要性，积极主动地参与协同育人，敢于在课堂上"发问""发声"，做协同育人过程中的"抬头族"和"点头族"，不做"埋头族"。

3. 完善思政课程与课程思政协同育人的评价体系，确保协同育人呈现良性发展态势

高校结合思政课程与课程思政协同育人工作开展实际，构建完整的评价体系以引导和激励教师积极推进协同育人，牢固树立人人育人意识，共同参与育人，形成强大的育人合力。一是完善评价标准内容。加强常态化评价机制建设，如强化教学督导、领导干部、职能部门、教师和学生等日常听课制度，加强学生日常问卷调查力度，把协同育人评价工作做在平时。会同多方力量共同制定全面的评价标准内容，鼓励量化评价标准内容、多元评价内容、全方位动态检测评价协同育人实效。探索建立毕业学生跟踪评价档案，拉长评价时效，对毕业生进行跟踪评价以检验学校协同育人的实效。因为只有当学生将所受教育的知识内化为其成长的信念和发展意愿时，才能算教师有效完成了教育目标。① 二是完善评价过程运行。鼓励多部门在工作领导小组的指导下开展协同育人评价工作，集思广益，公平公开公正地全面开展评价。探索建立高校校际互评联动机制，既有助于评价过程的公正，又有助于校际相互学习交流进步，以破解评价过程中"走形式""走过场"等问题，深入探究思考协同育人现实困境的症结。构建"评价+监督"机制，监督部门全过程参与评价运行，让评价结果经得起任何人的质疑，以保证育人评价工作在阳光下运行。三是完善评价结果运用。严格落实表彰和奖励积极推进且有实效的协同育人单位和个人的制度，问责敷衍、推诿和实效不佳的单位和个人。严格执行协同育人有关评价结果运用的规定，落实好各级各类评奖评优的优先倾斜考虑细则，探索建立协同育人奖励的绿色通道，激发人人育人的"活力"，以保障协同育人的实际效能。

---

① 郑佳然：《新时代高校"课程思政"与"思政课程"同向同行探析》，载《思想教育研究》2019 年第 3 期，第 96 页。

顶层设计、制度推进、平台搭建

——新闻传播学专业实践教学课程思政融入的方法和路径探索①

杨 力 洪杰文

（武汉大学 新闻与传播学院，湖北 武汉 430072）

摘 要：实践教学是学生学思践悟的重要途径，将课程思政融入新闻传播学专业实践教学对新闻传播人才培养具有重要意义。访谈发现，现阶段新闻传播院校实践教学存在思政育人功能未被完全激活、实践育人教学体系未完全建立、教师育德意识和育人能力有待加强等问题。基于此，新闻传播院校应从顶层设计、制度推进、平台搭建出发，构建新闻传播实践育人教学体系，探索建设高质量实践育人队伍，共建高规格、全覆盖、多层次的实践育人平台，全面提升新闻传播实践育人质量。

关键词：课程思政；新闻传播学；实践教学

国无德不兴，人无德不立。全面推进课程思政建设，是国家落实立德树人根本任务的战略举措。② 新闻传播学科具有鲜明政治属性和舆论导向功能，更应以思想政治教育立德铸魂，将课程思政落实到人才培养各环节。

新闻传播作为具有强烈职业导向的应用型学科，应将实践教学摆在人才培养的突出位置。实践教学是新闻学子学思践悟的重要途径，同样也应是课程思政教育的有效载体。然而在当前实践教学实际中，通常存在能力训练与思政育人"两张皮"的问题。将课程思政融入新闻传播实践教学，对于全面提

---

① 本论文为 2023 年湖北本科高校省级教学改革研究项目"全媒体传播人才培养体系的构建与实践"和中国高等教育学会 2022 年度高等教育科学研究规划课题"新文科背景下新闻传播课程体系与教学模式改革调查研究"的研究成果。

② 《教育部关于印发〈高等学校课程思政建设指导纲要〉的通知》（教高〔2020〕3 号），载中华人民共和国教育部官网，www. moe. gov. cn/srcsite/A08/s7056/202006/t20200603_462437. html，2021 年 11 月 5 日访问。

升实践育人效果以及马克思主义新闻观教育具有重要的意义。

一、新闻传播学专业课程思政研究现状

"课程思政"理念最早在上海市的德育课改中形成,① 自 2016 年 12 月习近平总书记在高校思想政治工作会议上强调"各类课程要与思想政治理论课同向同行,形成协同效应"②后,课程思政理念开始得到各学科的广泛关注。

为了解我国新闻传播学科在课程思政领域的研究现状,在中国知网以"课程思政"和"新闻传播"为主题进行精确检索,共搜索到 120 条记录,其中 2017 年以前 0 条、2017 年 1 条、2018 年 3 条、2019 年 5 条、2020 年 17 条、2021 年 52 条、2022 年截至 7 月 42 条,可以看出近年来新闻传播学科对课程思政的关注度逐年攀升。其中具体专业课程的思政教学策略是最受学者关注的研究视角,共计 64 篇,占比 53.3%。大部分研究聚焦某一门课程,如新闻伦理与法规、专题片创作等,也有部分研究聚焦某一类课程,如新闻理论课或新闻实务课等。将课程思政贯穿知识点讲授、对接案例讲解、融入实操训练③是实务类课程实施课程思政教学的有效策略;以科学史观凝练教学主线,运用情境教学激发学生潜能,通过科研养成塑造人文素养和科学精神④则是理论课的可参考路径。

课程思政视域下新闻传播人才培养模式创新也是当前的研究主流,共计 39 篇,占比 32.5%。主要观点有:抓好教师和学生两个主体,兼顾通识课、专业理论课和专业实践课三个层面,育人体系探索、教材研发和教法革新是课程思政服务于人才培养的有效途径;⑤ 加强国际新闻传播专业建设,培养本

---

① 高德毅、宗爱东:《课程思政:有效发挥课程育人主渠道作用的必然选择》,载《思想理论教育导刊》2017 年第 1 期, 第 31～34 页。

② 习近平:《把思想政治工作贯穿教育教学全过程　开创我国高等教育事业发展新局面》,载《人民日报》2016 年 12 月 9 日。

③ 张霆:《"课程思政"理念融入高校新闻实务课程教学探析》,载《河北科技大学学报(社会科学版)》2021 年第 1 期, 第 73～79 页。

④ 阳美艳:《基于马新观的新闻史论课程思政教学创新——以"中国新闻传播史"课程为例》,载《青年记者》2020 年第 31 期, 第 58～59 页。

⑤ 曲升刚:《新时代高校新闻传播人才培养的优化路径》,载《传媒》2020 年第 18 期, 第 81～83 页。

土国际传播人才，吸引海外优秀人才，提升国际传播力；① 将红色文化融入课程思政，既有助于推动教学革新，也有利于巩固主流意识形态。②

部分研究聚焦新闻传播课程思政体系研究，共计 7 篇，占比 5.8%，代表性研究包括："思政+专业模式"让思政课有专业味，"专业+思政模式"让专业课有思政味；③ 建立以核心课程为抓手，具有意识形态倾向的选修课和实践课为补充的专业思政体系。④

部分研究聚焦对新闻传播学科"课程思政"的内涵解读，共计 7 篇，占比 5.8%。代表性观点包括：新闻传播与课程思政在育人目标、实现方式上存在同一性，⑤ 在课程思政教育中注重中国话语建构，实现专业话语体系与价值话语体系的有机融合。⑥

以实践教学为研究对象探讨课程思政建设的相关文献仅 4 篇。关于课程思政实践育人教学体系建设及实践育人质量提升的保障措施研究相对薄弱，为本文研究提供了空间。

二、课程思政融入新闻传播学专业实践教学的现实意义

实践教学是将知识储备转化为能力、将知识内化为意识的重要支点，是新闻传播人才培养的重要组成部分。激活新闻传播学专业实践教学的思政育人功能具有重要意义。

---

① 高晓红、赵希婧：《守正创新：我国新闻传播教育理念探索与实践转型》，载《中国出版》2020 年第 14 期，第 3~9 页。

② 郑振铎、徐健、张雨楠：《红色文化融入新闻传播学课程思政的现实难点与实践路径》，载《传媒》2022 年第 5 期，第 22~24 页。

③ 王文思：《传媒院校"课程思政"建设的路径探索》，载《传媒》2022 年第 13 期，第 86~88 页。

④ 李彦冰：《新闻传播教育实施"专业思政"的三个基本问题》，载《今传媒》2018 年第 12 期，第 139~142 页。

⑤ 姚丽亚、杨晓东、甄国红：《本然、实然、应然：新闻传播类专业课程思政的价值》，载《职业技术教育》2021 年第 26 期，第 54~58 页。

⑥ 周海晏：《课程思政教育的中国话语建构》，载《思想政治课研究》2018 年第 6 期，第 74~77 页。

1. 将课程思政融入实践教学是实现新闻传播实践育人目标的内在要求

党的新闻舆论工作，事关党和国家前途命运。① 新闻传播院校肩负着为党和国家培养"政治坚定、业务精湛、作风优良、党和人民放心"的卓越新闻人才的重要职责，以马克思主义新闻观为指导，培养学生坚定政治方向和正确舆论导向应是实践教学的核心向度。要将新闻理论与重要论述潜移默化地融入实践教学，让学生学会运用辩证唯物主义思想看待、处理问题，自觉成为马克思主义新闻观的信仰者和践行者；在实践中引导学生了解党史国情，能够让学生在历史中笃定信念，增强政治认同和情感认同。

2. 将课程思政融入实践教学是服务国家战略发展的现实需要

媒体肩负着服务国家战略、弘扬主流价值、传播社会主义先进文化的时代使命。要讲好中国故事、传播好中国声音，就要求媒体工作者不仅应对中国文化、中国道路深入了解并高度认同，同时要怀揣爱国情感和使命担当。带领学生深入基层，关注民生民情，教会学生用眼观察、用脑思考、用脚丈量，从而增进学生的现实关照和人文关怀；在实践中关注时代主题和重大舆情事件，引导学生体会媒体在彰显国家战略、宣传国家主张中的现实价值和时代担当，能够帮助学生建立责任意识和职业认同。

3. 将课程思政融入实践教学是培养兼具业务能力和素养的传媒人的时代需要

互联网技术实现了对普通个体的表达赋权，人人都可以成为信息的生产者、观点的表达者和传播活动的参与者，② 新闻传播的专业价值愈发凸显，社会需要专业传媒人对海量信息进行专业筛选，在纷杂的舆论环境中作出理性引导。要想在日新月异的技术变革中保持定力，在全民皆媒的现实中保持引领，新闻传播教育在适应新技术的同时更应加强学生媒介素养、科学与人文素养的培养。在实践教学中拥抱新技术，主动回应新挑战、新问题是激发学生批判意识和问题意识的有效途径；关注科学精神和人文精神，能够让学生不惧困难、理性思考、追求真理、不断创新；引导学生遵守国家法律、恪守职业道德，能够增强学生底线意识、努力成为素养好、能力强、底蕴深的高素质新闻传播人才。

---

① 习近平：《习近平在党的新闻舆论工作座谈会上强调：坚持正确方向创新方法手段　提高新闻舆论传播力引导力》，载《人民日报》2016年2月20日。

② 强月新、孔钰钦：《新文科视野下的新闻传播人才培养》，载《中国编辑》2020年第10期，第58~64页。

三、新闻传播专业实践课程思政育人现状与问题

为了解新闻传播专业实践教学的课程思政育人实效，本文对国内某综合性大学新闻传播学院实践育人情况展开调查研究，通过师生访谈发现，实践教学存在思政育人功能尚未完全被激活、思政育人教学体系尚未完全建立、教师育德意识和育人能力有待加强的问题，制约了课程思政在实践教学中的推进。

1. 实践教学的思政育人功能尚未完全被激活

新闻传播学专业课程思政应以马克思主义新闻观为统领，围绕价值观塑造、政治认同、家国情怀、道德修养等内容展开。然而通过学生访谈发现，马克思主义新闻观的学习主要来源于思想政治理论课、专业理论课，辅之以部分讲座或网络课程，接近四分之一的学生反映从未参加过马克思主义新闻观实践教育活动。实验或实践课中，大部分任课老师主要进行实操教学，鲜少进行价值观传递。学生观点不一定完全客观，但至少说明，在实践教学环节中，相当一部分学生对思想政治教育感受不深，实践教学的思政育人功能未被完全激活。

2. 实践教学的思政育人教学体系尚未完全建立

通过教师访谈发现，新闻传播学专业的思想政治教育很大程度上依赖思政类课程及马克思主义新闻观、新闻学概论、传播伦理与法规等专业理论课程，"课程思政"尚未融入实践教学宏观教学体系架构，实践教学的总体教学目标中也未明确体现课程思政要求。在当前教育改革大势下，部分实践课已开始关注课程思政建设，然而目前只涉及部分课程的零星探索，新闻传播院校需加强一体化设计，探索形成完整的实践育人教学体系。

3. 教师育德意识和育人能力有待加强

教师是教学实施的第一责任人。相较于理论课教师，实践课教师与学生的双向互动更为频繁，因此同样承担着思政育人、价值输送的重要职责。然而，实践教学师资由校内专任教师、校外导师共同构成，学界业界教师的理论素养、教学专业度参差不齐，许多专任教师精通马克思主义理论研究，但对新闻实务了解不足；一些实践导师熟稔某一领域业务流程，但对马克思主义新闻观、新闻专业主义的理解领悟不够深入。教师能力与素养的不足间接

导致思政教育与实践教育"两张皮"的情况出现。部分教师尚未真正认识教书与育人、知识传授与价值引领的关系，"重实践、轻德育""重技能、轻素养"的情况较为普遍地存在于实践教学实施过程，制约了新闻传播学专业实践教学育人成效。

四、顶层设计：搭建新闻传播实践育人教学体系

实践教学不能仅仅是实操技能的搬运工，要解决新闻传播专业实践课程思政育人中的问题，需要将"课程思政"融入实践教学全过程，通过顶层设计，搭建实践育人教学体系，在教学目标设定、课程体系设置、课程内容安排、课程评价方式上体现课程思政要求。在内容上，要将马克思主义新闻观教育、思想政治教育、职业伦理道德教育与专业技能培养有机融合；在形式上，要形成分层次、多模块的课程体系。

1. 教学目标设定：统筹设定系统化的实践育人教学目标

教学目标是教师开展教学活动的前提，为教师确定教学内容、教学实施策略提供依据。设置系统化的实践育人教学目标，是避免实践课程在教学目标上出现"各自为政""重复内耗"的有效途径。①

为了建立系统化的实践育人教学目标，首先，需要全面梳理实践课程中蕴含的思政资源，结合国家战略规划及人才需求、高校办学定位及学科特色优势确定实践育人总体目标框架；其次，系统分析思想政治理论课、专业理论课及实践课在目标定位及思政教育功能上的内在关系，细化实践育人的目标内容，做到实践教学与思政课教学、专业理论课教学在思政育人上同向同行；最后，系统分析各实践课程在内容、形式和育人元素上的特色与差异，确定每门课程的知识目标、能力目标及价值目标，实现思政教学目标在不同课程上各有侧重。在制定教学大纲时，还需深度挖掘每一堂课的育人内涵，确定每一个实践环节的课程思政教学目标。

2. 课程体系设置：构建分层次、多模块的实践育人课程体系

充分激发各实践环节的思政育人功能，需要搭建清晰的宏观体系架构，

---

① 陆道坤：《课程思政评价的设计与实施》，载《思想理论教育》2021 年第 3 期，第 25~31 页。

建立分层次、多模块的实践育人教学体系。按照实践教学的实施阶段划分，实践教学思政育人体系可分为基础层、拓展层和应用层三个层次，具体的实践课程体系如表1所示。

表1　实践课程体系结构

实践阶段	开展时间	课 程 设 置
基础层	1～5学期	课程内实践、独立实验课、专业综合实践课、媒介前沿课等
拓展层	寒暑假、课堂外	第二课堂实践教学活动，社会认知实践、海外研习项目、学科竞赛、大创项目等
应用层	6～8学期	专业大实习、毕业设计等

3. 实践内容安排：思政元素巧妙融入各类实践环节

《高等学校课程思政建设指导纲要》指出，要深入挖掘各类课程和教学方式中蕴含的思政教育资源，[①] 让学生通晓道理、丰富学识、增长见识、塑造品格。要选择多样的实践形式，根据各类别课程特点匹配相适应的思政教育方式，让学生保持对学习和实践的积极性，形成"1+1>2"的效果。

（1）基础层。基础层课程主要包含专业课中的实践环节、具有独立学分的实验课、专业综合实践课、媒介前沿课等。基础层课程大多以提升学生基础实操技能、引导学生了解媒介前沿、行业动态为目标。在基础层实践课中融入思想政治教育，要充分挖掘与专业知识相匹配的思政元素，有针对性地进行教学设计，巧妙地将价值引导融入相应的专业技能培养过程中，避免生搬硬套。

以武汉大学新闻与传播学院在基础层实践课程中的思政育人探索为例，专业基础课"网络传播概论"通过搭建新媒体学习互动平台"狐说"，引导学生依托平台进行作品生产和平台运营实践，关注互联网发展前沿生态、关注热点时事和重要舆情。在价值引导方面，强调在成果输出的教学方式中强化学生的学习动力和专业意识，在以问题为导向、以团队形式开展的项目式实践

---

① 《教育部关于印发〈高等学校课程思政建设指导纲要〉的通知》（教高〔2020〕3号），载中华人民共和国教育部官网，www. moe. gov. cn/srcsite/A08/s7056/202006/t20200603_462437. html，2021年11月5日访问。

中提升学生的团队协作能力、解决复杂问题的能力和社会责任感。媒介前沿课"数字营销前沿研究——腾讯互娱市场体系实战解析"由腾讯互娱市场营销团队的业界老师授课，以真实营销案例为教学内容，以理论讲解、案例分析、营销实战演练为教学手段，帮助学生了解行业、开阔眼界、提升技能。这门课的思政价值在于学生在高强度的营销实战中能磨炼意志、锻炼能力，提升素养、增加职业认同。专业综合实践课"视听内容创作综合实践"则通过"红色武汉"的实践主题实现理论教学、实践教学和课程思政三方联动，课程以制作视频作品为考核方式，让学生在视听作品全流程生产过程中了解红色历史、体味红色文化，强化爱国情操、树立家国情怀。

（2）拓展层。拓展层课程包含各类第二课堂实践教学活动，各类社会认知实践项目、海外研习项目及学科竞赛、创新创业活动等。拓展层重在推动学生在第一课堂外的"开放式课堂"中拓展见识、增长能力、坚定信仰和明确志向，促进学生在实践中提升思维能力和创新能力。

在加强国情教育方面，开展类似于兰州大学"重走西北角"、复旦大学"记录中国"、武汉大学"行知计划——沿着中国共产党的足迹前行"的主题实践活动，引导新闻学子走向基层、走进田野，触摸祖国大地，感悟人民精神风貌，增强专业本领、强化家国情怀、增强"四个自信"。

在加强专业认同教育方面，组织类似于中国传媒大学为视障人群制作无障碍电影的"光明影院"项目，在项目中打磨技能的同时，向学生传递温度，厚植爱国主义情怀和职业认同，让学生理解专业价值与职业意义。

在重视创新创业教育方面，接轨社会发展需要，依托"互联网+"创新创业大赛、大学生广告艺术大赛、创新创业训练项目等学科竞赛或创新实践活动，"以赛促学""以赛促练"，培养学生创新精神、调动创新热情、激发创新能力，推动科技成果转化。

（3）应用层。应用层主要是指专业大实习或毕业设计，学生到单位具体岗位开展实习活动，是学生离开学校前与业界的近距离接触，是对职场活动的真实模拟。通过实习，学生有机会对新闻传播生产流程、内容、媒体运营方式和新闻政策法规等有全面而深入的了解，对未来职业规划有更准确定位，对马克思主义新闻观有更清晰认识。

新闻传播院校应加强在实习环节的课程思政教育，将马克思主义新闻观作为根本遵循，将政治认同、家国情怀、宪法法治、职业伦理、道德修养、文化素养等作为实习过程中的思政内容供给，在提升实践技能的同时，更多地考虑价值引领问题。以武汉大学新闻与传播学院为例，学院与重要媒体单位合作，打造高水平实习实训基地，通过政策引导，鼓励学生到中央级媒体开展实习工作；选择政治素质过硬、业务水平扎实的专任教师组建实习指导小组，在实习全过程推行制度化管理，实习前开展理想信念教育和纪律规则训导，实习中通过线上跟踪和线下中期检查，加强对学生的正向引导。

4. 评价方式：将课程思政融入考核评价体系

课程思政教学评价是对课程思政育人过程及其效果的评价及检验，具有推动教学改进，完善课程思政制度体系的正向功能。[①] 新闻传播实践育人效果的评价应从教师的教学成效和学生的能力获取两个层面展开，评价内容也应从较为单一的专业维度向立德树人、价值引领、社会责任等维度[②]拓展，最终落脚到学生在实践中思想政治素质的发展上。教师评价层面，应研究制定新闻传播专业实践育人评价体系，从育人理念、教学目标、课程体系、教学内容、教学实施、教学保障等多维度展开，于检验教师育人意识和育人效果的同时，为教师教学改进提供行动指南。评价方式除传统的学生评教外，也应兼顾学生座谈、教学研讨、专家评价等多种维度，规避因学生评教系统无法对业界导师评分而导致的实践教学评价缺失问题。学生评价方面，在对学生实践成果进行总结性评价的同时，应关注学生自我发展的过程性评价，比如考量学生通过实践，在情感、态度上的演变以及价值观的进化。同时，还应引入多主体的评价视角，例如校内实践教师在关注学生实践成果的同时考查学生政治方向、价值取向、专业志向是否坚定，业界导师则重点考查学生的工作态度、业务掌握程度、规章制度的熟练程度及遵守情况等。

五、制度推进：探索建设高质量实践育人队伍

通过顶层设计，科学地搭建新闻传播实践育人教学体系还需要通过教师来

---

① 陆道坤：《课程思政推行中若干核心问题及解决思路——基于专业课程思政的探讨》，载《思想理论教育》2018 年第 3 期，第 64~69 页。

② 李博、陈栋：《课程思政一体化建设的挑战与改进》，载《中国大学教学》2021 年第 9 期，第 75~79 页。

具体实施，着力建设一支"政治素质过硬、业务能力精湛、育人水平高超"①的实践教师队伍是高校应完成的基础性工作。

1. 规范校内外实践教师选聘制度

将师德师风、政治素养、业务水平纳入实践师资准入标准，培养一支既精于业务又长于思政教育的师资队伍。受限于学校人事制度及科研导向的评价方式，高校实践队伍往往存在人员紧缺现象。高校可采取专兼职结合的人事聘用方式，充实"专业+行业"实践师资，一方面，设置"流动编制"，吸纳具有坚定政治方向、丰富实务经验、扎实专业素养的媒体从业者担任兼职教师或业界导师，加入实践教学团队或参与学生实习指导；另一方面，挑选优秀的实验序列教师加入实践教学队伍，承担实验课程教学或参与实验指导。出台实践教师队伍绩效考核制度，调动专任教师、专职实验教师及兼职教师投入实践教学的积极性。

2. 完善培训机制

形成理论学习校企联动机制，定期组织校内外实践教师理论学习，以马克思主义新闻观和习近平新时代中国特色社会主义思想武装教师头脑，切实提升教师理论素养；搭建课程思政开放式交流平台，思政课教师、专业教师、实践教师加强学术研讨和教学交流，互通教学理念，探讨教学策略，分享教学经验和案例，打磨教学内容和方法，合作创新研究成果，切实提升教师思政育人的自觉意识和建设能力；积极推进"双一""双挂"计划和互聘计划，通过引进来、走出去政策选拔优秀骨干教师进媒体、下基层，激发实践教师课程思政建设活力。发挥国家名师、资深教授等知名学者的引导示范作用，打造课程思政优秀实践教师团队和示范实践课程，加强对实践教师的思想引领，同时为实践育人改革提供人才支撑。

六、平台搭建：共建高规格、全覆盖、多层次的实践育人平台

实践育人平台是实践教学课程思政的重要支撑，要综合运用校内外资源，建设满足实践教学需要的实验实习实训平台。

_____

① 习近平：《在北京大学师生座谈会上的讲话》，载《人民日报》2018 年 5 月 3 日。

1. 整合校内实践教学资源，创新实践教学形式

新闻传播专业应整合融媒体实验室、虚拟仿真实验室、高清演播厅等校内实践教学资源，建构资源共享、开放充分、运作高效的校内融媒体实践平台，激活融媒体实践平台的教学、科研、创新、公共服务功能，[①] 依托融媒体实践平台开设实验课程，开展自主实践或创新创业活动，为学生提供实战演练场地，实现由专业知识到实践能力的过渡；鼓励教师依托实验设施开展技术研发，引领行业发展。

新闻传播专业可充分利用校园融媒体中心、电视台、网站、报刊等校内媒体平台，丰富学生的实践形式；可运用微信公众号、微博、哔哩哔哩视频账号等新媒体资源为实验教学搭建新媒体学习互动平台，鼓励师生共建，实现成果共享，创新教学组织形式，提升教学效果。

2. 学界业界同向同行，共建高水平实践育人平台

学界业界进行资源共享、协同创新，可以推动校企融合内涵式发展。共建高水平实践育人平台，应以提供稳定、优质的实习场所为初阶目标，支持学生到实习基地开展专业度高、实效性好的专业实习，引导学生在实践中提升能力，学以致用、知行合一。应以产教融合内涵式发展为中阶目标，打破高校与业界壁垒，推动新闻传播教育与媒介前沿、现代信息技术的深度融合；健全学界业界双向交流机制，将业界优质师资、先进技术、创新实践技能引入高校，不断提升校企合作实践育人、思政育人的协同育人效果。应以人才培养改革创新为高阶目标，邀请业界专家参与新闻传播课程体系改革和实践教学模式创新研究，共助高素质全媒化复合型专家型新闻传播人才培养。

七、结语

媒体竞争归根到底是人才竞争。人才培养，立德树人是根本任务。将课程思政融入新闻传播实践教学全过程，是加强高校思想政治工作的具体要求，是提升新闻传播人才培养质量的必然途径，也是培养党和人民放心的新闻舆论人才的内在需要。提升实践育人成效有赖于完善的实践育人教学体系、高

---

① 严三九、王虎：《切实加强卓越新闻传播人才培养的组织保障》，载《当代传播》2018 年第 6 期，第 11~12 页。

质量的实践育人队伍和高水平的实践育人平台，只有形成"三全育人"的教育局面，高校重视、院系推进、校企合作，齐抓共管促落实，持之以恒求发展，才能真正将思想政治教育融入实践教学各环节之中，让学生在知识积累、能力提升的同时实现价值塑造，真正实现卓越新闻人才的高质量培养。

劳动与社会保障专业课程思政建设的教学探索
——以"社会救助与社会福利"课程教学为例

薛惠元　　周一帆

（武汉大学　政治与公共管理学院，湖北　武汉　430072）

摘　要：立德树人是高等教育的根本任务，课程思政是落实立德树人任务的重要战略举措。当前劳动与社会保障专业课程思政建设相对落后，科研成果稀缺。本文调研了 12 所高校劳动与社会保障专业课程思政建设现状，发现存在专业教师对课程思政的认知有待提高、专业教育与思政教育协同效应差、高校课程思政建设"碎片化""同质化"等问题。对此，本文提出应在强化高校教师认知以及明确课程思政构建目标的基础上进一步优化课程思政教学实践，并以社会救助与社会福利课程教学为例探索课程思政教学优化路径。

关键词：劳动与社会保障专业；课程思政；社会救助与社会福利

课程思政是指将思想政治教育融入课程学习的全过程，充分发挥专业课程"隐形思政"功能，促进全方位育人格局形成。2020 年教育部印发《高等学校课程思政建设指导纲要》（教高〔2020〕3 号，以下简称《纲要》），为我国高校课程思政建设指明方向，提供宏观指导。本文聚焦劳动与社会保障专业（以下简称社保专业）课程思政的建设问题，在明确社保专业课程思政构建必要性的基础上，从当前社保课程思政建设现状中汲取经验，探求社保专业课程思政建设路径。

一、社保专业课程思政构建的必要性

（一）社保专业课程思政构建的背景

2016 年 12 月，习近平总书记在全国高校思想政治工作会议中指出，我国高等教育肩负着培养德智体美全面发展的社会主义事业建设者和接班人的重大任务。然而在全球化深入发展，我国与世界联系日趋紧密的今天，高等学校教育面临着更为复杂的意识形态形势。对此，习近平总书记强调，高等教育必须坚持正确政治方向，把思想政治工作贯穿教育教学全过程。2020 年 5月，教育部印发《纲要》，指出全面推进课程思政建设是落实立德树人根本任务的战略举措，是全面提高人才培养质量的重要任务。而课程思政的建设是一项系统性工程，其中专业课程的思政教育是最为核心、最为关键和最难解决的部分。①

社保专业是公共管理大类的二级学科，自 1998 年被收录进《普通高等学校本科专业目录》至今，已经历了 20 余年的发展，正逐渐从一个新兴学科向成熟学科迈进。社保专业主要教学内容涵盖国家在劳动与社会保障领域的各项政策，与国家发展紧密相连，因此课程思政的构建在社保专业发展中显得尤为重要。社会救助与社会福利是社保专业的核心课程之一，主要讲授社会救助与社会福利的产生与变革、社会救助与社会福利的理论基础，以及生活救助、生产救助、专项救助、灾害救助、老年人福利、妇女福利、儿童福利、残疾人福利、公共福利、慈善事业等具体的社会救助与社会福利项目等内容，在专业人才培养中发挥着重要作用。

（二）社保专业课程思政构建的价值

《纲要》对课程思政的具体内涵进行了阐述：全面推进课程思政建设，就是要寓价值观引导于知识传授和能力培养之中，帮助学生塑造正确的世界观、人生观、价值观。具体到社保专业，课程思政即是要在社保专业知识讲授过程中加入价值观引导的相关内容，使学生在掌握专业知识的同时，形成正确的价值观念，从而真正实现高校立德树人的根本目标。明确课程思政的价值是课程思政构建的逻辑起点。

从学科发展上来看，社保专业主要研究人类劳动、社会保险、社会救助、社会福利、军人保障、补充保障等实践活动与规律，专业课程思政的构建为其提供了坚实的理论支持和思想基础。马克思主义在劳动与社会保障领域丰富的理论观点，为认识资本主义社会保障实质，推进中国特色社会主义社保事业的发展提供科学指导，如马克思在《哥达纲领批判》中提出了对社会保障

---

① 陆道坤：《课程思政推行中若干核心问题及解决思路——基于专业课程思政的探讨》，载《思想理论教育》2018 年第 3 期，第 64~69 页。

发展影响深远的六项扣除理论。① 此外，中华传统文化中儒家仁爱、墨家兼爱互利互助等思想也深刻滋养着中国社会保障事业的发展。马克思主义等先进理论和中华优秀传统文化在社保专业教学中的参与，在促进学科发展的同时也对学生文化自信和理论自信的建立产生着潜移默化的影响。

从人才培养上来看，课程思政为学生提供价值观引导。社保专业教育中，价值观培养是重中之重，是人才培养的基础。大学生是国家社会主义事业建设有力的接班人和后备军，大学生的成人成才关乎国家和民族的前途与命运。社保专业致力于为国家输送优质社保人才，国家社保事业的学术研究、经办服务乃至政策制定都与社保专业人才息息相关。可以说，课程思政在社保专业课程中的引入对于国家社保事业的长期稳定发展具有深远意义。

二、社保专业课程思政建设现状

(一)社保专业课程思政研究现状

近年来课程思政逐渐为学术界所关注，呈蓬勃发展之势。截至 2022 年 9 月 8 日，在知网内以"课程思政"为主题共检索出学术期刊 2.99 万篇，其中 CSSCI 期刊和北大核心期刊共 2311 篇，且主要发表时间集中于 2018 年之后。进一步分析检索结果的学科分布可以发现，超过一半的期刊文献主要集中于高等教育和职业教育等宏观层面，分学科的细化研究相对较少(见图 1、图 2)。

然而，将检索主题细化至"课程思政 ＊ 社会保障"后，论文期刊数量锐减至 49 篇，其中 CSSCI 期刊和北大核心期刊共 3 篇。从检索结果来看，社保领域课程思政研究主要聚焦于课程思政在具体课程中的实施，②③④ 大多涉及社

---

① 马克思：《哥达纲领批判》，中共中央马克思恩格斯列宁斯大林著作编译局译，人民出版社 2015 年版。

② 蒋云赟：《思政建设在"社会保险"课程中的思考和实践》，载《中国大学教学》2021 年第 7 期，第 64~69 页。

③ 赖志杰、李春根、方群：《论社会保障学的课程思政价值与实践路径》，载《社会保障研究》2022 年第 2 期，第 95~102 页。

④ 李丽红：《"三全育人"视角下保险学课程思政的设计与实践》，载《高教学刊》2022 年第 2 期，第 185~188 页。

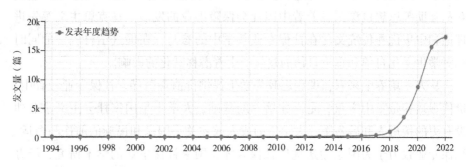

图 1　知网"课程思政"主题检索结果总体趋势分析

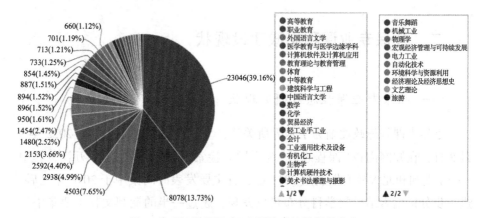

图 2　知网"课程思政"主题检索结果学科分布

会保险、社会保障概论等课程，而社会救助和社会福利课程思政的建设尚未引起学者关注；此外，学者们也多将课程思政与社保领域教学改革相联系。①②③

　　由此可见，社会保障领域的课程思政建设当前暂未引起较多重视，课程思政的理论研究、路径探索、实践经验总结等在社保专业尚不充分。

---

　　①　文太林、张金峰：《课程思政视角下的教学改革探索与实践——以社会保障学为例》，载《甘肃教育研究》2021 年第 6 期，第 108~111 页。
　　②　蔡霞：《课程思政视角下社会保障学教学改革探索》，载《黑龙江教育（高教研究与评估）》2021 年第 7 期，第 91~92 页。
　　③　郭浩、佟春霞：《"课程思政"背景下社会保障概论课程教学改革研究》，载《华东纸业》2022 年第 1 期，第 183~187 页。

(二)高校社保专业课程思政建设现状

为了解社保专业课程思政建设现状，本文采用分层抽样的方法，从软科 2022 中国大学专业排名中评级为 A+、A、B+、B 的高校中各抽取 3 所，共 12 所高校，对学院课程思政建设活动进行网络调研，调研结果见表 1。

表 1　高校社保专业课程思政建设现状概况

学校名称	软科专业评级	课程思政建设活动
浙江大学	A+	• 2019 思政课堂：中国县域治理大讲堂 • 2006 天下为公，一片丹心——公共管理学院 2006 级新生思政大会
西安交通大学	A+	• 2022 "聚合力，破难题，争做立德树人'大先生'"专题组织生活会 • 2021 课程思政研讨会 • 2021 新教师教学能力提升研讨会 • 2021 党史学习教育系列活动
武汉大学	A+	• 2022 专业教师参与武汉大学"课程思政"说课比赛获得佳绩 • 2022 武汉大学课程思政教学研究论文评选活动 • 2020 课程思政建设与人才培养研讨会 • 2021 课程思政建设研讨会
中南财经政法大学	A	• 2022《社会保障学》课程思政榜样课程教学模式创新 • 2021 "教育部课程思政示范课程"《公共政策学》课程组组织集体备课 • 2021 公管思政"金课"系列大讲座之"大国治理：公管学子的责任担当" • 2020 公管学生同上疫情防控思政大课
吉林大学	A	• 2021 "课程思政"教学研讨会 • 2019/2020/2021 年度课程思政"学科育人示范课程"项目 • 2019 "讲述课程思政的故事"征文活动
西北大学	A	• 2021/2022 课程思政精品示范课程建设项目

续表

学校名称	软科专业评级	课程思政建设活动
华东政法大学	B+	• 2022 教学与抗疫并重　育人与防疫同行——线上教学与思政工作 • 2019 经济法学院组织课程思政实践教学
北京交通大学	B+	• 2022"专业课程思政优秀案例建设经验分享"线上交流会 • 2022 加强青年教师思想引领工作座谈会 • 2022 经管学院主题教育集中学习研讨会 • 2021 课程思政推进会 • 2020 校级教改项目
湖南农业大学	B+	• 2022 结对共建推进课程思政建设 • 2020 课程思政建设教师教学能力竞赛 • 2020《纲要》学习研讨活动 • 2020 制定《湖南农业大学课程思政教育教学改革实施方案》
南京中医药大学	B	• 2021 本科一流课程与课程思政示范项目申报沙龙 • 2019 课程思政建设专题研讨会
中国劳动关系学院	B	• 2021 公共管理学院全体党员大会(内容涵盖将课程思政融入课堂)
河北地质大学	B	无

　　由表 1 可见，12 所高校中 11 所均进行了不同形式的课程思政专项建设，说明我国社保专业课程思政建设覆盖面较广。具体而言，建设以专题研讨会、教学竞赛、征文活动等为主要形式。从时间维度来看课程思政建设活动主要集中于 2020 年及之后，可见高校响应《纲要》热情高，国家文件对于高校工作的指导意义重大。

三、社保专业课程思政建设的不足

　　虽然由上文网络调研可见社保专业课程思政建设具有覆盖面广、高校建设热情高等可喜现状，但是从知网检索结果和建设活动详情仍可发现，社保专业课程思政相关科研成果稀缺、2022 年以来高校思政活动有减少趋势。结合教改探索、网络调研及现有文献，本文认为社保专业课程思政建设主要有以下不足。

（一）专业教师对课程思政的认知有待提高

课程思政是一种以立德树人为价值追求，实现知识传授与价值引领有机统一的课程教学理念。① 然而现今部分高校教师对课程思政理念认知不足，由此导致课程思政落实不深。这主要是因为，一方面当前高校教师科研压力大，科研成果与职称评定挂钩，"重科研轻教学"的情况在高校较为常见，对课堂精力投入的不足直接减少了其对实现课程思政目标的关注度；另一方面，专业知识较多，而课程设置有限，因此部分专业教师认为课程思政挤占专业课授课时间，这也在一定程度上体现了课程思政与专业知识尚未实现有机融合。此外，还有少数教师认为思政教育并非专业教师的职责，思政教育应放在马克思主义原理等思政课堂上完成，因此忽视了授课过程中对学生价值观的引导。

（二）专业教育和思政教育协同效应较差

各高校社保专业培养方案往往将课程分为专业教育课程、思政课程、通识课程三类，每类课程承担着知识传授、思想教化等不同任务。思政课程以马克思主义、中国特色社会主义等为主要教学内容，在大学生思想政治教育中发挥着不可替代的作用。但这并不代表专业教育课程和通识课程就可以置身事外，以社会救助与社会福利课程为例，教师不能仅传授社会救助与社会福利理论等专业知识，而将中华民族尊老爱幼、团结互助的传统美德隔绝于课堂之外。不论专业课程还是通识课程，在学生成人成才的关键时期都应该给予一定的价值观指导。而现阶段专业教育未能将课程思政较好地融入进自身的教学目标和教学内容中，协同效应较差。

---

① 张正光、张晓花、王淑梅：《"课程思政"的理念辨误、原则要求与实践探究》，载《大学教育科学》2020 年第 6 期，第 52~57 页。

（三）高校课程思政建设"碎片化""同质化"

从知网检索结果来看，社保专业课程思政研究总量极少且内容较为集中。由上文网络调研结果可以发现，高校课程思政建设往往以专题研讨会、教学比赛等零散活动为主，只有少部分学校开展了思政建设系列活动，系统地进行课程思政建设。此外，大部分学校对于纲领性文件的学习仅停留在召开集体学习会等较浅层次上，较少推出适用于本校情况的课程思政建设方案或指导性文件，未能很好地将课程思政建设目标与本院教学资源、学科特色进行结合。因此推出的活动往往缺乏新意和针对性，各校活动同质化严重。

四、社保专业课程思政教学实施的建议

为解决上述制约社保专业课程思政建设的问题，更好地实现思政元素与专业教育的融合，实现高校立德树人的目标，应在强化高校教师认知以及明确课程思政构建目标的基础上进一步优化课程思政教学实践。

（一）强化高校教师"课程思政"教学理念

高校以立德树人为目标，为中国特色社会主义建设输送人才，教师在教授专业知识与技能的同时应当深刻认识到教育的社会主义属性。一方面教师要加强自身思想建设，系统学习马克思列宁主义、中国特色社会主义系列理论知识；另一方面，教师要树立正确的"课程思政"理念，认识到思政建设与专业课程教学息息相关。社保人才的培养直接关系到我国社保事业的发展，社保人才的思政建设深刻影响着我国社保事业的社会主义属性。在教学过程中要帮助学生坚定"四个自信"，将社会主义理论、中华文化优良传统贯穿教育教学全过程。

（二）明确课程思政构建目标

明确的目标是努力的方向，明晰课程思政构建目标关系着课程思政功能的有效发挥，深刻影响着高校教学改革的成败。《纲要》指出专业课程是课程思政建设的基本载体，管理学类专业课程要培养学生经世济民、德法兼修的素养。结合社保专业以及社会救助与社会福利课程实际，本文将课程思政构

建目标主要分为以下几个方面。

1. 引领思想观念：帮助学生树立正确的价值观

立德树人是高校教育的根本目标，通过教学培养学生树立正确的价值观念是教育的基本任务之一。劳动与社会保障关系着国计民生，其与政治的紧密联系表明了社保专业鲜明的意识形态性。以马克思主义为指导是中国特色社会主义课程思政建设区别于资本主义社会思想建设的重要特征，因此，社保专业课程思政的构建要坚持以马克思主义唯物史观、辩证法思想等作为教学方法论。同时，在当代语境下，社会主义核心价值观代表着全体国民的价值追求，高校教学必须深化大学生对核心价值观的认同，内化于心、外化于行。例如，要在掌握老年人社会福利基本概念、基本理论和基本内容的基础上，培养学生尊敬老人、助人为乐、奉献社会的高尚品格。

2. 完善知识体系：理论、实践、社会知识并重

区别于传统专业教学对理论知识的单一追求，课程思政的构建应当实现理论、实践与社会知识三者的并重。[①] 其中，实践知识更加侧重应用层面，是指在社会保障事业实际发展过程中产生的国家战略、相关政策和实践经验等；社会知识是一种背景性知识，在社保领域具体指老弱病残等弱势群体的生活现状、我国扶贫成就等内容。因此，在社保专业教学中应当更多引入我国社保政策、社会现实等内容，在课程中设计适量实践课时。对于社会救助与社会福利课程而言，要帮助学生掌握习近平新时代中国特色社会主义思想中有关社会救助和社会福利问题（如老年人社会福利）的重要论述，充分认识到党和国家对社会救助和福利工作的重视，清楚中央对社会救助与福利制度的顶层设计，坚定"四个自信"。同时，要做好实习实训基地建设，让学生在实践观摩中加深对理论知识的理解和掌握。

3. 促进素养提升：关注现实问题，培养经世之才

素养是在观念的形成和知识的完善中逐渐提升的。在帮助学生了解社保领域相关政策法规、发展成就的过程中，引导学生深入社会实践、关切实际问题，加之正确价值观念的指导，让学生成长为具有较高专业水平和深厚人文关怀的高素质人才。例如，在社会救助与社会福利课程中，要让学生了解

---

① 李天福：《课程思政视域下新闻传播人才培养目标优化探析》，载《中国广播电视学刊》2022 年第 7 期，第 46~49 页。

国家在老年人社会福利建设方面所付出的巨大努力和取得的重大成就，进而产生民族自豪感。同时，通过学习，让学生认识到当前中国老年人社会福利事业还存在一些不完善的地方，树立为中国老年人社会福利事业发展贡献聪明才智和奉献青春的理想和抱负。

（三）社保专业课程思政教学优化——以"社会救助与社会福利"课程教学为例

社会救助与社会福利是我国社会保障事业的重要组成部分，也是社保专业重要的专业必修课程。下面以社会救助与社会福利课程教学为例，主要从教学内容、教学方法两个方面探索课程思政教学优化路径。

1. 教学内容

教学过程中应当选择与课程内容相关，有助于加强学生课堂知识理解的思政内容，两者相辅相成。可以在讲授"我国老年人社会福利的内容"时，讲解"孝"字构词法，教育学生尊敬老人、孝敬父母，要"常回家看看"，理解近期中央提出的"鼓励成年子女与老年父母就近居住或共同生活"的良苦用心。在讲授社会救助时，关切社会热点，引导学生们关注国家精准扶贫政策和失业补助和价格补贴政策，了解精准扶贫对贫困地区人民生活水平的切实改善，让学生们深切感受到国家在社会救助方面所做出的巨大努力和取得的辉煌成就。在讲授儿童福利时，可以结合习近平总书记关于"一老一小"问题的重要论述，以及儿童优先理念、普惠性托幼服务、"双减"政策、全面三孩政策等内容展开，让学生明白，关爱儿童就是关爱我们国家和民族的未来。讲授残疾人福利时，教育学生尊重残疾人，以中华民族团结友爱、互帮互助的优良传统引导学生帮助残疾人回归社会等。

2. 教学方法

传统课程教学方式以课堂讲授为主，学生作为知识的接收体缺乏主动性，因此新时期的教学应采取多样化的教学方法，提高学习质量。一方面，可以采用课堂讲授与课程实践相结合的方法，在讲授社会救助与社会福利相关知识点的同时，设置实践学分，鼓励学生去社区做义工和志愿者；此外，也可以带领学生赴社会福利院参观、座谈，学习福利院在医养结合、智慧养老、时间银行等方面的具体做法。另一方面，为激发学生学习的自主性，可以采用案例教学和小组讨论法。授课中增加一些生动的案例，以增强课堂教学的趣味性，牢牢抓住学生的注意力；同时，授课过程中结合现实问题进行研讨，学生预习时提前查阅资料，课上按照小组（4~5人一组）进行讨论汇报，讨论的议题可以是"老人变坏了，还是坏人变老了""如何健全农村留守老人关爱服务体系"等。

测绘工程专业教师课程思政教学能力
提升探索与实践

邹进贵　王正涛　黄海兰

（武汉大学　测绘学院，湖北　武汉　430079）

摘　要：测绘学科的发展经历了模拟测绘、数字化测绘、信息化测绘几个阶段，目前正处于智能化测绘发展阶段。近几年随着我国北斗卫星定位系统的全球启用和港珠澳大桥等一大批国家重大工程的建设以及国家重大战略的推进，测绘地理信息已成为国家基础设施，对具有坚定爱国情怀、崇高理想信念的智能化测绘创新型人才提出了更高要求。本文结合测绘学科发展趋势和测绘工程专业特点，对测绘工程专业教师如何挖掘专业共性思政元素、如何根据专业课程特点，在思政目标、思政内容、思政教学方法和思政效果评价等方面进行了系列探索与实践，初步建立了具有"测绘"特色的"三全育人"格局，取得了较好成效。

关键词：智能化测绘；测绘精神；四类课程协同育人；立体思政教学法

2016 年习近平总书记在全国高校思想政治工作会议上提出"各类课程与思想政治理论课同向同行"，2019 年习近平总书记在全国学校思想政治理论课教师座谈会上再次强调要"挖掘其他课程和教学方式中蕴含的思想政治教育资源，实现全员全程全方位育人"①，2020 年教育部印发了《高等学校课程思政建设指导纲要》，把思想政治教育工作贯穿教育教学全过程，对专业教师的课程思政教学能力也提出了更高要求。

早在 1998 年，由测绘学院宁津生院士牵头，6 位院士主讲，共同开设了

---

① 《习近平主持召开学校思想政治理论课教师座谈会》，2019 年 3 月 18 日，载中华人民共和国国防部：http://www.mod.gov.cn/shouye/2019-03/18/content_4837848.htm.

"测绘学概论"这门课，培养学生们对测绘专业的热爱，20 多年来，测绘学概论成为了武汉大学最受欢迎的"通识课"之一，成为测绘工程专业思政育人的典范。2020 年，"测绘学概论"获得了国家首批课程思政示范课程，在该课程的思政引领下，学院以大类平台课程《数字地形测量学》《大地测量学基础》《误差理论与测量平差基础》《遥感原理与应用》《地理信息信息系统原理》《工程测量学》的思政建设为突破口，将测绘相关精神中的核心要义融入专业课程的教材与课堂中，培养学生的政治认同、团队合作和奉献测绘的情怀，逐步实现课程思政全覆盖。

一、知识-能力-价值融合的专业教学目标重构

以习近平新时代中国特色社会主义思想为指导，坚持知识传授、能力培养与价值引领相结合，使用培养测绘工程专业大学生的理想信念、政治信仰、家国情怀、规则意识与社会责任的题材与内容，对大学生开展理想信念教育、爱国主义教育和职业道德教育。立足测绘学科特点，将"测绘精神""北斗精神"等与专业知识有机融合，紧紧抓住教师队伍"主力军"、课程建设"主战场"、课堂教学"主渠道"，实现测绘专业课程思政全覆盖，为国家和社会培养更多德智体美劳全面发展的测绘科技人才。在知识目标、能力目标和价值目标方面进行重构，实现三者有机融合。

（1）知识目标。测绘工程专业培养学生具备扎实的数理基础知识和厚重的测绘基础，掌握测绘学科的基本概念与研究内容，理解测绘学科各个分支的分类与发展现状，认清我国在测绘学科领域的优势和差距，理解测绘技术与装备发展对学科、对国民社会经济发展、对人民生命健康等的影响。

（2）能力目标。专业在课程教学中把马克思主义立场观点方法、社会主义核心价值观、"四个自信"的教育与科学精神的培养结合起来，提高学生正确认识问题、分析问题和解决问题的能力。培养学生通过测绘理论学习、实习实训、创新创业和社会实践等方面的锻炼，具备在自然资源、国家基础设施建设、卫星导航定位等领域开展测绘项目管理、沟通交流、技术服务、系统开发、国际竞争和终身学习等方面的能力。

（3）价值目标。专业通过课程思政教育，围绕大地测量与海洋测绘、工程测量、地图制图与地理信息系统、空间定位与导航技术、摄影测量与遥感和

测量数据处理与应用等内容，提炼学科底蕴、发挥科研优势、专业特色，大师引领、课堂示范和实践育人的优势，挖掘测绘精神、北斗精神和珠峰精神、南极精神中蕴含的家国情怀、文化自信、自主创新、团结协作、大国工匠等思政元素，实现价值塑造、知识传授与能力培养相融合，引导学生锤炼意志、学习知识、创新思维和奉献祖国。

二、测绘工程专业课程思政教学重点剖析

专业教师坚持以学生为中心、产出为导向和持续改进的理念，不断提升学生的专业课程思政学习体验和效果。从理论教学、实习实训、创新创业与社会实践等环节教学特点出发，将学科发展前沿、专业理论知识、实用技术与重大工程应用相结合，在学科发展、行业地位、典型人物和事件、职业规范与测绘标准等方面，充分挖掘测绘服务国家重大战略（如北斗卫星导航定位系统）与重大工程（如 FAST 工程）中的思政元素，将"新兴技术与工程案例"所要传达的"价值观"等融入课程内容，实现四个环节协同育人（见图1）。

图1　四个环节协同育人模式

1. 理论课程注重学生精神内涵的熏陶

根据测绘学科专业的特色和优势，深入研究不同专业的育人目标，深度挖掘提炼测绘工程专业知识体系中所蕴含的思想价值和精神内涵，科学合理拓展专业课程的广度、深度和温度，从课程所涉专业、行业、文化、历史、国家、国际等维度，增加课程的人文性、价值性，提升引领性、时代性和开放性。如在理论课堂讲授"北斗精神、珠峰精神、南极精神"中蕴含的测绘精

神内涵，让学生掌握学科发展前沿，培养家国情怀和使命担当。

2. 实习(实训)课程强化学生的探索精神

实习(实训)课程，要注重学思结合、知行统一，增强学生勇于探索的创新精神、善于解决问题的实践能力。在实习实训中开展"团结协作、遵守规则、崇尚劳动、甘于奉献"的职业道德培养与劳动精神教育。要注重强化学生工程伦理教育，培养学生精益求精的大国工匠精神，激发学生科技报国的家国情怀和责任担当。

3. 创新创业课程培养学生敢闯会创的素质

注重让学生"敢闯会创"，在亲身参与中增强创新精神、创造意识和创业能力，培养学生"敢于创新、攻坚克难、敢于尝试、不怕失败"的科研精神与创业素养。

4. 社会实践课程培养学生的实践精神

要注重教育和引导学生弘扬劳动精神，将"读万卷书"与"行万里路"相结合，扎根中国大地了解国情民情，在实践中增长智慧才干，在艰苦奋斗中锤炼意志品质。在社会实践中培养学生"遵守公德、诚信友善、善于思考、志愿服务"的实践精神。

三、测绘工程专业课程思政教学方法探索

在教学中，将课程思政贯穿于课前、课中和课后全周期、课程全流程(教材、大纲、教案、作业和考试)，在课堂授课、教学研讨、实验实训和作业论文各环节的教学方法选择上要注重多样性、学理性、感染性、实践性和启发性等结合，因地制宜、因时制宜、因材施教，以透彻严密的学理分析回应学生、说服学生；以教师言传身教的魅力感染学生、打动学生；从专业小课堂走向社会大课堂，让学生亲身经历；注重启发性教育，引导学生发现问题、分析问题、思考问题，在不断启发中让学生水到渠成地得出结论。

在具体教学实施中，根据需要分别探索了以语言表达、直接感知、实际训练、问题探究和现代信息技术为主的多元化手段，构建立体化的立体思政教学法。

1. 以语言表达为主的教学方法

(1)讲授法。讲授法是课堂教学最常使用的方法，易于教师传授知识、传

播价值观。在寓价值引导于知识传授时运用讲授法时尤其要注意教学语言的艺术性。在测绘工程各专业课的基本理论与原理介绍中，可采用该方法。

(2)对比法。在测绘工程专业课程中，可通过纵向对比和横向对比，让学生认识到我们国家测绘理论、方法、技术与装备的发展迅猛，一方面让学生看到我国测绘事业取得的巨大成就，培养其民族自豪感；另一方面，也让他们清楚认识到，部分高精尖测绘装备(如高精度陀螺仪、惯性导航系统和80%以上的海洋测绘设备)仍需依赖进口，一些"卡脖子技术"亟待解决，激发学生科技报国的家国情怀、使命担当和精益求精的大国工匠精神。

(3)案例法。结合从传统测绘、数字化测绘、信息化测绘到智能化测绘的发展历程，将相关重大科研项目和成果转化为优质教学资源。如将世界七大奇迹工程"港珠澳大桥""北京大兴国际机场"、世界最大的"射电望远镜FAST"、作为中国名片的"高速铁路"、我国自主研制的"北斗卫星导航定位系统"等案例融入课堂。

(4)讨论法。通过设计问题，让学生分组进行讨论，然后确定测量方案等。如在讲解地形图测绘方法的时候，可以先设计一个问题，如：在地形起伏较大、交通困难的地区，如何开展地形图测绘？把学生分组进行讨论，经过讨论后，让每个小组介绍本组提出方法的优点和不足，提高学生利用所学测量基础知识，提高解决复杂问题的能力。

2. 以直接感知为主的教学方法

(1)演示法。测绘工程各专业课用到的硬件装备和软件系统比较多，在给学生进行讲解时，教师可先进行演示，尤其是贵重仪器设备，为了避免误操作对设备产生损坏，演示非常重要，让学生通过观察获得感性认识的教学方法。

(2)参观法。充分发挥校企合作人才培养基地的作用，让学生走进测绘与地理信息知名企业，开辟实习实训第二课堂，了解行业前沿，在参观实践中亲身体会测绘学科的日新月异和迅猛发展，激发和增强测绘专业学习的兴趣和信心。

3. 以实践训练为主的教学方法

训练与实践式的教学方法是通过课内外的练习、实验、实习、社会实践、研究性学习等以学生为主体的实践性活动，使学生巩固、丰富和完善所学知识，培养学生解决实际问题的能力和多方面的实践能力。

（1）练习法。在测绘工程专业课程中涉及大量的数据采集、记录与处理方面的环节，为了提高学生对相关知识点的掌握程度，可让学生进行多次练习。如图根导线测量的计算，虽然可以用计算机自动计算，但为了让学生更好地掌握计算方法，可让学生根据实际数据反复进行计算练习，从而提高学生在实际测量数据处理中主动发现和解决问题的能力。

（2）实验法。为了让学生熟练掌握各种测量仪器的使用，进行数据采集，可以设计一些数据采集实验项目，让学生在课堂或课外进行实验，并对采集的数据进行分析，从而培养学生尊重客观数据、遵守测量规范的习惯。

（3）模拟法。测绘工程专业对计算机编程要求比较高，在专业认证补充标准中，规定了专业核心课程必须有大的编程作业，为了验证学生所编写的程序是否正确，可以模拟一些标准化数据。如在 AutoCAD 软件绘制一条闭合导线，量取导线的角度观测值、边长观测值，从而验证学生的程序计算的导线点坐标是否正确，培养学生严谨治学的精神。

4. 以问题探究为主的教学方法

教师提出问题或教师引导学生提出问题，并在教师的指导下组织学生开展探究和研究活动，探求问题的答案而获得知识的方法。

（1）自主学习法。在课前或者课后可以布置一些具有探究性的任务，让学生查阅文献等，开展自主学习、撰写论文，如对于测绘学概论、导航概论、地球科学概论或者专业前沿讲座课程，可以让学生自己查阅文献，了解学科发展的现状和趋势，并结合某个任务，写论文阐述自己的观点和想法，以培养学生对测绘专业的热爱，加深对专业或课程的理解。

（2）项目探究法。测绘工程专业在国家重大工程建设中发挥重要的作用，在培养学生的过程中，可以按照项目管理的方式，给学生一个真实项目的背景，让学生进行探究。如在进行跨海大桥建设时，需要对两岸高程进行统一，由于常规方法的距离限制，如何通过各种测量手段实现高精度远距离自动化跨海高程传递，让学生在项目讨论与研究中感受测绘人的工匠精神和科学严谨的探索精神。

5. 基于现代信息技术的教学方法

注重课前导学、课堂讲授和课后辅导三个环节，丰富教学形式，充分利用信息技术等手段，打破时空界限，实现线上线下、虚拟真实结合，引导学生自我学习、终身学习，建设课程思政资源库、MOOC 课程和虚拟仿真平台，运用线上虚拟仿真技术对学生进行科学思维的训练和职业道德的塑造，实现课程思政全渗透。

四、教师应具备的课程思政教学能力与提升途径

全面推进课程思政建设，教师是关键，作为测绘工程专业教师，要根据专业特点，强化育人意识，找准育人角度，提升育人能力，确保课程思政建设见功见效，教师在政治素养和职业道德要求等方面要严格按照"四有好老师"标准严格要求自己，在分析观察能力、学习运用能力和组织教学能力等方面不断提升，真正成为"测绘教育家"。

1. 加强政治素养与职业道德修养

拥有坚定的政治信仰和坚强的政治担当，厚植家国情怀，能够紧紧围绕"全面贯彻党的教育方针，解决好培养什么人、怎样培养人、为谁培养人这个根本问题"提升自身道德品质、政治品格和精神修养，依法执教、爱岗敬业、热爱学生、严谨治学。遵守高校教师职业道德规范，注重"师德""师风"建设，廉洁从教、为人师表，身体力行地将立德树人作为教师的职业信仰。

2. 强化分析观察、学习运用与组织教学三种关键能力提升

（1）分析观察能力。能够熟练运用习近平新时代中国特色社会主义思想铸魂育人，对"红旗渠精神""科学家精神""新时代北斗精神"等中国共产党人精神谱系有深入的理解，对传承测绘学科特有的"测绘精神""南极精神""珠峰精神"等精神具有高度的责任感和使命感，能够敏锐洞察、识别、分析专业知识中所蕴含的思政元素。

（2）学习运用能力。积极主动学习党和国家关于高校思想政治教育、测绘学科相关的会议和文件精神，准确领悟基本原理并掌握其话语体系，能够在教学过程中将思政元素和专业知识有机融合起来，做到与高校思政课程同向而行、协同育人。

（3）组织教学能力。对测绘工程学科知识有精深的理解，具有宽广的知识视野、国际视野和历史视野，熟悉教育教学规律，能够正确地对所教的教材做分析评价，能够结合教学大纲和对学生的学情进行分析，设计合理的课程思政教学目标，选择适当的教学内容，运用现代信息技术创新教育教学方法，科学评价教学效果。

五、课程思政教学效果评价

基于 OBE 理念，坚持"学生中心"，以学生在测绘专业教育过程中的体验为依据，把学生对课程思政教学的满意度和对课程的整体满意度分解为四个方面来进行评价，即学生对课程思政的认同度、学生对课程思政的接受度、学生对课程思政教学的满意度，以及学生对课程的整体满意度，让学生从不反感到接受再到主动融入，实现入耳、入脑、入心。

学生对课程思政的认同度是指学生是否认同专业课程教学应同时承担价值引领的功能。可以通过问卷调查的方式来开展，围绕学生是否赞同进行设问，如测绘对国家重大工程建设是否有关键影响、测绘数据是否需要严格保密、测绘工作是否需要严格遵守相关规范等。通过课程学习，不仅应获得知识和能力，还应在道德修养、职业素养、价值观念等方面得到提升。另外学生是否接受专业课任课教师在教学过程中所采用的知识点与思政点相结合的融入方式，可通过问卷调查，了解任课教师将测绘历史事件、优秀人物事迹、大国工程案例等精益求精的思维与方法等内容融入课程教学，是否"有助于"学生对课程知识的学习。

学生对课程思政教学的满意度能够有效促进学生对课程的整体满意度，课程思政的教学质量是影响课程整体质量的最重要的因素之一，可以通过主观和客观两个层面融入课程考核中，提升测绘工程专业人才培养的质量。

六、结语

在新形势下，如何培养德智体美劳全面发展的测绘行业领域社会主义建设者和接班人，让专业教师能够从"教书匠"变成"教育家"，论文在测绘工程专业课程思政教学能力方面结合实际进行了一些探索与实践，取得了初步成效，在学校课程思政说课大赛中青年教师获得第一名，在首届全国高等学校测绘类专业教师教学创新大赛中，在校级、省级和全国教学创新大赛中，测绘工程专业多名教师取得了优异成绩。将课程思政有机融入教学创新设计中，课程思政教学能力得到明显提升，后续继续围绕学科与专业特点，将知识传授、能力培养和价值塑造深度融合，科学开展课程思政教学效果评价与运用，为测绘工程专业人才培养质量提升打造新的模式，还需要更多教师投入课程思政教学研究与应用中。

新工科背景下高校土木类专业课程思政元素融入方式探究

（武汉大学 城市设计学院，湖北 武汉 430072）

摘 要： 高等工程教育不同程度上存在重智育，轻德育；重专业，轻素质；重理论，轻实践；重育才，轻育人；重授业，轻传道等问题，专业教育和思想政治教育融合仍然不够。土木类专业课程坚持育人和育才相统一，将价值塑造、知识传授和能力培养三者融为一体，坚持精心设计课程体系、坚持深入挖掘思政元素、坚持有机融入课堂教学、坚持科学评价育人成效，实现"谋划与设计""挖掘与提炼""融入与实践""评价与反馈"互相承接、互相连贯、互相作用。

关键词： 工科；课程思政；土木类专业；融入

一、高校土木类专业课程思想政治元素融入的价值

在我国的现代化建设中，建筑行业为国民经济发展作出了巨大贡献。为主动应对新一轮科技革命与产业变革，2017年2月以来，教育部基于国际竞争新形势、国家发展新需求、人才培养新要求，积极推进新工科建设。《中国教育现代化2035》强调，要坚定实施科教兴国战略、人才强国战略，要大力推进教育理念、体系、制度、内容、方法、治理现代化。当前，高等教育正处于内涵发展、质量提升、改革攻坚的关键时期，高等工程教育不同程度上存在重智育，轻德育；重专业，轻素质；重理论，轻实践；重育才，轻育人；重授业，轻传道等问题，专业教育和思想政治教育融合仍然不够。围绕高等教育和工程教育的新形势、新机遇、新挑战、新任务、新要求，高校要深入

推进大学生思想政治教育，培育一流拔尖创新型人才。

近年来，教育部门陆续出台了《高校思想政治工作质量提升工程实施纲要》（教党〔2017〕62号）、《关于加快建设高水平本科教育全面提高人才培养能力的意见》（教高〔2018〕2号）、《高等学校课程思政建设指导纲要》（教高〔2020〕3号）等一系列重要文件通知，强调"要构建全面覆盖、类型丰富、层次递进、相互支撑的课程思政体系"实现各门课程和思想政治课程同向同行、同频共振。

"地下围岩稳定性分析方法"是土木类大学生专业课程，培养目标在于帮助学生了解地下工程围岩稳定性分析的基本概念、工程背景；让学生了解岩土工程数值计算方法发展轨迹和前沿技术，掌握基础的地下工程围岩稳定性分析数值模拟方法和相应的软件操作流程。"地下围岩稳定性数值分析方法"蕴含了丰富的思想政治教育元素，可以培养大学生家国情怀、社会担当、学术诚信、工程伦理、科学精神。本文以高校土木类专业课程之一"地下围岩稳定性分析方法"为例，探究新工科背景下高校土木类专业课程思想政治元素融入方式具有重要的理论价值和实践意义。

二、高校土木类专业课程思想政治元素融入的思路

课程建设坚持贯彻教师队伍是"主力军"、课程建设是"主战场"、课堂教学是"主渠道"，坚持育才和育人并重、坚持价值引领和知识传授相统一，以实现提高大学生正确认识问题、分析问题和解决问题的能力，强化大学生职业道德教育和工程伦理教育，培养大学生精益求精的工匠精神和追求卓越的科学精神，激发大学生科技报国的家国情怀和使命担当为目标。

土木类专业课程坚持育人和育才相统一，将价值塑造、知识传授和能力培养三者融为一体，深度挖掘提炼专业知识体系中所蕴含的思想价值和精神内涵，从课程所涉专业、行业、国家、国际、文化、历史等角度，凝练土木史、土木人、土木事、土木情怀，增加课程的知识性、人文性，提升引领性、时代性和开放性，实现思想政治教育有机融入、深度融合、春风化雨、润物无声。

依托"地下围岩稳定性分析方法"，围绕"思政课程"建设要求，构建"四

位一体"的闭环融入体系。"思政课程"和"课程思政"具有任务和目标上的共同性、方向和功能上的一致性、内容和要求上的契合性。土木类专业课程设计借鉴成熟的"思政课程"建设经验，充分把握土木类学科特征和数值分析类课程特点，结合工学知识具有的客观性、逻辑性、自治性、实践性等特性，遵循工程教育规律和教学规律，找准契合点、平衡点、切入点，将思政政治元素和专业知识传授有机匹配、兼容、融合。坚持精心设计课程体系、坚持深入挖掘思政元素、坚持有机融入课堂教学、坚持科学评价育人成效，实现"谋划与设计""挖掘与提炼""融入与实践""评价与反馈"互相承接、互相连贯、互相作用。

课程结合大学生成人和成才教育要求，重点从以下几个方面做好价值塑造和精神引领：一是安全责任意识教育。围岩稳定性分析是工程设计和实施的基础，工程师在隧道工程、矿业工程、桥梁工程、道路工程、铁路工程等基建项目的设计、施工、鉴定和监督中都应严格遵守质量标准和行业规范，有效预防"豆腐渣工程"造成的经济损失和社会危害。二是生态环保意识教育。土木工程贯彻"节约用地、节约能源、节约用水和节约原材料"要求，遵循生态环境保护原则，大学生须掌握绿色施工知识，处理好建筑垃圾，减少环境污染；而采用数值模拟方法分析围岩稳定性，本身就具有生态环保价值和节约经济成本。三是职业道德教育和工程伦理教育。课程中蕴含着石根华先生、李世海先生、唐春安先生等拼搏奋斗的优秀事迹及授课团队自身崇德敬业的优秀事迹，以此教育大学生树立迎难而上、刻苦钻研、不辞辛劳、追求卓越、奋力拼搏的工作态度和精神。四是工匠精神教育。课程依托土木工程案例和蕴含于数值计算方法中的思想政治元素，培养大学生勤于探索、勇于实践、善于创新、精益求精的工匠精神，引导大学生成长为"有理想、有抱负、有技术、有担当"的新时代技术人才，推动我国土木工程的建设发展。五是科学精神教育和学术诚信教育。围绕有限单元法（FEM）、离散元法（DEM）、有限-离散元法（FDEM）有关的科学家、科学事、科学情，培养大学生科学思辨、客观理性、尊重规律、求真务实的科学精神，引导学生以推动国家科技发展和技术创新为精神动力。课程将各模块章节映射的思想政治教育元素列表如表1所示。

表1 "地下围岩稳定性分析方法"课程模块对应思想政治教育素材

课程模块	思想政治教育素材(部分)
课程模块一： 绪论	**工程案例：**(1)世界第一大井工矿井。补连塔煤矿是中国神华能源股份有限公司神东煤炭分公司开发建设的世界第一大井工矿井。(2)建设规模世界第一，中国公路隧道之最。秦岭终南山公路隧道是国家高速公路网包头至茂名线控制性工程，建设规模世界第一，中国公路隧道之最。(3)世界高海拔第一长隧。新关角隧道开创了高海拔地区修建超长隧道的先例，成为世界高海拔第一长隧。(4)世界上最大的海底沉管隧道。港珠澳大桥隧道部分采用深埋式沉管隧道，是世界上最大的海底沉管隧道。(5)世界上线路最长、海拔最高、穿越冻土里程最长的铁路隧道。风火山隧道位于青藏高原腹地，是世界上线路最长、海拔最高、穿越冻土里程最长的铁路隧道
课程模块二： 连续介质力学的数值模拟方法——有限单元法(FEM)	**工程案例：**隧道建设强国。我国已是隧道修建规模最大的国家，正在和即将建设大量深长隧道，如大瑞铁路高黎贡山隧道(长34.5公里，埋深1155米)等。川藏铁路东起四川省成都市至拉萨，是世界铁路史上最难修建的工程项目，施工建设面临许多工程技术难题和重大科学问题。数值模拟方法教学案例：1943年，柯朗发表的数学论文和阿格瑞斯在工程学中取得的重大突破标志着有限元法的诞生。工程实践软件教学案例：有限元分析软件目前最流行的有 ABAQUS、ANSYS、MSC 三家知名公司，可以提炼创新创造精神
课程模块三： 非连续介质力学的数值模拟方法——离散元法(DEM)	**数值模拟方法教学案例：**离散单元法(Distinct Element Method, DEM)，是由英国学者 Cundall 在1971年基于分子动力学原理提出的一种离散体物料的分析方法。工程实践软件教学案例：中国科学院基于 CDEM 算法开发的 GDEM 力学分析系列软件等。教学团队案例：研究岩石延脆性对破岩过程裂纹扩展贯通形成有效破岩的影响，研究不同条件复合地层对相邻滚刀破岩、刀具受力的影响，取得一系列的研究成果，为 TBM 掘进滚刀高效破岩设计提供了理论基础
课程模块四： 连续-非连续介质力学的数值模拟方法——有限-离散元法(FDEM)	**数值模拟方法教学案例：**我国旅美学者石根华先生在多年的艰苦努力下，于1988年在其博士学位论文中首次提出了一种基于非连续介质力学的数值分析方法——非连续变形分析。工程实践软件教学案例：近年来，以 CDEM 为基础的 GDEM 力学分析系列软件(如 GDEM-BlockDyna、GDEM-PDyna、GDEM-DAS 等)已经在岩土、采矿、爆破、隧道、油气、水利、地质等多个领域成功应用，服务于相关行业的科研及生产

三、高校土木类专业课程思想政治元素融入的方式

1. 加强谋划与设计，精心设计课程体系

围绕"教学团队、教学方案、教学大纲、教学载体、教学过程、教学评估"等教学元素，在教学目标中体现价值导向、教学内容中贯穿价值引领、教学方式中增强价值融入、教学方法中凸显价值渗透、教学评价中强化价值教育。一是教学目标上，课程立足于培养学科基础厚、工程能力强、综合素质高的工程科技人才，培养大学生掌握地下工程围岩稳定分析的基本概念、工程背景、研究进展、数值方法、工程应用软件并获得必要的技术操作能力；依托课程加强大学生思想政治教育，培养工程思维、渗透工程伦理、弘扬科学精神、激发爱国情怀。① 二是教学内容上，围绕地下工程围岩稳定性分析数值模拟方法和相应的软件操作流程，延伸介绍我国土木工程领域和学科的重大国家战略、重大工程项目、重要行业动态等，融入数值分析方法的科学家、商业软件开发应用的企业家、分析方法实践运用的工程师等，引发学生的知识共鸣、情感共鸣和价值共鸣。三是教学方式上，围绕岩土工程数值分析方法和模拟实践，采用理论教学与实践教学结合、课内学习与课外学习结合、自主学习与团队分工协作结合、线下教学与线上教学结合的多维教学方式，② 互相结合、相互交融、互为推动，全方位、多维度挖掘、融入思想政治教育元素。四是教学方法上，授课团队结合在岩土工程领域教学和科研经验，因事而化、因时而进、因势而新，借鉴"问题链"教学法、"比较式"案例教学法、"互动式"教学法等，将现代信息技术融入"课程思政"建设，并逐渐将多媒体、微课、慕课等互联网技术手段与课堂教学有效结合。③ 五是教学评价上，课程基于"课程思政"建设的目标和育人成效，在"主体、客体、第三方"相统一的教学评价和反馈中，不断建好教学团队、修订教学大纲、改善教学

---

① 蒋庆、种迅、冯玉龙、黄俊旗：《混凝土结构基本原理课程思政教学设计与实践》，载《高教学刊》2021年第21期，第178~180页。

② 高婧、雷家艳、张尧、郑建斌、林婕：《桥梁工程专业课课程思政建设路径探讨与实践》，载《高教学刊》2022年第14期，第193~196页。

③ 牛景行、汤骅、李志强：《高等工程教育课程思政教学改革实践——以"混凝土结构设计原理"为例》，载《黑龙江教育（理论与实践）》2022年第8期，第68~71页。

方法、凝练教学案例、完善教学课件、加强教材建设、编写课程思政教案、转变成绩评定考核方式、优化教学资源配置。

2. 坚持挖掘与提炼，凝练思政元素

课程落实"围绕思政元素挖掘，优化课程思政内容供给"要求，全面梳理、萃取精华、精心选材，从思想政治教育的角度凝练隐藏和依附于课程中的思政元素、工程案例、人文事迹。① 本课程主要从以下几个方面挖掘思想政治教育素材：一是从中华传统文化中挖掘课程的价值属性。如北魏地理学家郦道元的著作《水经注》、唐代的《营缮令》、宋代的《营造法式》、元代的《经世大典》和《明会典》、明代的《鲁班营造正式》、清代的《工程做法》等建筑典籍，长城、京杭大运河、故宫等优秀建筑典范，土木工匠的鲁班、赵州桥的建设者李春、都江堰的建设者李冰父子等优秀历史人物，优秀典籍对工程修建具有指导作用，优秀建筑能够促进经济社会发展，优秀人物蕴含着卓越的精神品质。二是围绕中国面临的热点问题与国计民生挖掘思政元素。如三峡水利枢纽工程、南水北调工程、杭州湾跨海大桥、高速公路网、高速铁路网、港珠澳跨海大桥等，都是国家基础建设上取得的辉煌成就。三是紧扣课程辐射到的名人名师名家名事提炼思政素材。从土木史上灿若星河的土木工程师中提炼思政素材，彰显土木发展中时时闪耀的先辈楷模示范性，诸如詹天佑、茅以升、林同炎等大师和优秀的土木从业者身上总是充满了奋斗和创造，充满了故事性和传奇色彩。课程将"詹天佑的人字铁路建设智慧"等故事引入教学，以前辈模范人物的生动故事激励大学生。四是用好授课团队自身事迹。注重授课教师团队德育事迹挖掘，将授课教师掌握的工程背景、专业知识和思想政治教育原理、方法有机结合，作为思想政治教育的鲜活案例融入课程。

3. 坚持融入与实践，有机融入课堂教学

课程精心设计、巧妙安排，找准切入点、契合点，系统设计教学体系。课程绪论部分，依托世界第一大井工矿井工程、世界上最大的海底沉管隧道工程等大国工程故事和工程案例引入教学，在案例教学中延伸思政内涵，提升教育的吸引力和感染力，实现"以情动人，以理服人"。围绕有限单元法

---

① 徐永丽、韩春鹏、程培峰：《土木工程专业课思政元素融入的实践与探讨》，载《黑龙江教育（高教研究与评估）》2021年第11期，第66~68页。

（FEM）、离散元法（DEM）、有限-离散元法（FDEM）理论讲授，课堂教学运用"润思政"方式融入思想政治教育元素，采用类比、启发思维、互动讨论等教学形式，触类旁通地导入问题，以学生需要为出发点融合知识传授和价值引领。理论教学方法上摆脱"单向灌输"等传统教育方式的路径依赖，通过设计问题、展开集体分析讨论，使学生积极思考，主动地参与到课堂中，有机融入思想政治教育元素。考核方式上，授课团队强化思政教育效果占比，将上课考勤、课堂讨论、课程作业、思政心得汇报、上机实践成果均纳入成绩，加强教学过程管理，强化行为养成。实践教学上，作为一门应用性较强的专业课，授课团队进一步增加实践教学环节，介绍国外 ABAQUS、ANSYS、MSC 等软件公司及国内南京大学开发的矩阵离散元软件 MatDEM（Fast GPU Matrix computing of Discrete Element Method）等事迹，引入实践性上机教学内容，让大学生在实践中理解地下工程围岩数值模拟方法的基础理论，掌握基础的分析流程、认识各种方法的优点和缺点，为在未来的工作中正确运用各种数值模拟方法打下坚实基础；依托实践教学环节，加强师生互动、学思结合、知行统一，增强学生勇于探索的创新精神、善于解决问题的实践能力。创新课堂教学模式，推进现代信息技术在"课程思政"教学中的应用，尤其在课前准备素材、课中生动呈现、课后科学评价等教学环节，推进"信息技术+课程思政"应用于课堂教学。

4. 坚持评价与反馈，科学评价育人成效

评价与反馈是"课程思政"建设形成完整闭环的重要部分，具有导向功能、激励功能、纠偏功能、强化功能。课程贯彻"建立健全多维度的课程思政建设成效考核评价体系和监督检查机制"要求，坚持过程评价和结果评价相结合、定量评价和定性评价相统一，不断健全评价体系、规范评价标准、优化评价流程，科学设计评价者、评价对象、评价方式、评价内容、评价标准和评价时间，及时发现问题、分析问题、解决问题。人才培养效果是"课程思政"建设评价的首要标准，课程从以下几个方面建立课程教学效果评价体系：一是依托大学生教学指导委员会、专业学位教育指导委员会等做好第三方权威评价，对课程教学目标、教学教案、教学内容、教学方式、教学效果等进行全面评价、立体评价、综合评价。① 二是依托大学生课程评教、课程建设师生研

① 贾则琴、运迪：《高校工科课程思政建设的困境、经验及优化路径——基于同济大学土木工程学院的调研分析》，载《教育与教学研究》2022 年第 8 期，第 24~35 页。

讨会等做好授课对象评价，进一步畅通师生沟通方式和渠道，对课程教材、教案、课件、大纲、习题、作业、考核方式等进行评价，并以此提高学生正确认识问题、分析问题和解决问题的能力。三是依托"学院领导查课制度""专任教师旁听课制度"等做好教学督导性评价，进一步征求优化"课程思政"建设的意见和建议，多渠道做好"课程思政"建设效果评价。四是做好授课教师团队评价，通过研讨会、访谈座谈等方式，从授课教师视角做好课程效果自评价，深入探讨专业相关发展动向，不断挖掘完善思想政治教育。依托教学效果和育人成效评价，不断建好教学团队、修订教学大纲、改善教学方法、凝练教学案例、完善教学课件、加强教材建设、编写课程思政教案、转变成绩评定考核方式、优化教学资源配置。

以内涵式增长为导向的建筑学专业
实践教学课程思政建设

杨 丽

（武汉大学 城市设计学院，湖北 武汉 430072）

摘 要：我国城乡建设进入追求高质量发展的新阶段，对建筑学专业教育提出了内涵式增长的课题。课程思政对于提升专业课程的两性一度具有重要的指导意义。实践教学不仅能够让学生在实践中巩固专业知识、提升专业能力，更重要的是，通过强化课程思政的价值引领，还能够激发学生的专业使命感，增强专业学习的内驱力，提高自身的综合素质，具有重要的育人价值。建筑学专业实践教学课程思政建设提出按照认知体验、专项设计、岗位实习三个类别，设定课程思政分类目标，并以建筑与城市认识实习、毕业设计、建筑师业务实践等试点课程为例，进行了课程思政教学设计。

关键词：建筑教育；实践教学；课程思政

一、加强建筑学专业实践课程思政的意义

我国城乡发展已经从快速城市化进程转向追求高质量发展的新阶段，社会转型给建筑行业带来了新的机遇和挑战，也对建筑学专业教育提出了新的课题。城乡建设高质量发展阶段，行业规模增长下降使建筑学专业进入择业"冷静期"，单纯以就业和收入为导向的家庭和学生不再将建筑学视为热门专业，一些学校建筑学招生规模减小，第一志愿率降低，在读学生也出现不同程度的专业悲观情绪；同时，行业有限的就业岗位也使选拔标准水涨船高，造成学生的"绩点焦虑""排名焦虑"，学生在学习中越来越多地被"工具价值"所左右，而忽视了"人的价值"的提升。高质量发展对建筑学人才培养要求更

高，在与国家战略相关的"双碳"目标导向、生态文明建设、数字建造、智慧城市等专业领域，对建筑高水平人才的需求仍然存在较大缺口;① 而当前建筑市场从设计师到"全过程咨询"师的需求，也要求重塑建筑专业教育，使之成为可以应对策划、设计、建造全过程咨询的全能建筑师;② 在存量化发展的城市更新进程中，需要未来建筑师不仅具备更精细更高超的设计能力，还要具备更多元更创新的策划能力，更深厚更持久的人文关怀。此外，建筑是文化的载体，建筑学教育也是弘扬中国建筑文化自信的重要阵地，肩负着引导学生从文化自觉向文化自信转变的历史使命。

建筑学专业教育所面临的上述课题，迫切需要学科发展实现从外延式向内涵式发展的转变。学科内涵式发展就是学科建设发展更加注重内在素质的提升，即实现从以追求规模、数量的表象特征为主，向追求质量、水平和特色的转变。③ 建筑学专业教育的内涵式发展，很难完全通过传统的课堂教学讲授实现。而专业实践课程将教学场景转换到城市和乡村，转移到工地和设计院，在城乡建设的真实环境中，通过课程思政对学生进行价值引领，为破题提供了新的思路。专业实践教学是人才培养过程中引导学生"学以致用"的关键环节，也是衔接学生与社会的纽带，是培养学生综合素质的重要途径，也是"全人教育"的重要载体，在"新工科"培养模式中具有不可替代的育人价值。

在以规模增长为特点的外延式发展阶段，实践环节更强调专业教育目标，与思政教育结合往往不够紧密，实践教学的价值引领作用未能充分发挥出来。在以质量增长为导向的内涵式发展阶段，加强建筑学实践课程思政建设，在利用情境式教学引起的情感共鸣实现价值传递的过程中，也能通过价值引领鼓励学生更加主动地投身到探究各类现象及问题中去，并以学生为中心，更加细致地关注学生在实践场所中的生理认知和心理感受，从而让学习变得更加真实深刻，进而达成深度学习。

武汉大学建筑学专业 2013 年获批教育部"卓越工程师教育培养计划"，

① 张娜、庄敬宜、曲亮：《新工科背景下建筑学应用型人才培养路径》，载《人才资源开发》2022 年第 16 期，第 12~14 页。

② 姜涌、邓晓梅：《建筑师职能的国际比较与中国改革》，载《中国勘察设计》2016年第 4 期，第 45~55 页。

③ 郑伟涛：《"双一流"背景下学科内涵式发展策略研究》，载《中国高校科技》2018年第 5 期，第 4~7 页。

2020 年获批国家级一流本科专业建设点，2021 年获批校级课程思政示范专业建设点。建筑学专业课程思政体系建设，将围绕行业发展和专业建设中的问题，以提高专业课程的两性一度为目标，优化课程结构，完善教学设计，实现专业教育的内涵式增长。

二、专业实践课程思政分类目标

建筑学专业是一门综合性很强的学科，从知识体系上涉及人文艺术、社会科学、自然科学等不同领域，根据授课形式的不同也可分为理论讲授类课程(含方法论课程、专业史课程、技术课程等)、设计训练类课程(含建筑设计、城市设计、专题设计、毕业设计等)、实习实践类课程(含认知实习、工作坊实习、建筑师业务实践等)等。专业实践课程是纳入专业培养方案的教学环节，由专业教师根据教学大纲对学生进行指导。

强调学生在学习中的主体地位，考虑到课程面对的学生群体的差异，根据低年级、中高年级、毕业年级的不同教学对象在进入专业领域所处的不同阶段和接受专业知识和能力训练的不同特点，建筑学专业对课程思政与实践课程相结合进行了整体设计，并按照认知体验、专项设计、岗位实习三个类别，设定了课程思政分类目标(见表 1)。

表 1 实践教学课程思政分类目标

课程类别	实践课程名称	实践内容	教学目标	课程思政目标
认知体验	建筑与城市认知实习、美术实习、古建测绘工作坊等	对城乡人居环境和优秀历史建筑进行认知体验和实地考察学习，形成调研报告或图纸	强化专业基础、培养建筑审美鉴赏能力，形成关于建筑的文化自觉	引导学生树立关于中国城乡建设的道路自信、制度自信、文化自信
专项设计	乡建工作坊、数字建筑设计工作坊、城市设计、专题设计、毕业设计等	围绕一个特定主题或课题，进行专项的设计或建造实践，完成一套相对完整的成果	提高专业素质、培养设计创新能力	坚定理想信念、激发专业使命感

续表

课程类别	实践课程名称	实践内容	教学目标	课程思政目标
岗位实习	建筑师业务实践	以实习生身份参与实践单位的设计实践，在12周内完成多项(方案、施工图)设计成果	提高综合素质、培养专业应用能力	加强职业道德和社会责任感、实现全人教育

认知体验类课程中，建筑与城市认知实习和美术实习是城乡规划专业与建筑学专业通开的大类平台实践课，安排在一、二年级的暑假第三学期，与设计初步、美术、人居环境概论等大类平台课衔接，古建测绘工作坊则安排在建筑学专业大三暑期，与专业核心理论课中国建筑史有紧密的联系。此类课程在专业教学上以真实的城乡环境为教学场所，帮助学生建立对中国城乡人居环境的认知，结合专业理论课培养建筑审美鉴赏能力，形成关于建筑的文化自觉。在课程思政目标上，则注重引导学生从文化自觉到文化自信，通过了解我国悠久的城乡建设历史，感受人居环境中的自然之美、人文之美、科技之美、和谐之美，树立关于中国城乡发展的道路自信、理论自信、制度自信、文化自信。

专题设计类实践课程以培养和提升学生设计创新能力为核心，开课数量多，学分总量大，主要开设在高年级，与高阶理论课、技术课有密切关联。专题设计类实践课的课题往往来自实际生产项目或学科竞赛，具有紧扣国家战略和社会需求，体现学科发展前沿的特点。学生在这类实践课程中的优秀设计作业，不仅能取得较高的学分绩点，还有机会参与投标或参加学科竞赛获奖，是体现专业教学"两性一度"的重要环节。强化课程思政，让学生通过对选题的充分解读，深入了解社会现状和学科发展方向，引导学生将实现个人价值与服务国家社会紧密联系起来，铸牢家国情怀、坚定理想信念。

岗位实习类实践课程，在建筑学培养方案中体现为建筑师业务实践。这门课是帮助学生向职业建筑师过渡的教学环节，也是学生在本科阶段与社会接触最充分的实践课程。在以规模增长为特点的外延式发展阶段，岗位实习实践环节偏重于对学生实操应用能力的培养，强调"上手快，业务熟练"的标准，对学生个性化学习需求和心理上的转变关注不够。该课程学分重、学时长，人员较为分散，往往因为师资投入不足，在实际操作中不能确保对所有学生进行全流程教学管理，是课程思政较为薄弱的环节。但从目前严峻的就业形势引起的学生思想波动来看，这一个环节加大教学投入，加强动态管理和课程思政，能有效帮助学生强化社会责任感，提升长远职业规划，用全人教育的理念成就学生、服务社会。

三、强化课程思政的实践教学设计

为实现实践教学课程思政分类目标，2021—2022学年度武汉大学建筑系在部分试点实践课程中进行了课程思政教学设计，将思政元素隐性融入实践教学活动中，取得了良好的育人效果。

1. 认知体验实践教学设计

在认知体验实践课程中，最具代表性的是一年级建筑大类的建筑与城市认识实习和三年级的古建测绘工作坊。课程思政教学设计体现为参观路线和考查内容的设计，分别对应不同的课程思政教学主题：

(1)武汉近代历史风貌区和近代"红色"建筑考察路线（江汉关博物馆、八七会址纪念馆、武昌农民运动讲习所、陈潭秋故居等），让学生直观感受近代以来城市发展与空间演变，近距离观察近代建筑的风格特征，结合党史学习教育，引导学生深入了解近代武汉城市与建筑，培养对近代建筑的审美鉴赏能力。

(2)历史地段城市更新考察路线（良友红坊艺术社区、红钢城华侨城创意设计中心等），结合党史、新中国史、改革开放史和社会主义发展史，带领学生感受中华人民共和国成立后城市面貌的巨大变化和新发展阶段普通市民对城市空间品质提升的热切追求，培养对历史地段更新建筑的审美鉴赏能力。

(3)东湖高新区高新大道公共建筑考察路线（湖北科技新馆展示中心、光谷科技会展中心、中国建筑博物馆等），结合当前社会发展，了解建筑领域的高新技术和创新思维，培养学生对现代建筑的审美鉴赏能力。

(4)历史村落考察与测绘，对传统历史文化名村、传统民居村落的专业测绘和调研，也以中国历史建筑知识为基础，培养学生对传统乡土建筑和民居建筑的审美鉴赏能力，弘扬对中国传统建筑的文化自信。

（5）乡村振兴考察与调研，以乡村为考察对象，认知体验与设计相结合，结合不同地区新农村风貌整治成果，让学生亲身感受生态文明建设、"双碳"目标导向下的新型城镇化和乡村振兴等国家战略带来的乡村人居环境品质的提升和改善。

建筑形式反映建筑的建造技术、经济条件、社会背景、时代特征等，建筑审美需要一定的专业引导。在进行专业基础教育的同时，上述认知体验实习的教学成果通过学校、学院和本系的新媒体平台进行及时发布，也获得了热烈的社会反响，在宣传和普及中国建筑审美方面获得良好收获。

2. 专题设计实践教学设计

对学生设计能力的培养是建筑学专业教育的核心目标，设计类课程是建筑学专业的核心主干课程，在教学中以提升学生创新设计能力为导向。[①] 建筑学专业教育作为一种没有"统一标准答案"的专业教育，将更多地体现为一个发现问题、分析问题、解决问题的探究性教学过程，并借此提高学生应对复杂问题的综合能力和素质。[②]

专题设计类实践教学中，毕业设计作为建筑学专业的"出口课"，因能反映五年教学的成效而成为各高校教学质量控制的关键环节，也是武汉大学建筑学课程思政的重要试点课程。毕业设计的课程思政从选题筛选环节就可以体现出来。在新的社会需求下，建筑师不再只是把自己关在工作室里潜心创作，而是更多地走进社区，与居民共同建造，将个人的创作活动转变为集体创作，切实地体现建筑为使用者而设计的理念。[③] 2022 年，经过教师申报，院系组织开题答辩审核，筛选出一批反映社会需求、极具时代特色和创新特色的毕业设计课题。如"Future community——生命化的城市立体生长社区""扩展现实技术应用背景下元胞自动机辅助校园空间资源重新分配""云上迷城：碳中和背景下模块化未来社区"等作品，思考探究了未来城市与社区的新兴课题；"举重若轻——汉口大智门茶文化体验馆设计""南京方舟—金陵造船

---

① 黄艳雁、周聪：《OBE 理念下的建筑学专业高素质应用型人才培养的探索与实践》，载《华中建筑》2022 年第 9 期，第 171~175 页。

② 卢峰：《当前我国建筑学专业教育的机遇与挑战》，载《西部人居环境学刊》2015年第 6 期，第 28~31 页。

③ 孙澄、董慰：《转型中的建筑学学科认知与教育实践探索》，载《新建筑》2010 年第 3 期，第 39~43 页。

厂改造更新设计"等作品，则对历史遗产保护与更新进行了研究型设计；同时"与自然共振——对非人才培训中心建筑设计""基于多义空间的高校图书馆设计""LEARNING LAND——华中农业大学襄阳校区图书馆建筑方案设计""武汉大学工学部体育馆改造设计"等作品，则对"一带一路"和信息化时代背景下的教育综合体建筑进行了创新设计。其中"扩展现实技术应用背景下元胞自动机辅助校园空间资源重新分配"课题，反映学生对日常生活所处的校园空间的需求，激发了学生的专业热情。设计者挑战自我，在毕业设计阶段学习掌握了参数化设计方法，不仅实现了个人能力的提升，也响应了行业对数字建筑发展的需求。

3. 岗位实习实践教学设计

传统的建筑学教育模式培养的毕业生通常就业去向单一，一般以建筑设计院、地产公司为主要就业选择，而当前更注重培养多元化的应用型人才，在就业方向选择上逐渐呈现多元化。① 为了主动应对多元化就业的趋势，建筑学专业实践课程思政需要在岗位实践教学环节进行更加精细化的管理。

武汉大学建筑系提出"以实现价值引领为目标，突出创新能力与实践能力培养"的建筑师业务实践高质量课程建设方案。一方面，加大师资投入，建立校内导师与行业导师联合指导的双导师制。在校内遴选出了以业务副院长（学科负责人）牵头，注册建筑师、注册规划师为骨干的高质量校内导师团队。在校外同样重视建设行业导师队伍，以优秀校友为联络人，拟定实践基地行业导师的标准，要求行业导师政治立场坚定、思想素质过硬；业务能力突出、实践经验丰富；交流态度积极、指导细致认真；具有一级注册建筑师执业资格。双导师制的每位校内导师负责联系一家实践基地，与该基地的行业导师联合指导 5~6 名学生的业务实践。另一方面，加强过程管理，依托"校友邦"大学生实习实践平台进行动态跟踪管理，以周记、实习报告等文件形式记录学生实习工作，便于校内导师掌握学生实践进展，在关键的时间节点与行业导师进行沟通交流，保障实习过程顺利、高效。

校内导师的重视，行业导师（校友）的耐心指导，教学管理制度的加强，使学生对岗位实习的态度更加端正，在实习中也更加投入。在岗位实习中，

---

① 蒋正容、刘霄峰、陈新民：《新工科理念下建筑学应用型人才培养模式建构》，载《华中建筑》2021 年第 10 期，第 133~136 页。

学生即使不能快速提高设计应用能力，也能通过与同事的协作培养团队意识，学习待人接物基本礼仪，培养踏实谨慎、勤学好问的品质。在介于学校和社会的"中间态"环境下，学生的综合素质和能力能够更加全面地展示出来，也打破了以分数和排名为单一标准的评价体系，更有助于实现全人教育理念。

四、结语

通过强化课程思政，实践教学不仅能够让学生在实践中巩固专业知识、提升专业能力，还能够引导学生认识到建筑学专业在提升人居环境品质、增加人们居住福祉，满足人民对美好生活的向往和民族复兴伟大事业中具有的重要意义，从而激发学生的专业使命感，增强专业学习的内驱力，磨炼学生在逆境中坚韧不拔、迎难而上的意志品质，为国家培养立场坚定、专业过硬的专业接班人，同时也提高了学生的综合素质，丰富和认可了学生作为"人"的独一无二的价值。

有机整体观、深度学习模式与"应然世界"之追求

——"中国现代文学史"课程思政的实践探索与创新路径

叶　李　胡锦薇

（武汉大学　文学院，湖北　武汉　430072）

摘　要："中国现代文学史"课程的课程思政坚持"有机整体观"，在教学实践中将课程与思政、知识与道德、能力发展与价值引领、"文学史"与学生"心灵成长史"有机融合，探索"知情意行"内在融通之道。课程针对教学重点和学生思想现状中的突出问题，建构与知识逻辑交融的深层思政逻辑，运用多种教学方法，培养学生作为学习主体的主体意识和作为社会主体的责任意识，帮助学生达成深度学习并实现对价值观念的有效内化。课程以知识、能力、价值为主要维度，建立多样化、跟踪性的评价机制为"教"与"学"的优化提供参照。课程通过文学教育、批评实践、文学生活三打通的教学探索与"思政"的对接，以美"动"人、以文化人，以德育人，激发学生追求超越性价值、追求"应然世界"的现实化的行动意志。

关键词：课程思政；中国现代文学史；有机整体观；深度学习；心灵成长

课程思政作为近年来得到高度重视的综合教育理念，以"立德树人"作为教育的根本任务，把思想政治教育融入其他课程，形成协同效应，以达到潜移默化影响学生思想的教学目标。2020年，教育部印发的《高等学校课程思政建设指导纲要》指出："专业课程是课程思政建设的基本载体。要深入梳理专业课教学内容，结合不同课程特点、思维方法和价值理念，深入挖掘课程思政元素，有机融入课程教学，达到润物无声的育人效果。"这要求高校的课程

教育关注知识的价值负载性，凸显专业知识蕴含的价值意蕴，使教育教学真正实现从培养"单向度"工具人到培养"完整的人"的转化。"中国现代文学史"作为汉语言文学专业的核心基础课程，除了讲授专业知识之外，本身就具有传播正确价值观、加强学生道德建设的教育责任和育人追求。文学专业的教师需要深入理解新时代课程思政的内涵，将课程思政贯穿于文学教育全过程。在"中国现代文学史"课程的教学设计与探索中，可以提炼出"有机整体观"作为课程思政的总原则，通过文学教育、文学批评、文学生活三打通的实践探索，引导学生形成深度学习，使学生想学、会学、学好，帮助学生在知识接受的过程中将知识与德性深度融合，既养成"认知性·伦理性·社会性能力"，也具备包括"教养、知识、体验"在内的综合素质，能以正确的价值立场参与大学的"知识生产"、进行正向的、有效的"观念输出"。

一、课程思政的"有机整体观"

2016 年，习近平总书记在全国高校思想政治工作会议上指出："要用好课堂教学这个主渠道，思想政治理论课要坚持在改进中加强，提升思想政治教育亲和力和针对性，满足学生成长发展需求和期待，其他各门课都要守好一段渠、种好责任田，使各类课程与思想政治理论课同向同行，形成协同效应。"[①]各类课程与思政理论、思政实践能够同向同行、形成协同效应的深层逻辑在于二者在培养"完整的人"的根本要求上具有内在一致性。

以"有机整体观"去理解课程思政，首先意味着课程与思政是有机整体。课程思政所蕴含的教学要求是：发现专业教学和价值引导的内在联系并促进二者有机融合。根据这一要求，教师仍需在结合学科专业特点、遵循学生认知规律的基础上，合理编排"中国现代文学史"课程内容；在循序渐进讲授知识的同时，挖掘其中的思政教育元素，在知识传递中凝聚价值意义，在价值传导中涵化知识内容，实现以美"动"人、以文化人、以德育人的教学效果。《教育学》中有这样的论述："教学具有教育性，是指教学在传授和学习知识的同时，总有某种思想、观点和道德精神影响学生。这里的'教育'，指的是道

---

① 习近平：《把思想政治工作贯穿教育教学全过程开创我国高等教育事业发展新局面》，载《人民日报》2016 年 12 月 9 日，第一版。

德教育、思想品德教育……教学具有教育性不是一种暂时的偶然的现象，而是一条规律。正如 19 世纪德国教育家赫尔巴特所说："我想不到有任何无教学的教育，正如相反方面，我不承认有任何无教育的教学。'"教学具有的教育性，决定了教学遵循教书与育人相统一的原则。"教书与育人统一的原则，是指教师在教学过程中使思想品德教育与知识教学有机地结合起来，二者相辅相成、相互促进……教书与育人相结合，既有利于知识的教学，又使思想教育充满活力，二者相得益彰。"①我国自古就有文以载道、以文立心明志、传道授业解惑的传统，知、行、道本就相合而不相离，文与道、知与德不可分拆。课程思政既赓续传统，也富有时代特色，彰显教育规律，课程思政的本质体现教育的教学性规律，课程与思政实为一个有机整体就源自教育教学的内在统一。任何一门课程都兼具建构学生知识体系和价值体系的作用，教学过程本身具有价值引领、道德培育的维度，课程思政正是要让这一作为"题中应有之义"的隐性维度焕发新活力，体现得更鲜明。思政不是新增一项课程内容，而是可以视作"组织"课程的新的视角与方法。教师要在不违背学生心理认知特点的前提下，用课程思政的思路去精心组织课程的内容、调整讲授方式，让课程既不失专业本质又在思想深度、精神高度、认知广度上有所推进，还能在"知""情""意""行"融通的层面开辟新境。

在课程思政的实践中，知识与道德同样是有机整体。苏格拉底认为"知识即美德"。知识是构筑学生道德观念的重要前提，"无知识的德性，仅仅依据于教育、习惯、权威、正确的意见的德性是一种盲目的摸索，它也可能偶然找到正确的道路，但只有对善的科学知识能使人的意志正确、确实和稳固"。② 道德则能促进知识的生成与正确运用，知识传授过程不能缺少道德价值的指引，"所有的真的知识都具有道德与价值意义这一内在结构，对人的行为具有指导与规范的作用"③。课程思政是囊括了知识传授、道德化育和"完整的人"的培养的"体系"，如果教师不能在课堂中深挖知识所负载的道德内涵，学生则难以仅凭枯燥的讲解建构复合的心理图式把知识的实用价值和知

---

① 余文森：《教育学》，北京大学出版社 2009 年版。

② ［德］弗里德里希·包尔生著，何怀宏、廖申白译：《伦理学体系》，中国社会科学出版社 1988 年版，第 41 页。

③ 孙彩平：《知识·道德·生活——道德教育的知识论基础》，载《教育研究与实验》2012 年第 3 期，第 18 页。

识的真理目标统合起来去全面地接受、理解、吸收和内化知识。当知识与作为知识之条件的真理、信念等价值要素共同被接受时，其中产生的思想"化合"能够使人真正相信：知识对于自我提升、改善社会具有积极的效用。社会生活中不仅存在着客观与科学的世界，还存在着道德和意义的世界，这二者在某种意义上形成了"实然世界"与"应然世界"的分野。单靠科学技术难以应对道德和意义世界的难题，道德价值的引领就是为了弥补意义世界的缺失，为"应然世界"的追求指明方向，为推动"应然世界"向"实然世界"转变的实践作出指导，这也是人类社会发展的阶梯。因此，知识与道德从来不是割裂的。课堂上知识传递与价值引领应当协同并进，课程设计要让知识能力和道德价值内在贯通，让传道与授业共同成为教学链条上不可或缺的环节。

课程思政要寻求能力发展与价值追求形成有机整体的"道"与"术"。"教育的存在，它的使命就在于提升人的自觉，把人从自在的生活中引领出来，使人的超越本性得到释放。真正意义上的教育是以形成人的超越性生活理念为旨趣的教育。"[1]因此，课程教学应培养有主体性的人，而非接收知识的学习机器，培养能力也并非为了让学生成为行为高效的"工具人"或技术娴熟的"单向度"的人，而是要让能力的发展与价值的追求相结合，让学生能够运用积极合理的认知方式解答生活中遇到的困惑，改善自己的道德缺陷，认识和化解现代生活中的精神之困、文化危机，进而指导自己的实践。

"中国现代文学史"课程思政努力达成"文学史"与学生心灵成长史的有机融合。教育学家夸美纽斯提倡自然适应性原则的教学方法，认为教育应不违背受教育者的自然发展规律，落实到课程思政的教学上，就体现在课程思政要遵循人的自然本性和身心发展规律，使课程教育贴合学生的心灵成长轨迹，不断激发学生的主体性。因此文学史课程不仅要传递知识，还要培育心灵，让学生在学习中形成自我反思，超越狭隘的个人中心主义和"文化偏至"。面对现代性危机在个人生活和群体生活中的种种表征，"中国现代文学史"课程教学应当提供一种对现代生活的学理反思与实践探索——在意义缺失、道德缺陷的不完满世界中，通过讲述文学发展史、现代社会文化变迁史、现代思想流变史和作家心灵史，促使学生自觉追求心灵的充分"发育"，鼓励学生结

---

① 鲁洁：《超越性的存在——兼析病态适应的教育》，载《华东师范大学学报（教育科学版）》2007年第4期，第7页。

合文学创作与文学评论书写个人心灵成长的"史诗",课堂进而成为讲授文学史和影响学生心灵的广阔文化空间。教师着力引导学生从现代作家的文化选择、文化思考中汲取有益的精神资源,探讨面对现代性危机、面对人的现代生存之困境、面对现代世界的不确定性如何做出合理的选择。

课程思政虽是近年来提出的新理念,但不应成为暂时性、阶段性的教学策略和"救急"的教学观念,而应经得起时间考验,可持续地提高教育立德树人的效能。课程思政需要探索出合适的实践途径,为教学改革提供新的路径与方法,提供新的内驱力,在理论与实践中贯穿有机整体观,实现"知""情""意""行"深度融合,深化和凸显整个教育体系的中国特色,为世界的现代教育提供中国经验。

二、问题与线索:"中国现代文学史"课程思政元素的挖掘

文学有认识和教化之用,从《诗经》"美教化,移风俗"的功能到鲁迅提出改造国人精神首推文艺,再到今天习近平总书记指出优秀的文艺作品触及人的灵魂,文学超越时代的教育意义和情感力量不言而喻。哲学家努斯鲍姆认为:"文学想象和情感能够赋予人们畅想的力量,去想象和理解那些被边缘化和被压迫的个人的生活,文学和想象能够使得我们融入那些被排斥的个体生活中,使得我们以旁观者的身份对世界进行反思,而不仅仅为那些僵化的数字和模式化的群体印象所蒙蔽。"①在拓展思维和情感世界之疆域、推进人的全面发展、引领人寻求真理层面,文学的作用无可替代。可见,提升学习者人格素养、培养"完整的人"、引导学生追求精神魅力和有高度的精神生活等教育目标也是"中国现代文学史"课程的题中之义。而这些与新时代发展与时俱进的高等教育课程目标也为本课程思政元素的挖掘提出了更高的要求。如果教育者将中学思政课本中的基础内容当成"万金油"随意涂抹,就会使之沦为能被学生轻易拭去的空洞口号和课程专业内容的生硬附庸,所以,课程思政要"讲方法",也要"反套路"。

---

① [美]玛莎·努斯鲍姆著,丁晓东译:《诗性正义:文学想象与公共生活》,北京大学出版社 2010 年版。

对此，我们采取"纵横交错"的策略。纵向上，我们要通过对知识逻辑的创造性转化来构建思政逻辑。林毓生先生在论述"五四"时代对传统文化态度时曾提出"创造的转化"一说，它意味着把"文化传统中的符号与价值加以改造"，使之变成"有利于变迁的种子"，并且"在变迁中继续保持文化认同"。① 在前文所述"有机整体观"的引领下，我们挖掘思政元素的方法与之类似：教育者既要客观地继承、传授专业知识，也要通过导入思政价值，将作为一种符号表征的知识进行价值负载，使之适应当代的文化变迁和时代精神的培植。

其次，"挖掘"思政元素要求教育者要深切体认专业知识和思政内容之关联，而"中国现代文学史"课程具备深厚的思政土壤：一方面，现代文学史以"五四"为重要节点，现代中国文学正是在中国近现代波澜壮阔的历史航程里前行与发展，课程讲授不可避免会勾连中国近代史、革命史、党史；另一方面，中国现代文学诞生之初，其思想线索、情感脉络就与时代所呼唤的价值主旋律虬结相生，如《中国现代文学三十年》教材的编写者钱理群先生曾作出的论断，"改造民族的灵魂"是20世纪中国的总主题。② 而与这一总主题伴生的"立人"思想，其终极目标是"沙聚之邦，转成人国"——不难发现，现代文学中对国民命运与心灵的关注、对现代"新人"的塑造与构想，无不与国族兴亡、社会嬗变的大背景相蕴相融。这提醒我们："民族灵魂"并非空中楼阁，它或多或少融于我们每个人之中，无法与具体鲜活之个体剥离。所以，我们自身就是"改造民族灵魂"的落脚点，每个人都拥有在自己身上克服时代缺陷的可能。诚然，这是需要勇气的，也是一种理想主义，但指明这种可能并非在兜售幻觉，因为我们可以望见，克服时代缺陷、求索理想人格的道路上已有诸多前行者，他们的身影刻印在现代文学史中——教师和青年学子应共同关注，在翻涌的时代浪潮下，现代知识分子们如何将自身的思想脉络、人生选择、价值观变迁内置于整个民族国家文化更新的进程中，又如何在时代熔炼中增加个体生命的厚度与韧度。当我们对前行者的选择有所体认，也许就能脱困于自我狭隘的囹圄，成为当今时代所需的知识与价值的传薪者，而学

---

① 陈来：《"创造性转化"观念的由来和发展》，载《中华读书报》2016年第12期。
② 黄子平、陈平原、钱理群：《论"二十世纪中国文学"》，载《中国现代文学研究丛刊》1986年第1期，第292~293页。

习现代文学史的意义和思政价值恰在于此。若以封闭的自我、单薄的知识为起点与归宿，学习者就难以拥有这种价值炼化的追求，无法让思想资源真正根植到自身的生命土壤，建构有效的思政逻辑亦无从谈起。

横向上，要以学生的实际问题为坐标，有的放矢挖掘思政元素，找到课程思政的发力点。对当下的年轻人而言，在体认"一代人有一代人的长征"的同时，还需要直面属于这代人的危机。"这代人的危机"虽有特殊性，但并非与历史全无半点相通之处，即便构成危机境遇的外在条件千差万别，但个体的根本困顿是有相通性的。在课程设计与具体实践中，我们采取了课前问卷调查、半结构化访谈等方法，实现与学生的深度交流，对接学生们的精神现实，进而细致分析其学习和思想状况，意在针对学生的价值之惘、精神之困、思想之惑来把脉，号准痛点，对症下药。

例如，在市场化的狂潮下，当代青年学生时常感到无所适从，无所不在的竞争压力让他们在求学、立业的道路上如履薄冰，变得焦虑而盲目。在"内卷""躺平"成为流行热词现象的背后，折射出青年人对难以改变现状的无力感和意义的虚无感。一切历史都是当代史，现代文学史的历史建构与历史发展之势、社会变革之动向、思想潮流之转换、与体现时代主题的社会实践形成某种呼应，现代文学中的诸多经典都寄托了现代作家在特定的历史语境中对于文化之积极作用的认知，以及通过文艺实践催生共同的文化信仰的期望。而文学史书写的重要功能在于强化民族文化想象、形成共同体意识，在民族危亡风雨飘摇之际，强调文化传统的现代转化，塑造民族精神，激发爱国情感。这一内容就能作为中国现代文学史重要的思政元素，经过合理设计融入课堂。比如，教师通过与学生共读、评述作家作品，启发学生与"伟大的心灵"对话，树立起家国情怀和责任担当；在历史、时代、自我和社会的大坐标系中探问生命的价值和奋斗的意义，从而消除迷茫感、焦虑感和因为无力"内卷"而产生的"躺平"情绪。授课过程中，教师结合现代文学发展史上的典型现象、典型事件、典型作品引导学生将历史与当下紧密联系，培育文化认同感和文化责任感。课程思政不是灌输性的价值输入，而是让学生将课堂上接受的价值引导转化为一种价值认同。就文学专业而言，这种价值认同又可以成为分析文学作品和文学现象的价值立场；在更广泛层面，这也可以成为学生在人生道路上思考人生问题、社会问题的价值立场。

又如，整体而言，当代大学生生活在社会平稳发展、经济繁荣的时代，无须面对物质匮乏的巨大压力。然而，他们在享受科技带来的生活便利和发达的物质文明的同时，也面临着新的现代性危机和社会挑战。在工具理性大行其道、互联网文化狂潮席卷而来之际，学生的奋斗目标愈发功利，价值取向愈发单一，部分青年学生甚至渐失"青春"特质，少激情而多犹豫，少进取而多退隐，盲目逐利和价值缺失成为笼罩青年学生精神的阴影。和所有文学教育一样，"中国现代文学"有其相对独立的性质，但也有介入和关怀现实的功能。现代文学史课程思政尤其应当引导学生深化对"文学之用"的理解，体会"无用之大用"。现代文学史课程思政要对大学生的价值误区进行纠偏，让青年学生在复杂多变的社会生活中，有属于自己的精神力量源泉。现代文学史上无数优秀的文学大家将个人理想、家国情怀、对社会的批判或期待熔铸到文学创作之中，展现出知识分子的责任担当与主体意识。他们结合中国的实际问题，通过文学创作对现实作出了回应，体现出自身作为文化行动者的自觉。通过阐释现代作家书写的精神痛苦和其探寻理想之旅，能够启发学生将个人的生命经验同历史中的人与文相联系，思考如何真正树立"命运共同体意识"、如何为"共同体"的发展贡献个人力量。现代文学史课程思政努力的方向，就是让学生摆脱完全的利己导向，在更开阔的视野和格局中安置自我、追寻理想。

总之，"中国现代文学史"课程思政要最大程度地发挥以文化人、以情感人的功能，要以问题导向挖掘专业内容中的思政元素，用文学激活思政的内在价值，用思政观念引领文学价值理想；以艺术鉴赏的方式阐释思政元素，培养健康的审美旨趣，提供积极的人生导向；通过引申与阐释、对照与比较、总结与借鉴、连接与反思等方法融入思政元素，做到文学教育和核心价值观相融共进，引导学生树立起主体意识，成为学习主体、历史主体、社会主体（见图1）。

三、路径与方法：思政如何融入现代文学史

依据前述教学设计思路，我们可以进一步提炼出思政融入课程的方法传导链："情境体验—情感发动—心智整合—态度形成—知识传递与价值传达"。文学本身是叙事的，文学史中也自然地带有叙事性的因素。教师在课堂上讲授作家作品时，通过情理交融、返本归真的叙事来构建情境，把重要问题历

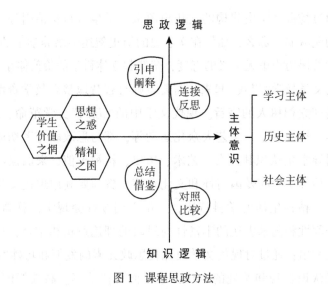

图 1　课程思政方法

史化、处境化。比如，调动多样的叙事手段和运用恰当的叙事策略阐述教学者自身与作家、作品精神有内在联通性的个人经验，以此为示范，带领学生进入情境，设身处地的体验便会调动学生的共情力、同理心，促进一种情感机制的生成。而"动其情"与"明其理"相辅相成，经过情感"加工"，知识的价值属性"顺理成章"地楔入学生的心智模式中，内化为心智结构的有机部分，促成心智的发育，进而助益于学生相对健全的人生态度。如果有了这样一种"认识装置"，学生便能一定程度地从被动的"知识接收器"转变为知识传递和价值传递的主体。这一传导链的本质在于：让知识与个人的情感、道德、生活产生联结、联通、迁移。通过"两联一迁"，知识的作用也得到了升华：一方面，它促成了知识的再生产，在我们用价值处理这些知识时，会产生新的知识；另一方面，它促成了人的再生产，学生通过学习，依凭自己独立的意志自我更新，使"我"重新在历史情境中、在具体的生活中"第二次诞生"。

　　传统的现代文学史课程教学一般着眼于文学史的历史性叙述，以时间为线索，串讲和评述有代表性的作家、作品、文学思潮和理论。其优点是能让学生对于文学史的发展和文学思潮的演变有一定的把握，但也存在一定的弊端：一方面，学生易忽视对于作品文本的精读，阅读过程中应当形成的意义理解与审美体验不够充分，相应地也就减少了在阅读中锻炼审美能力、提升人文素养的机会；另一方面，教师如果仅仅满足于指导学生"复刻"知识和结论，而不通过挖掘文学史建构的文化根源来对学生进行价值引导，也会使课程的育人功能减弱。那么，如何在文学史的历史叙述中培养学生的历史意识，同时反思和警惕历史虚无主义的态度，塑造起立体科学的价值体系？

让现代文学教学"思政"起来，需要教师有智慧地整合教学资源、安排教学内容，贯彻立德树人的宗旨。现代文学中的"五四"文学革命、左翼文学、解放区文学、抗战文学、文艺大众化运动等，都与思政教育密切联系，教师可以通过引导学生认识其社会、艺术、历史、精神价值，来加强学生正确的价值认同，培养学生的爱国情怀和文化自信。教师要利用现代文学延伸到当下文化生活、精神生活的学科特质，立足于当今社会现实，总结历史经验，将文学的修辞性和艺术表达的丰富性与思政的理论逻辑相结合，让价值引领自然地呼之欲出；通过对现代文学史课程思政元素的发掘和巧妙"内嵌"，引导学生正确认识自身和所处的时代，思考面对快节奏、高效能的社会环境，如何以宽厚理性的心态面对外界的价值输出，对社会、文化现象形成自己的合理的独立判断(见表1)。

表1　"中国现代文学史"课程思政设计思路

教学专题	思政元素	思政教学设计	预期成效
五四新文化与新文学	中国现代文学发展初期，也是中国文化的转型期。五四时期先进的知识分子为了探索中国文学和社会文化新的发展道路，以《新青年》为阵地，倡导现代白话文，传播新文化，提倡新道德，致力于思想启蒙。一大批现代作家取鉴西方，去粗存精，大胆创造，成为文化变革和社会变革的推动者，这也体现了他们进行文化探索的自觉和责任担当	(1)利用学习通、微助教等网络学习平台，与学生及时互动、对话；将"主题分享5分钟"与现代文学期刊阅读简报汇报等学生主导的翻转小课堂嵌入传统课堂，激发学生的"主场意识" (2)采取视、听、说、练融合的多元教学模式，视听片段赏析、文本细读与批评实践并举，使课堂文、艺相通，"绘声绘影"。如在介绍文学革命，讲授新文化运动先驱的创作和文化活动时，结合历史图片资料、当代影视作品(如电视剧《觉醒年代》等)进行导入和对比解读，激发学生探究兴趣，让学生了解五四知识分子在文化事业上筚路蓝缕、以启山林的探索精神与革命勇气	学生通过学习五四新文学，了解五四新文化先驱的革命探索精神与文化担当，培养自身对社会建设、民族文化发展的责任意识，提升以文化工作参与当下文化建设与中华民族伟大复兴的文化自觉

教学专题	思政元素	思政教学设计	预期成效
现代作家对传统文化资源的"活用"与"创化"	中国现代文学继承了丰富的传统文化遗产,不少现代文学作家受到传统文化的深刻影响,具备深厚的古典文学修养,他们用各自不同的方式在传统文化与现代文化间进行融汇、创造,在文学史上留下了许多优秀之作。这体现了传统文化内在的生命力和创造力	(1)介绍中国现代文学史上古典文化底蕴深厚的作家及其创作,让学生了解现代文学对古典文化的创造性继承 (2)利用自媒体开展线上线下结合、课堂内外联动的文学活动,邀请知名汉学家与校内专家做讲座,拓宽学生视野,让学生深刻理解中国现代文学中的优秀之作如何赓续传统又独创一格 (3)引导学生开展实践。课程引导学生阅读经典、体悟经典、内化艺术精神、学习艺术技巧,也鼓励学生"故事新编",在创作上重写"经典",思考当代"中国故事"的书写路径,强化文化自信	学生通过作品阅读、任务驱动型作业,体会现代作家汲取古典文化滋养、实现中华传统文化创造性转化、创新性发展的尝试,从而树立文化自信,加强文化认同,既继承传统,又敢于推陈出新,为"讲好中国故事"而不断提升个人的文化实践能力
左翼文学与红色基因	无产阶级革命文学在现代文学史上占有重要地位,与中国近代史、党史紧密联系。左翼作家的创作具有强烈的现实关怀,他们自觉运用文学为革命呐喊,将政治热情灌注于文学写作之中,传达红色理想信念	(1)将课堂讨论"学术会议化"。教师抛出问题,让学生分组阅读文献,第二次课以学术报告形式汇报成果,展开左翼文学代表作家作品的专题讨论,如比较蒋光慈、胡也频、丁玲等作家的"革命"书写,看红色基因如何在作家的个人生命史、创作史中生成和呈现。在小组报告后,引入点评、答辩以及点评嘉宾投票环节,形成多重交互 (2)把地方与地域作为理解中国现代文学发展的具体路径,如以"武汉与中国现代文学"为思路,指导学生实地考察调研、绘制文学地图、搜集文献、查阅期刊,进而勾勒现代作家的武汉行迹、文学印记,解析现代作家心象,从"地方"窥见现代文学发展内部的不同流向,促使学生以"在地感"触碰现代文学发展脉搏,引导学生在对现代文学作家心迹、足迹、笔迹的体认中深化历史认知,构筑自身面对时代洪流的理想基石	学生通过学习、讨论左翼文学,理解作品中体现出的政治理想和对于个人生命价值的反思,思考将个人的生活、发展与家国、社会相联系的重要意义,树立红色理想信念

续表

教学专题	思政元素	思政教学设计	预期成效
中国现代文学"感时忧国"的传统	中国现代文学作品有着"感时忧国"的传统，无数知识分子不断探索救亡图存的道路。现代作家忧国之患、感时代激变为民族发展带来的巨大压力，通过创作抒发深沉的爱国主义情怀，表达他们对于民族自强的渴望，同时，他们以笔作匕首、投枪，参与到现实斗争及改造民族灵魂的文化实践中	(1)讲述中国现代文学史上表达深厚爱国主义精神和体现"感时忧国"传统的作品，如老舍《四世同堂》、郭沫若《屈原》、闻一多《死水》等，体会其中的爱国思想与人道主义情怀 (2)以"抗战文艺"为主题给学生布置任务驱动型作业。引导学生考查抗战时期文艺刊物、朗诵诗、报告文学，重返"文学现场"，体察战地知识分子忧国忧民的情怀与投身抗战文艺事业的精神力量	学生通过阅读、学习爱国主义文学作品，体会现代作家"感时忧国"的精神传统，学习继承前人的文化精神，把个人价值的实现与中华民族伟大复兴的事业相结合，积极承担文化使命，厚植家国情怀
现代文学作品对于当代生活的指导意义	中国现代文学的学科特点让它能够与当下社会文化生活紧密关联，现代作家对个人与国家的关系、个人生存哲学等命题有过丰富的讨论。他们在理想道路上的不懈探索与精神追求以文学形式留存于历史之中，余响至今不绝，对于当代生活富有指导意义	(1)鼓励学生以音视频形式输出，举办作品评映会。学生细读、精读经典作品后，将其书摘、评论形成公众号文章推送，分组制作音视频。指导学生在任务型作业和作品中强调文学经典与当下生活的关联，引导受众的正确认知。在学期末举办视频评映会，展映各组作品，安排观众与"主创人员"互动提问环节，充分展示学生的学习成果 (2)把现代文学生活作为文学研究对象，引导学生开展对现代文学经典阅读情况的调研、口述史采写。学生采访身边不同行业、不同年龄层次的人，勾勒其文学阅读史，或通过对自己精神谱系的反刍，书写个人阅读接受史。鼓励学生发掘自身与经典文学作品的精神连接点	学生在课堂学习、文本细读、完成视频制作任务过程中，思考前人如何解读时代、解决人生道路中的困惑、缓解生命存在的焦虑，由此培养自身在面对当下文化现象时透过现象把握本质的认识能力，从文学作品的丰富意涵和文学家的人格魅力中获取精神养分，充实心灵，健全人格

四、评估与反馈：从跟踪性测评到深度学习模式

有效的教学需要高效的评价机制对教学成果进行评估与反馈，"中国现代文学史"课程的评价按照知识、能力、价值三个维度进行，其主要特点与创新点在于以下四方面：第一，以开放性问题、自主性回答和定性评价为主，结合使用公认的量表工具，达到定性定量评价相结合的目的；第二，尽量使用前后测或跟踪性评价的方式，在课程实施过程中多次施测，以便体现学生在课程学习中的发展过程；第三，选取课程教学中的重点环节进行重点评价，做到点面结合；第四，评价结果向学生开放，为学生提供成长性的学习档案和发展曲线，供学生进行自我学习监督和学习行为调适。

在具体操作上，知识评价采用关键词评价法和树状图评价法。关键词评价法是在课堂教学中，利用学习软件让学生在某个作家作品讲授完成后，进行关键词弹幕发布，将弹幕生成词云图，同时后台统计关键词词频，形成高频词柱状统计图，以检测学生的学习情况。本课程将在两处实施树状图评价法的前测与后测：一是在有关"文学作品经典化因素有哪些"这个概念的理解和掌握上；二是在某个经典作家作品讲授之前和之后，考查学生对于文学作品理解维度的丰富化程度。根据学生前后两次做的树状图比较，评估学生知识学习的成果，形成可视化的评价结果。

能力评价采用创新作业与多次跟踪性评价的方法。本课程旨在锻炼和考查学生通过口头、书面、多媒体等多种形式，利用文学史知识进行文本输出、批评实践的能力。课程思政不仅促进教学组织创新，也要促使学生发挥主体性，主动思考、自主学习。在课程实践中，让学生将学习到的知识内化并以多样化的形式输出，是检验学习效果的重要方式。现代文学史课程通过建设课程公众号、探究式实践任务，引导学生将作业生成文本、音频、影像，锻炼学生的输出能力，同时鼓励学生在"观念输出"的过程中传递正确的价值导向，回应时代召唤。而在评价方面，通过"自评互评表"对每次小组活动学习中学生的表现情况进行打分，评价依据包括课前准备、表达交流、专注程度、学习收获等，最终得到学生多次小组活动的成绩分数，作为评价参考(见图2~图4)。

价值评价主要采用问卷量表测试的方式，分别在学期前和学期后，针对学生在课程学习中共情力、同理心、社会责任感的获得和提升进行评估。文

图 2　学生作业：抗战时期文艺刊物专题

图 3　学生作业：现代文学作家武汉行迹考

学教育要培养个体对生命的敏感、对超越性精神价值的向往，培养人的审美感受力，让学生形成有广度的文化视野，这一部分主要评估学生是否能从经典文本中汲取精神资源，形成正确积极的价值立场并用于指导自己的文化与生活实践。

课程思政打开了教育教学创新的空间，这不仅是知识传授的创新，也是学生学习方式、课程评价方式的创新。通过知识、能力、价值三个维度的跟

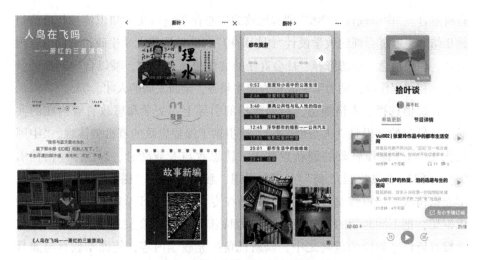

图 4　学生制作的音视频作业

踪性评价及时评估教学效果和调整教学内容与手段，通过讲授、启发、案例、讨论等多种教学方法，引导学生全身心地参与学习过程，让学生在理解知识的同时，把握学科内容的思想内核，形成内在学习的动力和正确的价值观，成为主动终身学习的深度学习者。[①] 教师也可以通过课程评价不断自我完善，改善教学手段，寻求教学相长的思政教育。

五、结语：从认识事实世界到追求"应然世界"

从知识社会学视角看，知识背后蕴含着一定的价值取向和文化立场，难以孤悬于社会情境、价值观念之外而独立存在，而知识传授与价值观念建构紧密相连，其暗含着某种社会期许，服务于某种社会建构目标。从教育学角度来说，"教育不仅要使人把握现实的生活是什么，更为重要的是要使人去探寻理想的生活可能是什么。帮助人树立起生活可以更加美好的信念，使人形成改变生活、改造世界的实践指向"。[②] 因此课程思政要坚持以立德树人为根本，挖掘课程价值逻辑和知识逻辑的内在联系，实现价值引领、知识传授和能力发展的

---

① 张浩、吴秀娟：《深度学习的内涵及认知理论基础探析》，载《中国电化教育》2012年第10期，第9页。

② 涂艳国：《教育学导论》，华中师范大学出版社2011年版，第257页。

有机融合。"中国现代文学史"课程思政的核心在于坚持文学知识传授与价值引领相结合，通过合理的教学设计"组织结构"有助于培养大学生政治认同、家国情怀、理想信念、道德修养、社会责任的文学史课程内容，辅以合理创新的教学活动和课程作业，助力学生成长为德才兼备、全面发展的人才。

在价值选择、人格塑造、精神建构的引导上，文学和思政有着内在的共通性，导向的结果是立人与创"文"，这贯彻了课程思政的有机整体观。"中国现代文学史"课程思政的创新点在于，让思政与专业融合，以"熏"（精神熏陶）、"浸"（心灵浸润）"刺"、（启发思想、触动灵魂）、"提"（提升境界）的教学立德树人，培根铸魂。一方面，教师在专业上突破旧有文学史视野下的知识框架，把不同时期的"文学生活"作为特殊的文学现象、文化现象纳入到文学教育研讨、教授的范畴之中，以新视角扩充教学内容，使课堂教育与兼具社会性、文学性的文学生活"实践"层面有效互动，使学生跨越以往的专业藩篱，融通社会学与人文学的知识领域，加深对文学的理解。让学生对知识进行批判性与反思性的选择，并在课堂之外也能够主动持续地学习，进入深度学习的状态。另一方面，教师以多样化的教学手段将课堂变成浸润式的文化体验空间，以经典之精神、作家之人格触发学生的"存在"之思；授课变成了精神对话的方式——经典文本、杰出作家、教师和学生在课堂上形成思想对话、引发心灵回响，形成对于时代精神的正向回应。由此，专业课程成为促成知识与美德、学问与人生具备内在一致性的综合统一体。

教师在课程思政有机整体观的引导下进行"三打通"的教学探索，将"思政"中的思想塑造、价值引领融入专业教育，推导至批评实践、文学生活的构建之中，既授人以"知"，又教人立"德"，接续近现代以来现代中国文学"新民""立人"，塑造思想纯正的社会主义建设者的传统，以美"动"人、以文化人。这样的实践积极回应时代的精神命题，力图纠正当下社会中存在的认识偏差。学生通过上这门课，不仅把作家作品视为研究对象，还能对写作者和作品中人物的生命经验有体认与共情，在课堂之外继续将"我"与历史上散发道德辉光的"他们"深刻联结，将文学之中深蕴的精神价值内化于心、外化于行。教师在课堂内外与学生深度对话，师生作为"共同体"彼此应和，又一起体认现代文学所蕴含的丰富的精神世界，获得从容、平和、健全的文化心态，建立更加合理的文化评价标准，把课堂上阐发的价值原则内化为自身生命发展的有效参数，以独立的"自我"持续思考、终身学习、勾画"应然世界"的蓝图并为之努力。

"大思政"背景下"汉语国际教育概论"课程育人模式创新

欧阳晓芳

（武汉大学　文学院，湖北　武汉　430072）

摘　要："汉语国际教育概论"课程以推动学生"乐学、善学、志学"为导向，全力打造"思政融入、信息赋能、实践协同"的课程育人模式。通过构建专业特色思政目标、调整知识目标、完善能力目标来优化课程目标体系；在"两大板块、一个三角、四个环节"新内容框架下突出汉语教学的多样性，融入思政元素，增设热点专题；综合运用案例分析、轮岗助教和多元实践等方法进行思政浸润、能力提升；引入多样化的考评方式和多元化的评价主体，实现考教结合。该模式帮助学生有效稳定了专业思想、实现了能力提升并坚定了理想信念，乃至助推专业内涵式发展。

关键词：汉语国际教育；课程思政；教学创新；育人模式

"课程思政"现已成为新时代高校课程改革、高校思想政治工作新的生长点。习近平总书记的相关重要讲话和教育部一系列文件的出台，为高校课程思政建设提供了明确指引。在此基础上，立德树人成效被纳入各类审核评估指标体系，如"双一流"建设监测与成效评价、学科评估、本科教学评估、一流专业和一流课程建设等。与此对标，各高校也加大了对课程思政的支持力度，将教师参与思政建设情况和德育成效列为考核评聘、选拔评奖的重要考查内容。总之，有了明确的宏观规划指引、强势的评估政策导向、有力的激励机制保障，全面开展高校课程思政建设的"大思政"格局已经初步显现。

汉语国际教育作为一个新兴专业，在国际中文教育事业蓬勃发展中应运而生，始终服务于推动中文和中华文化走向世界的国家战略。尤其是在百年未有之大变局背景下，国际中文教育则进一步被赋予了促进多元文化平等交流、增信释疑、互学互鉴，进而推进"人类命运共同体"建设的重任。因此，以立德树人为根本，加快汉语国际教育专业课程改革和教学创新，培养德才兼备的国际中文教育师资储备人才，具有服务国家战略的紧迫性。"汉语国际教育概论"（以下简称为"汉教概论"）作为与专业同名的概论性课程，在整个课程体系中占据统摄性地位。以"汉教概论"为试点进行课程思政教学改革，探索课程育人新模式，可以为打造汉语国际教育专业立体育人格局提供有力支撑。

一、课程背景与育人模式创新思路

"汉教概论"是汉语国际教育专业的一门专业必修课，既是基础理论课，也是专业入门课，主要通过系统、概括地介绍汉语国际教育的学科理论体系以及前沿动态，帮助学生了解并掌握最基本的汉语作为第二语言教学理论和相关实践方法，为系统学习本专业其他课程奠定基础。因此，对该课程进行思政教学改革，涉及整个专业课程体系，首先应回归专业人才培养的两个根本性问题：为谁培养人；培养什么样的人。

一般说来，汉语国际教育专业主要培养热爱国际汉语教育事业，具有熟练的汉语作为第二语言教学技能和良好的文化传播技能、跨文化交际能力，适应中文及中华文化推广工作，胜任多种教学任务的高层次、应用型、复合型、国际化专门人才。简言之，该专业是为国家培养中文和中华文化的传播者，乃至中外民心相通的推动者。但从近年的就业行情来看，本科毕业即可从事汉教工作的学生非常少，一般需要具备研究生学历才有较大可能进入国际中文教育领域。近年来选择汉教专业的人数连续下降也与此有关。即便是选择了汉语国际教育专业，学生们也容易受到行业相关纷杂信息的干扰和邻近强势学科的影响，整体专业思想不稳定，行业认可度不高，职业理想不坚定。因此，汉语国际教育本科阶段专业培养目标的设定，应在原有描述的基础上，更加侧重人才的储备性，强化国际视野、创新思维、辩证分析能力和情感态度的培养，尤其应以家国情怀、文化自信、理想信念、职业认同等作为人才培养的重要底色。与之相匹配，"汉教概论"课程的定位不能仅限于专业基础理论课，还应成为学生的行业职业启蒙课，承担起知识传授、能力培养和价值引领的重任。

此外，在课程多轮教学反思和日常师生沟通中，我们发现两个较为突出的问题。

（一）教学内容所涉知识体系庞杂且滞后

"汉教概论"课程的统摄性要求理论体系的完整性，导致内容庞杂，重点不突出，易引发师生的教学进度焦虑。此外，国际中文教育事业发展迅猛而教材建设相对滞后，目前接受度较高的几部主流教材都出版于 2005 年之前，基本上仍以"对外汉语教育/教学"为主题词。如果单纯依靠教材的话，缺乏对行业及学科前沿的关注，会使得学生原本就片面的行业认知进一步固化。

（二）教学对象课程投入度和学习成效不高

由于对行业理解狭隘，学生的专业归属感和职业认同感不强，学习动力不足，课程投入度不高。同时，学生缺乏实践经验，只靠课堂讲授不利于学生理解抽象的学科基础理论，更无法有效吸收学科应用理论和方法以及实现能力转化。因此，学生在课程学习中呈现出的疲怠、浅层与被动，这甚至有可能影响学生后续的专业学习效果，乃至专业忠诚度。

此外，由于专业和课程天然的国际性特色，常常具有一定的境外生源比例，主要为中国港澳地区及东南亚华裔。学生情况的复杂性，给课程教学提出了特殊要求，既是挑战，也是优势。如果充分关注学生的群体共性和差异，并巧妙加以利用，推动师生、生生良性互动，将有助于构建具有鲜明专业特色、高度隐性化、国际化的课程育人模式。

基于以上课程背景，我们本着"以学生发展为中心"的原则，结合新文科建设和课程思政建设理念，逐渐明确了改革创新思路，即以推动学生"乐学、善学、志学"为导向，打造"思政融入、信息赋能、实践协同"的课程育人模式。在此基础上，我们通过充分分析学生的成人成才需求、国家对外文化战略需求以及国际中文教育行业的海内外需求，全面考察能为课程育人形成支撑的主客观条件，在综合考虑各种可能的改革措施的基础上，形成了一个较为可行的实施方案，包括优化教学目标、重构内容体系、创新教法学法、改进评价方式等，使各个实施环节成为一个互相衔接、统一的整体，使教学资源实现合理调配并发挥最大效益。

二、育人模式创新举措

（一）优化课程目标

课程目标是指课程教学所期待得到的学生的学习结果，是确定课程内容、设计教法学法的基础。根据教育部提出的"金课"建设标准，课程目标应涵盖知识目标、能力目标和思政目标，其中思政目标是核心。针对刚刚进入专业学习、对汉语国际教育行业职业理解片面的学生，"汉教概论"课程更是需要承担起价值引领的重任。因此，在综合考虑专业目标、课程特色和学情痛点之后，我们调整课程定位，确定了"突出思政目标，调整知识目标，完善能力目标"的改革方案。

1. 突出思政目标，构建"三维四段"目标体系

针对学生专业思想不稳定、课程投入度不高、学习被动的问题，我们以"志学"为导向，构建了内容"三维"、过程"四段"的思政目标体系。

在内容上，课程以满足多方需求为指向，将思政目标分为"为人类进步（树立人类命运共同体意识）、为国家发展（坚定"四个自信"、厚植家国情怀）、为个人成才（激发职业认同、坚定职业理想）"三个维度，各维度之间并非界限分明，而是交织相融，终极育人目标是力求推动学生成才与国家发展、人类进步同向同行。

在实施上，遵循大学生成长规律，围绕其心理健康状况和思想发展动态，将目标内容体系进一步分解成"致知—育情—立意—践行"四个阶段目标，在课程开展进程中这四个阶段目标既各有侧重、逐级推进，又相互渗透、相得益彰，希望帮助学生在理解使命价值的基础上初步激发家国情怀，由此坚定职业理想，以饱满的热情投入专业学习。

以上"三维四层"思政目标体系不仅适用于"汉教概论"课程，还可以贯穿整个专业学习过程，融入专业人才培养方案，通过课程融入、课程统整以及特设专题课程等方式来逐级推进，以实现隐性思政教育常态化、贯通式、循序性转向，潜移默化地引导学生达到知、情、意、行的统一，使优秀的思政素养和道德品质内化于心、外化于行。

2. 调整知识目标，执行"一强化、一弱化"

针对课程过于侧重学科知识的体系性和全面性，而忽略行业前沿和内容主次的现状，我们以"乐学"为导向，在原目标体系的基础上，强化对国际中文教育丰富内涵、广阔外延、重要价值和影响因素的系统了解，尤其注重呈现海内外多样化汉语教学状况，以此突破学生的行业认知局限，激发学习兴趣的同时呼应思政目标中的"致知"。

对外围的基础学科理论则进行相对弱化，包括语言学、心理学、教育学、文化学等，在本课程中只要求学生了解它们与汉语国际教育之间的学科渊源，具体的理论学习分散到课程体系中的相关课程进行强化，既是回归课程的"概论"本质，达到缓解教学进度焦虑的目的，又可以加强课程之间的联系，实现课程协同。

3. 完善能力目标，全力"补短、补缺"

由于学生缺乏实践经验，消化学科理论有困难，我们以"善学"为导向，结合汉语国际教育行业新形势和国家战略需求，通过"补短、补缺"对课程能力目标进行了完善。

在当前世界多极化、经济全球化、社会信息化、文化多样化深入发展的形势下，国际中文教育需要"由单一中文语言教学向多元化'中文+'教学转变，由各国教育体制外的汉语教学向融入各国教育体制内的本土化中文教学转变，由传统的线下教学模式向线下与线上教学相结合的智慧教育转变"。[①]与之相应，合格的国际中文教育储备人才需要充分认识到海外需求的多样化、教学对象和教学条件的复杂化，思路开阔，勇于创新，方能适应未来海外中文教育发展新常态、新业态。所以本课程能力目标特别补充了教学个性化和国别化意识，以及差异化和信息化教学能力。

此外，近年来高校汉语国际教育专业"遇冷"、学生专业思想不稳定等情况，很大程度上与外界某些不利言论有关。"汉教概论"作为行业与职业启蒙课，非常有必要在能力目标方面补充政策敏感度和对行业动态等的辩证分析能力，希望学生能够自觉关注国际局势和国家战略方针政策，独立思考、辩证分析国际中文教育前沿动态以及外界的不同声音，由此建立起对专业前景

---

① 李宝贵、刘家宁：《新时代国际中文教育的转型向度、现实挑战及因应对策》，载《世界汉语教学》2021年第1期，第3~13页。

和职业价值的认同感，为本课程思政目标的实现提供支撑。

（二）重构课程内容

为了与新的目标体系相匹配，课程内容需要通过框架统整和思政融入来进行重新构建，并根据行业热点和前沿动态来增设专题。

第一步：统整知识框架。

回归本课程的"概论"本质，根据优化后的目标体系，将课程知识框架统整为学科基础理论和学科应用理论两大板块，凸显"一个三角、四个环节"的逻辑结构。

学科基础理论的"一个三角"以"怎么教"为核心，在简要梳理第二语言教学法流派的基础上，对海内外汉语作为第二语言的教学法进行历时和共时两种视角的呈现，帮助学生实现教学法的储备，以博采众长、综合创新。针对"怎么学"（语言习得理论和二语习得研究）和"教什么"（面向二语教学的汉语理论研究）则主要负责研究框架的梳理和思路方法的引领，实现与其他相应课程的协同。

在学科应用理论这一板块，传统教学中往往以面向来华留学生的语言要素教学和语言技能教学为核心内容，我们立足国际中文教育的行业新形势和新需求，将视野从课堂教学扩大至教学全过程，把容易被忽略的"总体设计、教材编选、测试评估"提升到与"课堂教学"同一层级，按时间进程的"四大环节"来组织课程内容，确保学生全面了解教学活动。在此基础上突出海外中文教学的多样性，并补充线上中文教学相关内容。

第二步：全面融入思政。

挖掘课程的思政元素是做好思政融入的前提。在"三维四段"思政目标的指引下，我们努力寻找思政内容与专业知识的契合点，梳理出具有专业特色的九大思政元素：人类命运共同体意识、中华民族共同体意识、"四个自信"、家国情怀、多元文化意识、政治素养、奉献精神、理想信念、职业认同。

思政元素的融入需以"基因式"融合为目标。通过梳理各思政元素之间的关系，并仔细考量每个思政元素可能的课程切入点，我们选择了"先整体铺开，再化整为零"的策略。首先将第一章"概说"整合成汉语国际教育"是什么""为什么"和"怎么样"三个问题，通过分析汉语国际教育的丰富内涵、重要价值和发展前景，集中融入九大思政元素。围绕这三个问题，让学生从不同角度认识到汉语国际教育的目标和价值,引导学生辩证分析行业前沿动态及相关工作的利弊,在理解行业前景和职业价值的基础上,初步激发学生的家国情怀和职业认同,并让他们以较高的热情投入专业学习中。然后在后续章节中分散推进,上文提及的"一个三角,四个环节"共分为七讲,每一讲都至少涵盖两个思政元素。本课程的思政元素分布图如图1所示:

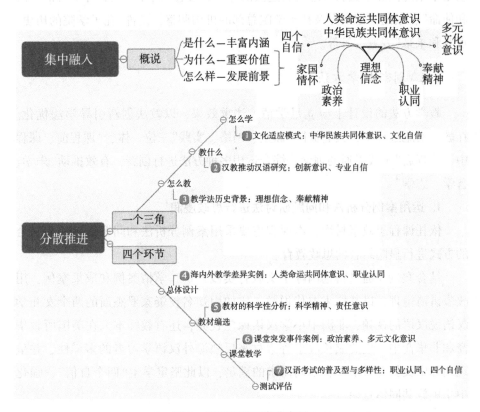

图1 课程思政元素分布图

这些思政元素全部与教学内容高度融合,通过丰富的思政素材来实现隐性传递。为此我们建设了课程思政素材库,包括视频影音、典型案例、权威发布、历史资料等。

第三步:增设热点专题。

国际中文教育事业与国际局势、国家政策紧密相关,在确保课程内容框架完整的前提下,非常有必要整合行业热点和前沿动态,在课程体系中增设专题研讨，以实现课程内容与行业动态的有效对接，让学生在系统掌握学科知识的基础上开展热点问题分析，激发学习兴趣的同时实现知识的应用、能力的培养，乃至价值的引领。比如，线上教学时，设置"远程中文教育"专题，以"信息化与多元化"为导向革新教学内容和课程设计，引入"互联网+"时代的国际中文教育新理念、新方法、网络互动新形式以及教学管理新模式等；满足学生对国际中文教师志愿者选拔的好奇，设置"国际中文教师应有的素质和使命"；紧随国家汉办及孔子学院总部的机构调整，设置"孔子学院的历史、现状和未来"专题，等等。

（三）创新教学方法

教学方法的设计上应立足学情、注重效果，以教法创新引导学法优化。在教学实施过程中，我们贯彻"课堂、网络、实践"三位一体、"课程前、课程中、课程后"全线贯通的理念，综合运用多种方法进行创新，有效推动"乐学、善学、志学"。

1. 运用案例分析法和问题研讨法进行思政浸润

依托课程思政素材库，本课程主要采用案例分析法和问题研讨法相结合的方式进行显隐结合的思政教育。

结合案例，通过精选国际中文教育实践案例、学情案例和成果案例，用故事讲清道理，以共情来取代说教。比如用知名投资家罗杰斯的两个女儿学汉语说汉语的视频、非洲中小学汉语课堂视频，还有教师本人在美国所教华裔和非华裔中学生的成长故事等素材来反映海外汉语学习者的多样性，并呈现国际中文教育对学习者不同需求的满足，以此坚定学生"四个自信"，强化中华民族共同体意识。

聚焦时事，以热点引发关注，在讨论中赢得认同。比如聚焦与国际中文教育相关的热点事件，来凸显人类命运共同体意识，让学生发现国际中文教育在其中发挥的重要作用。

利用话题，以图片、视频强化对比，用争议引导辩证思考。比如某些西方媒体歪曲事实、抹黑中国，而海内外汉语学习者却支持中国、为中国加油，甚至用视频记录真实的中国并发到海外平台。通过两相对比和拓展思考，学生们能够深刻认识到部分海外民众对中国形成刻板印象或偏见的原因，理解国际中文教育对于推动国际理解和中外良性互动的重要价值，从而有效激发学生的家国情怀和责任意识。

2. 根据课程进度安排多元化实践

较之传统的文科专业，汉语国际教育具有明显的应用性，其学科理论体系既根植于国际中文教育实践，也服务于实践。要让学生真正理解学科知识、获得能力提升和专业认同，也离不开实践。为此，我们根据课程进度来循序渐进地安排多元化实践。

在课程初期，安排跟海外学生一对一的线上语伴项目，跟国际教育学院留学生举行线下中外学生联合班会，以此建立起学生对二语者中介语及学习状态的初步认知，同时有助于提升专业学习热情和职业期待。

在课程中后期，围绕"四个环节"中的总体设计和课堂教学，以海外真实的汉语教学任务为驱动来开展场景模拟和分组协作备课，在实践训练中实现知识的融会贯通与能力的切实提升。具体操作时需要确保"课前、课中、课后"的全线贯通，在学生通过理论先行课初步了解教学设计流程和相关原则之后，发布课前任务，要求分组完成教学方案设计初稿。教师根据学生的课前任务完成情况调整课中研讨与点评的重点，进一步明确评价指标，课后各组在此基础上完善方案并提交，教师通过线上平台组织互评。

在课程后期乃至结课之后，推荐学生到校企合作平台进行线上中文教学实习，并且指导学生参加专业综合技能比赛，以赛促学、以赛促教，帮助学生在实践中发掘自己的潜力、发现汉教的魅力，获得学习成就感、专业归属感和职业认同感。

3. 结合专业特色设计轮岗助教

结合专业特色设置轮岗助教是让学生自愿报名、自主排序，轮流担任助教，负责观察课堂、撰写课堂反馈，课堂反馈主要包括课堂记录和教学评价两个部分，要求记录内容进度、教学过程、课堂发言、课后任务，同时对教学方法和效果进行评价，学生还可以总结思维重点，提出疑问，进行学习反思。教师收到之后会用红字批注，主要是查漏补缺、答疑解惑、肯定学生的思维闪光点、同时也做出教学反思，最后发布到课程 QQ 群，供全体同学查漏补缺、温故知新。通过这个方法，教师可以获得从教学内容、方法到教学进度、效果的及时、全面反馈，从而有效推动教学的持续创新，实现课程提质、教学相长。

（四）改革课程评价

与目标优化、教法创新相匹配，本课程着眼于被评价者的发展，引入了过程性评价，实现了考评方式的多样化和评价主体的多元化，详见图2。

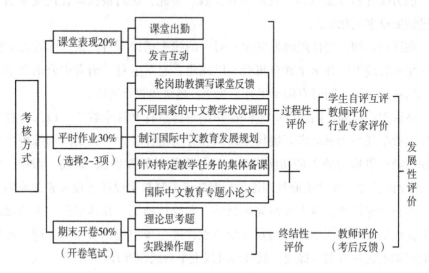

图 2　课程考核方式构成

考评方式的多样是对应课程目标的多维以及学生特点的多变，侧重考查学生情感态度的变化、行业学科认知的深化以及学以致用的能力转化。期末考试也变为开卷，侧重能力考查，融入德育元素，答案开放。试卷包括理论思考和实践操作两大题型。理论思考题主要结合案例分析，考查学生对汉语国际教育行业职业和学科理论体系的理解，对行业内前沿动态的关注、了解和分析能力。实践操作题则主要结合国际中文教育模拟场景，考查学生运用课程所学理论和方法来开展语言和文化教学的实践能力。

教师阅卷完成后在课程群进行试题分析和问题反馈，将答卷批注以及课程表现逐一私发学生，做到以考促学、考教结合。

三、课程育人成效与特色总结

基于以上课程育人构想，我们在2020—2022年针对武汉大学文学院汉语国际教育专业的大二学生开展了"汉教概论"教学创新实践。虽然时间不长，但该课程育人模式成效初显，不仅帮助学生实现了"乐学、善学、志学"的转变，授课教师乃至整个专业都获益良多。

学生的"乐学"首先表现为课程投入度的有效提升，学生们从最开始100%习惯被动听讲、记笔记，转变为课堂互动参与率大于80%，而且作业有效提交率100%，优秀率高。"善学"则表现为学生行业认知的高阶化和专业能力的切实提升，从课程考核来看，学生不仅能够运用所学开展行业分析和问题研讨，而且能够针对不同教学任务进行差异化教学设计。近三年还在国家级、省级学科竞赛中接连斩获5项大奖。但跟竞赛结果相比，学生的参赛积极性更能体现"志学"。近三年汉教学生的学科竞赛参赛率和本专业读研率都有了显著提升，还有较高的后续选课率以及优秀的教学实习表现都说明学生专业思想明显趋于稳定。他们主动参与运营专业微信公众号，并且在课堂反馈中发出的志学之语，表现出对专业和职业的认可乃至热爱。

得益于课程育人模式创新，课程团队的教学与教研能力也得到了有效提升。更为可喜的是，以"汉教概论"课程的育人模式探索与实践为抓手，武汉大学文学院对外汉语教研室致力于设计科教协同的专业课程体系、开发线上线下相结合的教学实习渠道，尤其是紧扣国际中文教育事业的重大使命展开课程内容，密切结合教学实习、语情监测、田野调查和志愿者服务等进行思想政治和社会责任教育，积极打造专业三全育人格局，有效地推动了整个专业的内涵式发展。

总体说来，"汉教概论"课程育人新模式以推动学生"乐学、善学、志学"为导向，充分考虑国际中文教育行业全局以及国家文化战略全局，在此基础上进行课程目标优化、内容重构和方法创新，然后通过丰富的思政素材、灵活的教学方法和多元的实践训练来开展价值引领下的知识拓展和能力提升，注重全方位推动课堂之内的专业课程协同、课堂之外的院校协同和校企协同，打造立体育人格局。简言之，以生为本、着眼全局和强化协同是构建本课程育人新模式的根本。

"三维融合"目标下课程思政的四步同行切入点与实施路径探索

——以"高等工程经济学"课程为例

陆菊春[1] 程鸿群[1] 韩 璐[2]

（1. 武汉大学 经济与管理学院，

2. 武汉大学 边界与海洋研究院，湖北 武汉 430072）

摘 要：课程思政是完善全员全程全方位"三全育人"的重要抓手。"高等工程经济学"作为管理科学与工程专业的研究生核心课程，课程中蕴含着大量的思政要素，在知识传授、能力培养和价值塑造"三维融合"的育人目标下，提出专业知识与思政元素深度融合的四步同行切入点：以马克思主义辩证思维的世界观和方法论为指导，以社会主义核心价值观为引领，融入中华传统文化与美德，挖掘其职业道德内涵和开拓创新精神，构建包含目标层、实施层和保障层的课程思政框架结构，并从实施层和制度层提出相应的实施路径：内容上深挖、模式上创新、制度上引领、平台上保障、团队上培养、教材上完善，有效解决本课程思政中遇到的难题，也为其他类型的课程思政探索提供借鉴经验。

关键词：三维融合；课程思政；实施路径

一、引言

课程思政是高校贯彻落实德树人根本任务的重要举措，是对习近平总书记要求的"各类课程与思想政治理论课同向同行"的积极响应，[1] 也是贯彻

---

① 习近平：《把思想政治工作贯穿教育教学全过程，开创我国高等教育事业发展新局面》，载《人民日报》2016年12月9日，第一版。

实施"三全育人"的重要抓手。① 通过挖掘课程各模块蕴含的思政元素，将思政元素贯穿于专业课程教学的全过程，让学生在获取知识提升能力的同时实现价值升华，② 实现知识传授、能力培养和价值塑造"三维融合"的育人目标，达到课程思政与专业教育的协同效应。

当前，课程思政的理论研究和实践探索很多，主要聚焦在内涵诠释、元素挖掘、优化路径等方面。在内涵诠释方面，唐建兵（2021）提出"思政课程"与"课程思政"应同向同行，界定课程思政的内涵特点；③ 贺景霖（2022）认为课程思政具备政治价值、教育价值和社会价值，是高校实现人才培养目标的有效措施。④ 在元素挖掘方面，张敏（2022）从价值共创视角分析实训课程与思政元素的深度融合策略；⑤ 蒲清平（2022）认为教学准备、教学实施和教学评价是影响课程思政教学质量与效果的三个关键环节；⑥ 刘楠（2021）提出课程思政与协同育人融合的长效机制是人才培养能力的关键因素。⑦ 在优化路径方面，陈晓芳等（2022）提出课程思政一方面要加强制度建设和平台建设，另一方面要加强团队培养和教材建设，增强教师德育能力；⑧ 李勇威（2022）针对高校研究生课程思政的实际情况，从高校、学科、导师和课程四个维度提出研究生课程思政建设的现实路径。⑨

---

① 蓝晓霞：《深入落实立德树人根本任务》，载《光明日报》2018 年 8 月 21 日，第 6 版。

② 韩喜平、肖杨：《课程思政与思政课程协同育人的"能"与"不能"》，载《思想理论教育导刊》2021 年第 4 期，第 131~132 页。

③ 唐建兵：《"思政课程"与"课程思政"同向同行的价值意蕴和实践路径》，载《淮北师范大学学报（哲学社会科学版）》2021 年第 12 期，第 102~108 页。

④ 贺景霖：《高校课程思政的价值内核及建设路径探究——以宏观经济学课程教学为例》，载《吉林省教育学院学报》2022 年第 1 期，第 85~89 页。

⑤ 张敏：《价值共创视角下"实训+思政"深度融合的组态研究》，载《实验技术与管理》2022 年第 2 期，第 32~35 页。

⑥ 蒲清平、何丽玲：《新时代高校课程思政教学提质增效的实践路径》，载《思想教育研究》2022 年第 1 期，第 109~115 页。

⑦ 刘楠、陈凯航：《基于"课程思政"与协同育人深度融合的人才培养能力提升研究》，载《吉林工程技术师范学院学报》2021 年第 11 期，第 13~16 页。

⑧ 陈晓芳、陈昕、洪茳、李琴：《"会计学原理"课程思政建设：价值意蕴与教学实践》，载《财会月刊》2022 年第 1 期，第 1~10 页。

⑨ 李勇威：《价值、问题与路径：新时代高校研究生课程思政建设论析》，载《北京科技大学学报（社会科学版）》2022 年第 2 期，第 87-92 页。

在课程思政实践教学中，主要存在以下三方面问题：一是对课程知识中隐含的思政元素挖掘不深，出现"隔靴搔痒"现象；二是没有找到本课程的专业知识与思政元素的契合点，出现"张冠李戴"现象；三是对思政元素的解释缺乏精准度，出现"泛思政"现象。针对以上课程思政研究成果和教学实践中存在的问题，本文以"高等工程经济学"课程思政为研究对象，从知识传授、能力培养和价值塑造"三维融合"的育人目标出发，针对课程中人文思想的复杂性和多维性，提出课程思政的四步同行切入点，以马克思主义唯物辩证思维的世界观和方法论为指导，以社会主义核心价值观为引领，融入中华传统文化与美德，挖掘其职业道德规范和创新精神，构建课程思政的总体框架结构及实施路径，从而有效解决本课程思政中遇到的难题，也为其他类型的课程思政探索提供借鉴经验。

二、"三维融合"目标下"高等工程经济学"课程思政的四步同行切入点

"高等工程经济学"是管理科学与工程专业研究生必修课程之一，它以经济理论和数量方法为基础，以技术、经济、社会、生态和文化协调发展为原则，以有效利用有限资源，提高综合效益为目的，以各种成本效益分析方法为手段，使学生掌握各种投资项目的经济效果评价的理论、方法和决策工具。研究生培养目标把知识传授、能力培养、价值塑造三者融为一体，因此在课程思政中要把握"三维融合"的特点，把课程思政贯穿于人才培养过程之中。本课程既包含经济学理论与方法、经济思想、投资项目建设政策，同时也蕴含着丰富的思想道德价值观念与人生哲学：比如技术与经济关系中的对立与统一哲学思想、可行性研究中内含的量力而为三思而行思想等，这些内容都需要从课程思政建设的角度系统地整理和提炼，它们为实施课程思政提供了良好的基础。

面对本课程中人文思想的复杂性和多维性特点，以马克思主义辩证思维的世界观和方法论为指导，以社会主义核心价值观为引领，融入中华传统文化与美德，挖掘其职业道德内涵和开拓创新精神，为价值塑造提供高尚的精神食粮。由此构建课程专业知识与思政元素的"四步"同行切入点，通过这种

四步同行,让学生在掌握知识的同时感受到能力提升以及思想道德的升华,三者有机结合、相互促进,真正实现"如春在花、如盐化水",四步同行切入点见图1所示。

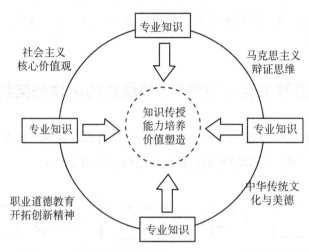

图1 "三维融合"目标下课程思政的四步同行切入点

(1)融入马克思主义唯物辩证思维。马克思主义唯物辩证思维被证实是一种科学认识事物、研究事物的客观方法,将其融入投资项目财务评价、国民经济评价、风险分析、融资优化决策等内容中,帮助学生用辩证的思维方式理解经济问题、投融资决策问题,运用归纳与演绎、分析与综合等四大辩证思维基本方法来解决课程各个模块遇到的相关问题。

(2)融入社会主义核心价值观。在专业知识教学中,时刻以社会主义核心价值观为精神导向。比如在学习投资回收期指标时,引导学生理解项目投资回收对国家发展和稳定的影响。在知识传授中潜移默化地引导学生把国家、社会、公民的价值融为一体,把小我融入大我,将社会主义核心价值观内化为精神追求、外化为自觉行动。在科学研究探索中体现"顶天立地""把论文写在祖国大地上"的特色。

(3)融入中华传统文化与美德。将中华传统文化与美德融入知识点讲授过程,强化"育人先育己、立德先立人"的角色意识,坚定文化自信。比如在投资决策中分析资金时间价值时,探析"利滚利"带来的效应,引导学生树立正确的消费观、诚信观。

（4）融入职业道德教育和开拓创新精神。在投资项目经济评价和决策中随时要应对复杂的外部环境，引导学生树立良好的职业精神和职业规范，增强职业责任感。通过介绍重大工程实践，帮助学生树立砥砺前行奋斗强国的勇气信心和远大志向，面对遇到的困难和复杂的环境，勇于探索，具有开拓创新和拼搏精神。

三、"高等工程经济学"课程思政的总体框架结构

结合本课程的专业培养方案及人才培养目标，按照"目标层——实施层——支撑层"构建课程思政的总体框架结构，见图2所示：

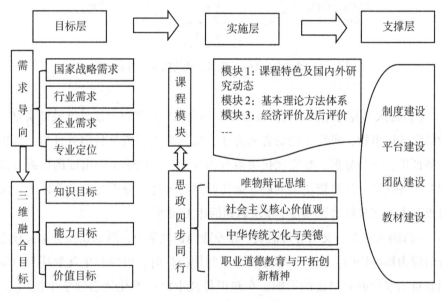

图2 "高等工程经济学"课程思政总体框架结构

（1）目标层：从国家战略需求、行业需求、企业需求与专业定位出发，将本课程的培养目标细分为知识目标、能力目标和价值目标。知识目标表现为系统全面掌握本课程的基本理论、经济分析方法及其投融资决策理论方法；能力目标就是通过文献研读、案例分析、小组讨论、研究热点追踪等环节，

具备分析投资项目决策、经济评价等相关问题，提升科研创新能力。价值目标：融入马克思主义唯物辩证思维，帮助学生用唯物辩证的思维方式理解投资项目财务评价、国民经济评价、风险分析等内容；在知识传授中引导学生将社会主义核心价值观内化为精神追求、外化为自觉行动；将中华传统文化与美德融入知识点讲授过程；融入职业道德教育和开拓创新精神，引导学生树立良好的职业精神，面对困难和复杂的环境，具有开拓创新和拼搏精神。

(2)实施层：课程知识模块以投资项目经济评价理论方法为基础，围绕资金时间价值、财务评价、国民经济评价、不确定性投资决策以及风险分析、PPP项目评价等内容展开，课程知识模块与马克思主义辩证思维、中华传统文化与美德、社会主义核心价值观、职业道德教育和开拓创新精神深度融合，采用混合式多元化教学模式，把知识传授、能力培养、价值引领有机统一起来，推进全员全过程全方位育人。

(3)支撑层：课程思政的实施需要制度、平台、团队、教材多维助力。制度层面是课程思政的基础，学校、学院建立课程思政的课程评估、绩效考核等规章制度，为课程思政奠定制度基础；平台层面，主要通过搭建课程思政教学平台并与多种教学模式结合，以混改平台推动课程知识与思政教育的深度融合；团队层面，培养具有思想品德高尚、专业功底扎实、人文底蕴深厚的教学团队；教材层面：结合课程思政要素模块，重新架构立体多维的数字化教材。

四、实施层的路径策略

(一)教学内容上深挖——三维融合目标下课程教学内容与思政要素深度融合

根据课程知识与思政教育的"四步"同行切入点，从授课内容中寻找与思政元素结合的契合点，建立"高等工程经济学"课程思政的长效运行机制和协同创新机制，课程教学内容与思政要素契合点见表1所示：

表1 "高等工程经济学"课程内容与思政元素的深度融合

课程模块	专业知识	思政切入点
模块1 课程特色与发展前沿	(1)课程主要内容与特色；(2)课程发展渊源；(3)国内外发展前沿	(1)课程内容与国情结合，融入家国情怀，"四个自信"教育；(2)课程在历史渊源中融入可持续发展观，开拓创新精神；(3)马克思主义辩证思维看待国内外发展变化
模块2 经济评价基本理论体系	(1)资金时间价值；(2)经济效果评价指标和评价准则；(3)独立方案、互斥方案、现金流相关方案投资项目评价方法；	(1)传统文化美德：融入正确的消费观和时间观；(2)评价准则中融入职业道德教育：以人为本，廉洁正直；(3)以系统观、运筹帷幄的辩证思维分析方案；(4)核心价值观：在方案比较中进行国情教育，培养爱国情怀，增强民族自豪感，理解把"论文写在祖国大地上"的内涵
模块3 投资项目经济评价及后评价体系	(1)投资项目财务评价基本原理 (2)投资项目国民经济评价 (3)投资项目后评价理论方法	(1)核心价值观：通过财务评价和国民经济评价，融入总体和局部、个人发展与国家发展的关系，理解科学发展观的内涵；(2)通过后评价理解可持续发展观，"绿水青山就是金山银山"；(3)开拓创新精神：在后评价中换位思考，融入打破思维定式的创新意识
模块4 PPP投资项目经济效果评价	(1)PPP项目特点及运作模式 (2)PPP项目物有所值评价方法	(1)核心价值观：通过PPP项目运作特点，融入国情教育，培养爱国情怀；(2)传统文化美德：诚信为本，合作共赢；(3)物有所值评价中融入个人发展与国家发展的关系
模块5 不确定条件下的投资项目评价理论	(1)不确定环境下的投资项目实物期权评价理论 (2)竞争环境下投资项目的期权博弈评价理论	(1)融入科学发展观：创新报国，实践报国；(2)面对不确定性用科学的方法抉择；(3)开拓创新精神：优胜劣汰，适者生存，培养创新与竞争意识

续表

课程模块	专业知识	思政切入点
模块6 投资项目风险评价理论	(1)投资项目盈亏平衡分析 (2)投资项目风险识别； (3)投资项目风险评价与控制	(1)开拓创新精神：面对风险不放弃，开拓进取； (2)职业道德教育：面对风险，积极主动，未雨绸缪，培养严谨务实的工作作风； (3)核心价值观：诚信立身，诚信做人；诚信创业；诚信进行科学研究

(二)教学模式上创新——混合式多元化教学模式的运用

采用线上线下加案例式教学、研讨式教学、情景模拟教学、文献分享会等各种混合式多元化教学模式，体现讲、查、做、演、论五个方面。讲，指教师进行常规的课堂授课，在各知识模块中融入思政元素；查，指学生查阅文献资料，比如在学习工程经济要素时，让学生提前查阅相关研究文献和项目案例，分析如何进行重大工程经济论证和决策，在这些资料阅读中更好地理解个人发展与国家发展关系；做，指通过调研、微视频、数字故事等方式结合线上线下教学模式，让学生更好地了解国情，激发爱国热情；演，主要是指学生参与课堂展示、文献讨论等方式，比如根据学生展示的内容融入诚信教育，如何诚信进行科学研究；论，指通过文献阅读、论文等方式进行学习，论文选题时如何融入国情，把论文写在"祖国大地上"。混合式多元化的教学模式为课程思政的融入提供了更加多元的融入路径。

五、支撑层的实现路径

(一)制度上引领——多种制度服务"思政"

在制度层面，学校、学院都发布了相关课程思政的工作实施方案，建立课程思政学科评估、课程评估、绩效考核等规章制度，并在各类教改项目申报和精品课程立项中，将课程思政作为重要遴选指标之一。从制度层面保证将"课程思政"作为教学全过程的价值引领，促进课程思政落地。

(二)平台上保障——混改平台助力"思政"

利用微助教等工具搭建课程思政教学平台，与混合式多元化教学模式结合，以混改平台推动专业知识与思政教育的深度融合：利用微助教平台承担线上线下混合式教学的功能，课前，学生通过平台下载投资项目经济评价、后评价、风险分析、PPP 模式等各个模块的文献内容；课中，教师借助平台完成小组讨论、文献研讨等教学过程；课后，平台提供统计数据与问题反馈，保持课程思政的持续改进。混改平台功能的使用，进一步促进课堂教学时空的交互，推动教与学的互动与交流，助力课程思政的改革与实施。

(三)团队上培养——德能并重团队提升"思政"

教学团队是"课程思政"的第一责任人，本课程教学团队由 3 名副教授和 1 名辅导员构成，年龄结构、知识结构为课程思政奠定扎实的基础。主要从以下两方面培养本课程德能并重的教学团队：一方面吸纳思政课教师加入教学团队，辅导员老师的加入可以从思政理论素养方面提供专业支持；另一方面教学团队定期开展专项研讨，包括各模块课程思政元素提炼、教学方案设计、微课制作等多方面，开展典型经验交流等活动，加强教学团队的育德意识，提升"育德能力"。

(四)教材上完善——数字化教材助推"思政"

随着数字化社会的发展，直播课程、在线教育等已经突破教学时空的限制，课内与课外、线上与线下、虚拟与现实可以无障碍进行切换，因此教材建设要适应数字化时代特点，进行教材资源动态更新和立体化设计，促进数字化教材的建设，具体包括以下措施：一方面，结合研究热点及思政元素，实施教材资源动态更新，将数字产品如港珠澳大桥建设视频、投资决策虚拟仿真系统等融入课程思政教材内容；另一方面，突破纸质教材的固有形式，与互联网、融媒体等结合，由单一形式向立体式数字化教材形态转变，借助各种媒介手段让学生随时感受到思政元素的滋养、涵育和引领。

六、结论

"高等工程经济学"作为管理科学与工程专业的研究生核心课程，课程中蕴含着大量的思政要素，在知识传授、能力培养和价值塑造"三维融合"的育人目标下，教学团队在授课过程中提出四步同行切入点，把思政元素与专业知识深度融合，构建课程思政的框架结构，包括目标层、实施层和支撑层，并从实施层和支撑层提出相应的实施路径，探索和创新课程思政实现的策略：内容上深挖、模式上创新、制度上引领、平台上保障、团队上培养、教材上完善，保证课程思政持续健康良性发展，真正实现"专业教育"与"课程思政"同向同行，协同育人。

庐山地理学综合实习课程思政建设与实践

李艳红　林爱文　赵　林　李连营　王明军

(武汉大学　资源与环境科学学院，湖北　武汉　430079)

摘　要： 课程思政是高等教育落实立德树人根本任务的战略举措，野外实习具有开展课程思政建设的显著优势。以"庐山地理学综合实习"课程为例，明确了实习课程思政育人的建设目标，结合实习课程的教学内容和庐山的地域文化背景，围绕地学知识、风景名胜、传统文化、地学名师、红色基地五个方面，深入挖掘了实习课程的思政育人元素。在实践教学中，采用全程化、多路径的方式有机融入思政育人元素，实现知识传授、能力提升和价值引领相融合的育人目标。

关键词： 课程思政；地理学实习；庐山；思政元素

立德树人是高等教育的根本任务。课程思政是以课程为载体，充分挖掘蕴含在专业知识中的德育元素，把知识传授和育德育人相结合，是提升人才培养质量、落实立德树人根本任务的重要途径。① 地理学实习作为地理科学专业本科教学的重要组成部分，对于提升学生的动手能力、拓展知识视野、激发科研兴趣、塑造创新思维等具有不可替代的作用。如何做好地理学实习课程思政，为培养德智体美劳全面发展的地理科学研究型人才打好基础，是地理学教育的重要使命与担当。本文以武汉大学地理科学专业的"庐山地理学综合实习"课程为例，探索了地理学实习课程思政育人目标的构建、思政育人元素的挖掘、思政育人元素的融入，以期为地理学实习课程思政育人提供有益的参考和借鉴。

---

① 周翊、范存辉、刘向君：《"三全育人"理念下高校理工类专业课程思政建设研究——以地学学科为例》，载《四川轻化工大学学报(社会科学版)》2021年第2期，第33~46页。

一、庐山地理学综合实习课程思政建设目标

课程思政建设首先需要明确课程的思政育人目标。庐山地理学综合实习课程思政育人目标的确立需要立足地理学科的特殊视野、理论和方法，围绕课程教学内容，将思想政治教育和专业知识传授、专业技能培养形成协同效应，实现知识传授、能力提升和价值引领相融合的教学育人目标。

庐山地理学综合实习的主要教学内容是通过考察分析庐山地区的地质地貌、植被、水文、气候、土壤、经济、文化等多个地理要素的类型特征、分布格局、时空演变及地理要素间的相互影响，让学生掌握地理学野外调查的基本方法，培养学生观察、分析和解决地理问题的能力。

从课程教学和思政教育的双重视角分析，庐山地理学综合实习是加强生态文明理念引领下的人地关系的认识、理解和实践。其课程思政的育人目标是通过实习引导学生辩证认识世界、恪守自然规律，树立正确的世界观、人生观、价值观，树立人地关系和谐理念和"绿水青山就是金山银山"的生态发展观，掌握地理现象和地理问题的分析、预测和应对的专业技能，塑造学生科学求真、勇于探索的创新精神，通过实习扎根祖国大地，了解国情民情，培育学生的家国情怀、民族精神与理想信念，培养具有责任担当、甘于奉献、知行合一的时代新人。

二、庐山地理学综合实习课程思政育人元素的挖掘

庐山具有得天独厚的自然条件和优美的环境，拥有悠久的历史和灿烂的文化，同时也是近代中西文化交融、政治风云变幻的舞台。在庐山地理学实习过程中，我们结合实习课程特点及实习地区特有的地理、文化背景，深入挖掘实习中所蕴含的知识性、文化性和思想性等育人元素。

1. 地学知识中的育人元素

地理学知识本身蕴含着丰富的人生哲理，把实习中深藏于知识表层符号、内在结构之下的人文精神与价值意义发掘凝练出来，[1] 可以给予学生启迪，帮

---

[1] 于亚新、丁义浩：《以课程思政重塑大数据与智能时代的数据科学思维体系》，载《中国高等教育》2020 年第 8 版，第 9~11 页。

助学生树立正确的人生观、价值观、世界观。① 在庐山地理学实习中，通过讲述庐山地区的地质构造演化历史，让学生在谈海说陆、讲古论今中，分秒间领略"沧海桑田"的巨变，用广阔的地理时空观塑造学生乐观豁达的性格；由人类在实习地区漫长的演化历程中只是短暂的瞬间，引出要珍惜时光、不负韶华；从风化作用、滴水穿石等地理现象中阐明坚持是取得成功的必要条件；以庐山地质、地貌、土壤、植被等的演化过程及规律为切入点，引导学生要遵循事物发展规律，树立尊重自然、顺应自然、保护自然的生态文明理念②，并引导学生用发展的眼光看问题，不能故步自封；通过对实习区岩层产状测量、褶皱断层辨别、地形倒置分析等实践过程，培养学生实事求是、去伪存真的专业品格；从如琴湖等水体的水质监测与防治，让学生深切理解"绿水青山就是金山银山"的科学发展理念。用地理学特有的知识视野和思维方式，在对知识的解释和对世界的描述中，潜移默化地引导学生树立正确的世界观、人生观、价值观。

2. 风景名胜中的育人元素

庐山江湖环绕，群峰绵延，雄奇秀拔，云雾缭绕，山间散布着许多瀑布、溪涧、岩洞、峡谷，名胜古迹遍布，是世界自然与人文景观完美融合的典型。庐山著名的自然景点有五老峰、三叠泉、石门涧、含鄱口、锦绣谷、龙首崖、秀峰等，实习中优美的自然风景能够对学生产生强大的冲击力和感染力，学生们自然地流露出对祖国壮丽山河的赞美，迸发出强烈的爱国热情。庐山著名的人文景点有东谷别墅群、含鄱亭、御碑亭、仙人洞、白鹿洞书院、观音桥、东林寺等，它们坐落在庐山的山水之间，与自然环境有机融合，实习中以名胜古迹为依托，可以培养学生的文化素养和审美情趣，涵养其内在精神，激发文化自信。

例如，庐山东谷别墅群建筑保留有包括荷兰、意大利、英国、法国、西班牙等多个国家风格的六百多栋别墅，这些别墅具有独特的建筑形式和表现方式，且被众多中外名人所居住，实习中让学生对别墅群展开调查，感受不同风格的建筑特色及弥散的欧陆风情，从充满传奇色彩的别墅建筑中感受时

---

① 陈仕涛、张明礼、张志刚等：《地理研学旅行融入思政元素的探索与实践》，载《地理教学》2021 年第 9 版，第 35~37 页。

② 孙朋、陆曼、刘娜等：《地质学基础实践教学中课程思政元素挖掘与实践》，载《西昌学院学报（自然科学版）》2021 年第 3 版，第 115~118 页。

代风云和历史变迁①。白鹿洞书院位于庐山五老峰南麓，享有"海内第一书院"之誉，书院颇具清雅淡泊之气，实习中让学生感受白鹿洞书院文化传承与古建筑魅力，培养学生的爱国情怀与文化素养。另外，庐山的摩崖石刻星罗棋布，且大部分是颜真卿、米芾、苏轼、黄庭坚、康有为等名人的墨迹，楷、草、隶、篆俱全，堪称一部书法字典，实习途中所到之处，适时提醒学生欣赏这些融自然生态、书法生态和精神生态于一体的哲语箴言，培养学生的审美情趣和文化素养。

3. 传统文化中的育人元素

庐山拥有悠久的历史和灿烂的文化，蕴含了丰富的德育资源。在庐山地理学实习中，融入体现地学知识的优秀古诗文，既可激发学生学习地学的兴趣，又可以提高学生的人文素养，并加强对中华传统文化的热爱和继承。自司马迁将庐山载入《史记》后，历代文人墨客相继慕名而来，陶渊明、李白、白居易、苏轼、王安石、黄庭坚、朱熹、徐霞客等在内的千余位名人在庐山留下了许多珍贵的名篇佳作。庐山的山"横看成岭侧成峰，远近高低各不同。不识庐山真面目，只缘身在此山中"，体现了古人对庐山地貌格局充满辩证哲理的理性思考；庐山的水"日照香炉生紫烟，遥看瀑布挂前川。飞流直下三千尺，疑是银河落九天"，表达了庐山水文的磅礴气势和诗人的浪漫主义情怀；庐山的云雾"匡庐山高高几重，山雨山烟浓复浓。移家欲往屏风叠，骑驴来看香炉峰"，描绘了庐山云雾变幻莫测的气象景象；从"人间四月芳菲尽，山寺桃花始盛开。长恨春归无觅处，不知转入此中来"中体会古人对山地气候垂直地带性及物候现象的观察与认知；从"庐山东南五老峰，青天削出金芙蓉。九江秀色可揽结，吾将此地巢云松"中感受五老峰的山势峭拔与雄奇秀丽；从"暮色苍茫看劲松，乱云飞渡仍从容。天生一个仙人洞，无限风光在险峰"中感受伟人不屈不挠、坚毅无畏的革命精神。

4. 地学名师的育人元素

地理学的发展是无数地理学家探索科学、追求真理及其伟大人格的集中反映。庐山地理学综合实习中，可以发挥学科史、人物史的教育资源，引导学生感受实习中相关名师大家赤诚无私的家国情怀、潜心求索的学术风范和

① 林爱文、李全、郑永宏等编著：《庐山地理学野外实习教程》，科学出版社2021年版。

宽广大气的心胸格局，争做有情怀、有理想、有担当、有作为的地理人。

庐山的地理考察和记录始于我国明代杰出的地理学家徐霞客。他以惊人的毅力从事科学的地理考察和探险旅行，不畏艰险、不求名利、勇于探索，忠实记录考察路线及沿途所见山川地貌、风土人情等地理事物。他倾注了自己全部的感情，描写了祖国的大好河山，留下了伟大的著作《徐霞客游记》，开创了地理学系统观察自然现象、描述地理环境的新方向。① 《徐霞客游记》不仅记录了徐霞客在实地考察中运用的地理研究方法，还体现了他在地学考察纪实中展现出来的霞客精神——热爱祖国、勇于探索、笃行求真。将《徐霞客游记》中的游庐山日记引入庐山地理学野外实习中，让学生结合实习地图，根据游庐山日记来分析绘制霞客的庐山行路线，从中感受霞客精神的熏陶，引导学生树立正确的价值导向。

我国著名的地质学家李四光先生以庐山第四纪地质地貌为研究对象，发表了《冰期之庐山》等一系列研究著作，开启了庐山冰川地貌研究之始，也开创了中国第四纪冰川学说。实习中向学生讲述李四光等老一辈地学大师的事迹和突出贡献，引导学生体会学科前辈的艰难开拓历程，感悟其百折不挠的精神。针对后来庐山冰川地貌研究受到很多质疑，中外地质地理学者对庐山第四纪冰川问题进行了长期的、激烈的、反复的争论。让学生明白科学研究需要怀疑，"百家争鸣"科学才有发展，并引导学生在实习中独立思考，大胆去寻找各种证据来形成自己的观点，在实践中塑造学生的科学求真、勇于探索的创新精神。

庐山植物园的创始人胡先骕、秦仁昌、陈封怀三位老前辈，是中国著名的植物学家，他们怀着科学救国的理想，将西方科学文化中的植物园传播到古老的中国，为植物园建设和发展栉风沐雨，在 20 世纪 30 年代联合建立庐山植物园。他们探明中国植物种类，将有经济价值的种类，运用到农林、园艺、医药等生产领域，为民造福，从而改变积弱积贫的中国。② 在地理实习中，引导学生回顾在那个动荡的年代，老一辈科学家身上所体现出的科学精神和笃行报国的初心，传承和发扬前辈风范，激发科研报国情怀。

---

① 胡迪、钟怡然、周洁雨等：《徐霞客 GIS 课程思政案例设计》，载《南京师范大学学报(自然科学版)》2021 年第 44 期，第 25~32 页。

② 胡宗刚著：《庐山植物园最初三十年》，上海交通大学出版社 2010 年版。

5. 红色基地的育人元素

爱国主义教育是思想政治教育的重要内容。[1] 庐山不仅有绿色生态、古色文化，更有鲜艳的红色印迹，地理学综合实习可以积极拓展红色教育载体，用红色文化凝神聚魂、壮怀励志。庐山会议旧址、庐山抗战博物馆、庐山博物馆、毛泽东诗词碑园、周恩来纪念室等场所，记录着近代中华民族谋求救国救民方略、寻求革命真理的历史故事，已开辟为革命历史传统教育和爱国主义教育的重要基地。实习中可组织学生走访实习沿线的红色教育基地，通过情景的感染加强对学生的革命历史与革命文化熏陶，传承民族不屈不挠的精神，使学生全方位、更立体地感受自身肩负的中国发展和民族复兴的历史使命，树立"为中华之崛起而读书"的宏伟志向，为中华民族伟大复兴而奋斗终生。

三、庐山地理学综合实习课程思政元素的融入

思政教育是情感、态度、价值观的教育，仅靠灌输是不够的，学生自身的实践体验更有助于他们的锻炼成长及价值观的塑造。庐山地理学综合实习走进自然、认识社会、了解国情，师生同吃、同住、同行、同学、同研，与常规室内教学相比，具有强大的亲和力和感染力，是践行"读万卷书，行万里路"的最佳机会，需要全过程、多路径来探索实习课程思政元素有机融入的有效举措。

1. 全程化的课程思政元素融入

庐山地理学综合实习中，围绕实习的准备阶段、野外调查阶段、实习总结阶段，全过程融入课程思政教育。实习准备阶段：通过实习动员会，讲授实习概况及要求，强调实习纪律及安全，培养学生的安全意识；结合实习要求让学生提前做好相关实习资料、实习用品等的准备，培养工匠精神。野外调查阶段：老师讲授沿途涉及的专业知识，要求学生亲自观察、测量、思考与讨论，潜移默化地培养学生追求真理的科学精神和爱岗敬业精神；通过带队老师的言传身教，与学生共同跋山涉水，在相对艰苦的工作环境中锤炼学

---

[1] 杨震、赵志根、王世航等：《论地质地理野外实习课程思政育人元素的挖掘与融入》，载《中国地质教育》2021年第4期，第100~105页。

生艰苦奋斗的意志品质；引导学生互帮互助，团结协作。实习总结阶段：对调查数据进行总结分析，撰写实习报告，培养科研诚信。不同实习环节的思政元素融入情况具体如表 1 所示。

表 1　全程化的课程思政元素融入

实习阶段	主要内容	思政元素	融入方式
实习准备阶段	讲授实习概况、实习要求、实习纪律及安全等 准备实习资料、实习仪器、实习用品等	安全意识 工匠精神	实习动员 课前安排
野外调查阶段	老师身为示范，带领学生跋山涉水、观察采样 强调数据采集的重要性，关注仪器操作的规范性 控制岩石、土壤、植物等标本采集力度和密度 通过测量记录、绘图摄影等多种方式提升野外调查技能 引导实习小组成员团结友爱、合理分工、协力合作 实习耗材的节约使用和妥善保管	吃苦耐劳 科学精神 环保意识 科学精神 团队意识 节约精神	身体力行 实践操作 实践操作 实践操作 引导互动 实践操作
实习总结阶段	对采集的样品进行测试，对调查资料进行全面总结分析，撰写实习报告和研究报告	科研诚信	实践操作

2. 多路径的课程思政元素融入

庐山地理学综合实习在考虑野外安全性、交通便利性和资源综合性的基础上，通过整合优化实践教学资源，形成了 9 条经典实习路线，在经典实习路线中融入思政元素是落实实习课程思政教育的最佳切入点。① 我们结合经典实习路线的实习内容，探索多路径的思政元素融入模式，以保障课程思政教育的建设效果。思政元素的多路径融入情况如表 2 所示。

---

① 闫长斌、汪流明、李永辉等：《嵩山地区野外地质实习课程思政建设探索与实践》，载《高等建筑教育》2021 年第 6 期，第 128~136 页。

表 2 多路径的课程思政元素融入

实习路线	实习内容	思政元素	融入方式
路线 1：庐山气象台—月照松林	总揽庐山北部地区地质地貌全景，地质基础、岭谷分布、山地气候特征、植被群落调查	(1) 总揽全景时感受自然风光，增强对祖国美好河山的热爱 (2) 引导思考与庐山相关的诗词，激发对中华优秀文化的热爱 (3) 以气象观测及岩层产状测量为例，培养学生科学严谨的态度 (4) 欣赏月照松林石刻，感受石刻艺术魅力，增强文化自信	天然课堂 讨论互动 实践操作 天然课堂
路线 2：街心公园—剪刀峡—望江亭—小天池—王家坡谷地	庐山地层岩性、地质构造、地貌形态观测分析与填图，冰川、泥石流地貌问题讨论，山地气候、植被垂直带谱分布	(1) 以地形图阅读及地质地貌的观测分析为例，培养学生科学严谨的态度 (2) 参观小天池诺那塔，感受宗教建筑艺术及文化 (3) 引入庐山第四纪冰川学说之争，探讨大坳冰斗、王家坡谷地的成因，培养科学求真、勇于探索的创新精神	实践操作 天然课堂 启发思考
路线 3：如琴湖—锦绣谷—仙人洞—大天池—龙首崖—石门涧—西谷谷口	水质测量与分析，河流袭夺分析，地质基础、构造特征及构造地貌观测与分析，裂隙泉观察分析，网纹红土观察分析	(1) 通过如琴湖水质测量，培养学生的环境保护意识 (2) 结合实习沿线内容，引入徐霞客游记，感受名人精神 (3) 通过野外登山锻炼学生的坚强意志和吃苦耐劳精神	实践操作 名人讲述 亲身体验
路线 4：东谷—庐山会议旧址—回龙路—三宝树—黄龙潭、乌龙潭—电站大坝—花径	庐山土壤、植被类型特征及分布，东谷、西谷的形成过程与河谷纵横剖面演化特征分析，采集标本，阶地纵向追索，循环裂点调查	(1) 参观庐山会议旧址、抗战纪念馆、周恩来纪念室等，加强革命历史与革命文化熏陶，传承民族不屈不挠精神 (2) 以河谷的演化为例，引导学生以发展的眼光看问题 (3) 三宝树名木古树调查，增强对生态环境保护的意识	现场感受 实践启发 实践操作

实习路线	实习内容	思政元素	融入方式
路线 5：西谷—东谷—大校场谷口—庐山博物馆—芦林大桥	观察植被类型及分布、地质基础、河谷地貌及沉积物和谷源特征，分析庐山土地开发、城镇规划与人地协调的关系	(1)感受东谷别墅群的建筑艺术特色，提升人文审美能力 (2)探讨西谷飞来石、大校场谷地沉积物的成因，培养探索求真的科学精神 (3)参观庐山博物馆、毛泽东诗词碑园，激发爱国情怀	天然课堂实践启发现场感受
路线 6：东谷—大校场谷地—庐山植物园—含鄱岭—梭子岗—五老峰	庐山北部岭谷地质基础及形态特征，地质构造与地貌形态演变的关系，植被、土壤的类型及分布	(1)讲述胡先骕等老一辈科学家的故事，激发学生科研报国的热情 (2)控制标本采集力度和密度，提升环保意识 (3)由五老峰的形成培养学生对地壳运动及沧海桑田的理解 (4)通过野外实践锻炼学生的团结协作能力	名人讲述实践操作天然课堂亲身体验
路线 7：汉口峡—大月山—青莲寺谷地—三叠泉	庐山地质构造与地貌特征调查，河流袭夺分析，大月山水库水质分析，旋回裂点与谷地发育分析，地质构造识别，瀑布成因分析	(1)分析地表过程，引导学生遵循事物发展规律，实现人地和谐 (2)探讨美丽自然景观的成因，激发专业自豪感 (3)跋山涉水，团结协作，磨炼意志	实践启发天然课堂亲身体验
路线 8：好汉坡—莲花洞—蛇头岭—狮子洞—东林寺	调查植被、土壤的垂直分布特征，断裂地貌特征观察与分析，泥砾堆积物特征及成因分析，岩溶地貌调查，宗教文化景观考察	(1)由植被、土壤的垂直地带性调查，培养学生的地学综合思维能力和团队协作精神 (2)以东林寺为例，让学生感受佛教文化和古建筑的魅力	实践操作天然课堂

实习路线	实习内容	思政元素	融入方式
路线 9：桃花源—采石场—秀峰—白鹿洞	观察分析山下亚热带植被与群落演替特征、红壤发育特征及成土过程、花岗岩及风化状态，考察采石场开采现状，考察自然、历史文化景观	(1)讨论采石场石材资源利用与保护，树立绿水青山就是金山银山的理念 (2)以秀峰、白鹿洞书院的自然风光和文化景观为素材，增强学生对壮丽河山的热爱和对地域文化的认知	实践互动 天然课堂

四、结语

　　将思想政治教育延伸到庐山地理学综合实习中，充分发挥野外实习具有强大亲和力和感染力的优势，围绕实习课程的教学内容，科学构建了知识传授、能力提升和价值引领相融合的思政育人目标；结合实习地区的文化背景，多角度、全方位建设了内涵丰富的思政元素资源库；针对不同实习环节和实习路线，积极探索全程化、多路径的思政元素融入方式。实现了思政目标明确，思政元素丰富，思政融入无痕，建设了有温度、有广度、有高度的实习课程思政教育模式，为提升课程思政建设实效、推动实践育人高质量发展提供经验借鉴。

地图故事课程设计及其对学生思政学习的影响

田　晶[1]　彭宇文[2]　任　畅[3]　王一恒[1]

（1. 武汉大学　资源与环境科学学院, 湖北　武汉　430079）

（2. 武汉大学　教育科学研究院, 湖北　武汉　430072）

（3. 中国民用航空飞行学院　空中交通管理学院, 四川　广汉　618307）

摘　要：本研究基于教育学和地理信息系统教学的经典理论, 针对地理信息科学专业设计了地图故事课程, 试图对学生思政学习产生积极影响。对武汉大学测绘地理信息相关专业的 57 名大三学生授课, 收集学生的质性数据并进行编码和分析。结果表明：（1）学生均能够使用 ArcGIS 地图故事技术制作思政主题的地图故事；（2）制作思政主题的地图故事促进了学生对具体思政知识的学习与理解。最后, 从课程思政和思政课程两个方面探讨了本研究对于思政教学的启示。

关键词：课程思政；地理信息科学；地图故事；翻转课堂

党的十八届六中全会以来, 习近平总书记先后在全国高校思想政治工作会议、学校思想政治理论课教师座谈会、全国教育大会上多次强调要把思想政治工作贯穿教育教学全过程;[1] 用新时代中国特色社会主义思想铸魂育人, 要在教学过程中进行多样化探索, 通过多种方式实现教学目标;[2] 大思政课我们要善用之, 一定要跟现实结合起来, 上思政课不能拿着文件宣读, 没有生命, 干巴巴的。[3]

---

① 习近平：《用新时代中国特色社会主义思想铸魂育人贯彻党的教育方针落实立德树人根本任务》, 载《人民日报》2019 年 3 月 19 日, 第一版。

② 习近平：《思政课是落实立德树人根本任务的关键课程》, 载《求是》2020 年第 17 期, 第 4~16 页。

③ 习近平：《"大思政课"我们要善用之》, 载《人民日报》2021 年 3 月 7 日, 第一版。

在习近平总书记思想政治理论课建设"八个相统一"与"六点要求"的指引下，① 高校思政课教师加强理论研究，探索通俗易懂的理论讲授方式，② 涌现出一批"金课"、短视频、微宣讲、原创歌曲、系列书籍、主题活动等，形成了思政实践体系。③ 然而，学校的思想政治教育工作，不能全是思政课教师的事，其他专业课程中同样蕴含着丰富的思想政治教育内容，思政课教学如果能和专业课程中蕴含的思想政治教育资源相辅相成，形成合力，同向而行，就会取得更大的效果。④

要切实贯彻落实"显性教育和隐性教育相统一"，课程思政与思政课程同样重要。专业课程是课程思政的最主要依托，⑤ 是课程思政建设覆盖"课课"的关键方面。⑥ 实施课程思政要基于自身课程，挖掘其中的思政元素，并将其融入课程之中。⑦ 课程思政建设的难点在于理工科课程方面，⑧ 理工科专业教师更应努力思考如何最大限度发挥专业课程的育人主渠道作用。⑨ 课程思政注重通过专业课程培养家国情怀、职业伦理、科学精神、工匠精神、劳模精神、纪律观念等德育元素。⑩ 那么专业课程是否能用来辅助思政知识的学习呢？

从学科和专业的角度讲，地图学和地理信息系统是一级学科地理学下的

---

① 李志远、乔玉婷、郭勤：《高校思政课一体化建设研究综述》，载《高教论坛》2020年第12期，第1~4页。

② 沈壮海：《办好思政课的根本遵循——写在习近平总书记主持召开学校思想政治理论课教师座谈会两周年之际》，载《国家教育行政学院学报》2021年第1期，第3~10页。

③ 沈壮海：《"大思政课"我们要善用之：思考与探索》，载《思想政治教育研究》2021年第3期，第26~30页。

④ 林泰：《高校思政课教学怎样坚持八个相统一》，载《求是》2019年第12期，第6页。

⑤ 张烁：《所有高校全面推进课程思政建设》，载《人民日报》2020年6月6日，第2版。

⑥ 沈壮海：《在思想政治工作体系中理解和推进课程思政》，载《教育研究》2020年第9期，第19~23页。

⑦ 余双好、张琪如：《习近平总书记在学校思想政治理论课教师座谈会重要讲话研究透析》，载《学校党建与思想教育》2020年第5期，第53~61页。

⑧ 余江涛、王文起、徐晏清：《专业教师实践"课程思政"的逻辑及其要领——以理工科课程为例》，载《学校党建与思想教育》2018年第1期，第64~66页。

⑨ 张凯、段妩迪、辛海燕：《课程思政研究综述》，载《职业技术》2021年第4期，第1~6页。

⑩ 吴强：《为大学思政改革创新赋能》，载《光明日报》2020年6月16日。

二级学科。地图学是研究地图的理论、编制技术与应用方法的科学。① 数字地图技术孕育了地理信息系统的雏形，而地理信息系统又经发展从工程技术中形成了地理信息科学这一独立学科。② 在本科阶段，地理信息科学专业涵盖了地图学的核心课程。

地图是快速直观传播信息的便捷工具，有助于增进受众对知识的理解。③ 地图作为国家版图最为常见的表现方式和载体之一，既有利于实现思政教育与专业教育有机融合，又有助于培育爱国主义情怀、激发民族自强意识。使用地图讲解故事近年来获得了极大关注和兴趣，其理论基础是叙事地图学（narrative cartography）。叙事地图的典型形式是地图故事，地图故事作为基于叙事的信息展示媒介，可以将图文信息有效地组织综合为叙事，具有直观易用、视觉冲击力强的特点，能激发受众从不同方面理解问题。地图故事的使用在教育学中日趋流行，它有助于提高学生的参与度、培养教师的地理意识、提高学生信息技能和课程知识掌握。阅读和制作地图故事有助于学生在田野调查中更好记录观察，培养空间思维、地理知识、空间公民意识，加深对质性研究方法与定量数据之间联系的理解，在改善学习参与度的同时促使学生关心、研究、解决现实世界中的问题。

思政教育要进行多样化探索，教师应该积极发掘各专业领域中有助于思政教育的工具和资源，④ 将思政教育融入高等教育的各个环节。⑤ 除了一般理论和应用对策研究之外，课程思政开展的实证研究有待加强。⑥ 正是在这样的背景下，本研究针对地理信息科学专业，设计了地图故事课程，在教授叙事

---

① 汤国安、赵牡丹、杨昕、周毅编著：《地理信息系统（第二版）》，科学出版社2010年版。

② 闾国年、汤国安、赵军等编著：《地理信息科学导论》，科学出版社2019年版。

③ Liu B F, Wood M, Egnoto M, et al. "Is a Picture Worth a Thousand Words? The Effects of Maps and Warning Messages on How Publics Respond to Disaster Information", *Public Relations Review*, 2017, 43(3), pp. 493-506.

④ 赵辉辉：《课程思政在高校外语教学中的实现途径》，载《中国高等教育》2021年第22期，第43页。

⑤ 田丽、赵婀娜、黄超、吴月：《大思政课，总书记心中的一件大事》，载《人民日报》2022年5月22日。

⑥ 佘双好、周伟：《课程思政研究的现状、问题及建议》，载《高校辅导员》2020年第6期，第8页。

地图学理论与 ArcGIS 地图故事制作技术的同时，引导学生制作思政主题的地图故事，试图对学生的思政学习产生积极影响。论文属于课程思政教学设计与教学方法研究。

一、地图故事课程设计

（一）基本概念

在介绍课程设计前，澄清一些容易混淆的概念。叙事地图是对文本所构建世界之空间配置的图形表达，① 也是采用地图对故事结构的表达或对叙事的创造。② 在表示这些具象地图表达的同时，③ 通常还指代支撑这些实践的思想和理论。④

地图故事是叙事地图的典型表现形式之一，用于支撑其视觉叙事功能，例如通过文本、照片、图表、专题地图、卫星影像、三维地形等形式的组合报道海岸洪涝及野生动物栖息地等主题，更多实例见 https：//doc. arcgis. com/en/arcgis-storymaps/gallery/。除上述地图故事这一典型形式之外，叙事地图还包括绘制想象世界的地图等表现形式。

ArcGIS 地图故事是 ESRI 公司制作地图故事的产品，它是地图故事的技术实现之一。⑤ 本文使用的是易智瑞信息技术有限公司（GeoScene Information Technology Co.，Ltd. 简称：易智瑞）提供的 GeoScene Online 云 GIS 平台的地图故事功能，该公司是 Environmental Systems Research Institute，Inc.（简称 ESRI）的 ArcGIS 系列产品在中国唯一的代理商，下文使统一用 ArcGIS 地图故事技术指代本研究所使用的产品。

① Ryan M L. "Narrative cartography, International Encyclopedia of Geography：People, the Earth", *Environment and Technology*, 2016, pp. 1-8.

② Caquard S. "Cartography I：Mapping Narrative Cartography", *Progress in Human Geography*, 2013, 37(1), pp. 135-144.

③ Caquard S, Cartwright W. "Narrative Cartography：From Mapping Stories to the Narrative of Maps and Mapping", *The Cartographic Journal*, 2014, 51(2), pp. 101-106.

④ Roth R E. "Cartographic Design as Visual Storytelling：Synthesis and Review of Map-based Narratives, Genres, and Tropes", *Cartographic Journal*, 2021, 58(1), pp. 83-114.

⑤ Caquard S, Dimitrovas S. Story Maps&Co., "The Stat of the Art of Online Narrative Cartography", *Mappe Monde*, 2017, p. 121.

(二)课程设计

处理好课程思政的形式与质料的关系是促进课程思政实施和发展的关键，① 具体到某一门课，它是能否成功设计课程的关键。本课程的目标是使得学生能够使用 ArcGIS 地图故事技术制作地图故事，并辅助思政知识的学习。课程的专业内容主要包括叙事地图学的基本理论和 ArcGIS 地图故事技术。课程思政体现在引导学生通过探究式学习制作思政主题的地图故事。

课程的设计主要基于 Sui 地理信息系统教学理论和探究式学习理论。地理信息系统的教学通常被分为"地理信息系统本身的教学(teaching about GIS)"和"如何使用地理信息系统的教学(teaching with GIS)"，前者聚焦于地理信息系统技术本身，后者关注如何使用地理信息技术解决问题。② Baker 等在 Sui 理论的基础上将之扩展到其他地理空间技术，③ 如遥感，并不仅限于地理信息技术。在本文的语境下，地理信息系统技术指 ArcGIS 地图故事技术。

探究式学习是指学生通过自身的提问、观察、解释、分析、讨论等一系列类似于科学家科学探究活动的学习方式，④ 可以大致分为结构化⑤、导向型⑥、开放式三种类型。⑦ 在提出问题、收集证据、解释结果、评价结论、表达阐述的过程中，⑧ 强调学生自发的个人观念、独特感受和体验，几十年来得到了国内外专家学者的大力倡导。⑨

---

① 杨威，汪萍：《课程思政的"形"与"质"》，载《马克思主义与现实》2021 年第 2 期，第 195 页。

② SSui D Z. "A Pedagogic Framework to Link GIS to the Intellectual Core of Geography", *Journal of Geography*, 1995, 94(6), pp. 578-591.

③ Baker T R, Battersby S, Bednarz S W, et al. "A research Agenda for Geospatial Technologies and Learning", *Journal of Geography*, 2015, 114(3), pp. 118-130.

④ 科学探究性学习的理论与实验研究课题组：《探究式学习：含义、特征及核心要素》，载《教育研究》2001 年第 12 期，第 52~56 页。

⑤ 徐学福：《探究学习的内涵辨析》，载《教育科学》2002 年第 3 期，第 33~36 页。

⑥ 任长松：《探究式学习——学生知识的自学建构》，教育科学出版社 2005 年版。

⑦ Spronken-Smith R, Walker R. "Can inquiry-based Learning Strengthen the Links Between Teaching and Disciplinary Research?", *Studies in Higher Education*, 2010, 35(6), pp. 723-740.

⑧ 任长松：《探究式学习：18 条原则(上)》，载《教育理论与实践》2002 年第 1 期，第 47~50 页。

⑨ Walkington H, Griffin A, Keys-Mathews L, Metoyer S, Miller W, Baker R, France, D. "Embedding Research-based Learning Early in the Undergraduate Geography Curriculum", *Journal of Geography in Higher Education*, 2011, 35(3), pp. 315-330.

　　课程的思政元素是具体的思政知识，这些思政知识根据学生的选题不同而有所变化。课程采用翻转课堂形式进行组织（见表1），学生在课外学习ArcGIS地图故事技术（地理信息系统本身的教学），课内在教师指导下分组制作地图故事，也就是如何使用ArcGIS地图故事技术（如何使用地理信息系统的教学），最后在课下继续完成思政主题地图故事的制作并在课堂上展示。学生将主要的时间用于制作思政主题的地图故事，学习具体的思政知识，这种教学形式很好地服务于课程思政的质料。

表1　地图故事翻转课堂

	课内活动	课外活动	教育学理论与课程思政
第1次课	● 介绍叙事地图学基本理论和ArcGIS地图故事技术		地理信息系统本身的教学
	● 学生分组选题		
		● 学生看视频学习ArcGIS地图故事技术	地理信息系统本身的教学
		● 学生仿照示例制作地图故事	地理信息系统本身的教学
第2次课	● 教师回顾视频的ArcGIS地图故事操作		地理信息系统本身的教学
	● 教师讲解制作地图故事的思路		如何使用地理信息系统的教学
		● 看优秀的地图故事作品	如何使用地理信息系统的教学
第3~4次课	● 学生讨论如何制作地图故事		如何使用地理信息系统的教学；探究式学习；制作思政主题的地图故事
	● 教师指导		如何使用地理信息系统的教学

续表

	课内活动	课外活动	教育学理论与课程思政
		● 制作地图故事	如何使用地理信息系统的教学；探究式学习；制作思政主题的地图故事
第5次课	● 学生展示地图故事		
	● 学生讨论与反思		探究式学习

二、研究问题与研究方法

本研究的核心问题是该课程对学生思政知识的学习是否有影响？回答该问题的方法是：对学生授课，收集学生在上课过程中对思政知识理解的质性数据，对其进行编码，挖掘主题，分析其可能存在的变化。

（一）课程参与者与课程实施

课程参与者为武汉大学的测绘地理信息相关专业的 57 名大三学生（32 名女生，25 名男生；地理信息科学专业 56 人，测绘工程专业 1 人）。课前学生学习了测绘学概论、地理信息系统原理、地图学等核心课程。

本课程作为专业选修课《WebGIS 与位置服务》的一部分，于 2022 年 3—4 月间向学生授课。课程包含 5 次课（见表 1），每次课 135 分钟，本文第一作者为本课程的授课教师，授课安排如图 1 所示。学生每周日需要通过 QQ 群汇报工作进展。

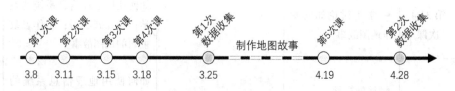

图 1　课程实施与数据收集

(二)数据收集与分析方法

1. 数据收集

本研究共收集了两次质性数据(见图1),一次是在第4次课后,开放问题是:"请你谈谈对思政知识的理解"。第4次课后学生基本上掌握了ArcGIS地图故事技术,进行了选题并与教师讨论了几轮。另一次是在提交地图故事作品后,开放问题是:"请你谈谈对思政知识的理解。你觉得课程对你思政知识的学习有哪些影响"。通过分析两次质性数据,可以判断学生学习ArcGIS地图故事技术并制作思政主题的地图故事对其思政知识的学习是否有影响。

授课教师第1次课时向学生解释了本研究的目的,学生自愿提交开放问题的答案。不管是否提交,都不影响学生的成绩评定。数据收集得到了学生的口头同意。

2. 数据分析

首先对质性数据进行通读,然后采用整体编码法、协议编码法和实境编码法等方法对质性数据进行编码,最后合并了相似编码,统计每类编码所占的比例。例如,某位学生提到:

"在以前,我们可能只听说过脱贫攻坚四个字,却不知道我国脱贫工作开展的主要四个阶段、脱贫攻坚成果的具体体现等。通过制作地图故事,一方面通过文字反映这段知识,另一方面通过图表直观地展现具体成果。通过我们自己的地图故事,我了解了乡村类型的划分、脱贫的各项举措。"

采用整体编码法将其编码为学习具体的思政知识。[①] 再如很多学生提到了(学习)思政的作用,参考《高等学校课程思政建设指导纲要》及相关研究提到的作用,[②] 将这些文献中提到的作用当作"协议",对学生提到的某些作用进行协议编码。另外一些作用则采用实境编码法之后归并相似的编码,如个人发展、丰富自身。

本文第一作者开发了初步的编码表,训练第三作者作为共同评价者,随

---

① 张磊:《发挥好思政课关键课程的关键作用——关于深入贯彻落实党的十九届六中全会精神的思考》,载《社会主义核心价值观研究》2022年第2期,第89~96页。

② 孔德慧、李敬华、王立春、张勇:《工科课程思政建设及其作用研究——聚焦工科学生复杂工程问题解决能力的培养》,载《高教学刊》2022年第14期,第82页。

机抽取了 20%的数据独立编码并进行一致性检验，Cohen's Kappa① 为 0.778，编码中的差异经过讨论达成了共识，最终形成了编码表(见表 2)。

对学生回答进行编码后，采用卡方拟合优度检验分别在第一次回答和第二次回答中分析各类之间差异的显著性。根据 Agresti②，各类型出现频次与期望值之间残差介于±2 以内的视为符合预期，残差超过+2 的类视为高于预期，残差低于−2 的类视为低于预期。

表 2 编 码 表

编 码	学生回答的示例
思政的概念	● 从马克思列宁主义，到习近平新时代中国特色社会主义思想，每一代的思政总方针都是那一代无产阶级的领导纲领和思想精华
认为思政知识/教育/课程重要	● 我认为思政知识是中国教育必不可少的重要部分。古人有云："为学须先立志。志既立，则学问可次第着力。立志不定，终不济事。"
思政教学	
——现有思政教学的问题	● 专门的思政课程又不容易引起学生的兴趣从而达不到想要的效果
——学生认为的好的教学方式	● 可以通过专业知识和思政知识相结合的方式在专业学习中了解思政知识
(学习)思政的作用	
——增强政治认同和思想认同	● 是政治认识和道德规范方面，不仅是为了政治的稳定发展，扩大政治认同，让大学生形成政治意识
——促进人的发展	● 一些思政知识对个人的发展有好处
——促进国家与社会发展	● 社会治理的进一步完善与和谐社会的进一步发展
——激发报国情怀和使命担当	● 思政知识能够正确引导我们，强化我们对国家和民族的责任感，树立远大的理想和抱负，将把我国建设成为社会主义现代化强国、实现中华民族伟大复兴的中国梦作为不懈追求的奋斗目标

① Viera AJ, Garrett JM. Understanding Interobserver Agreement：The Kappa Statistic, *Family Medicine*, 2005, 37(5), pp. 360-363.

② Agresti A. An Introduction to Categorical Data Analysis, *Hoboken*, Wiley, 2007.

编　码	学生回答的示例
——增强自豪感自信心凝聚力	• 对于在大学生群体中增强"四个自信"和增进民族认同感、自豪感，具有重要意义
——传承历史与文化	• 帮助我们了解历史、了解文化以及历史与现代的碰撞
——指导研究和其他学科的发展	• 部分思政知识对我们进行的研究都有有价值的指导
学习/理解/联系思政知识	
——学习具体的思政知识	• 我认为健康中国的内涵非常广阔。尽管目前中国已经初步完成了脱贫攻坚和全面建设小康社会的工作，中国仍然不能称之为是"健康"的，仍有许多因病致贫或因医疗费用高而不敢就医的情况，心理健康出现问题的例子也越来越多。现代的健康不仅包含身体健康，还包括心理健康、环境健康、社会健康等更多的内容。中共中央、国务院在 2016 年印发的《"健康中国 2030"规划纲要》强调要从普及健康生活、优化健康服务、完善健康保障、建设健康环境、发展健康产业五个方面来实现健康中国的目标。
——联系思政知识	• 本学期刚好在进行"习近平新时代中国特色社会主义思想概论"课程的学习，课程的子主题有习近平外交思想，刚好与我们组作品的主题"习近平中国特色大国外交"相对应
——对思政知识加深理解	• 在平时，我只是笼统地了解到我国在脱贫攻坚战中取得了巨大进展，没有仔细了解过背后的故事。在制作地图故事的过程中，我为脱贫人口的巨大而惊叹，为许多乡村的变化之大而感到激动，为人民过上富起来、强起来的生活而感到开心。通过这次地图故事的学习与制作，增强了我对思政知识的学习与理解

三、结果

（一）学生制作的地图故事

上过该课程后，所有学生均掌握了使用 ArcGIS 地图故事技术制作地图故事。学生制作的地图故事选题，内容介绍以及思政主题如表 3 所示。

表3 学生制作的地图故事简介

序号	选题	内容介绍	思政主题
1	启卷：长垣	有关长城的过去、现在与将来	优秀传统文化
2	战"疫"：武汉疫情下的防控政策	武汉疫情防控的困难性和政府有力的防控措施	健康中国
3	一眼看遍，中华万年	我国各个历史时期的宝贵文化遗产	优秀传统文化
4	玄奘西行与"一带一路"	玄奘西行的历程与我国同"一带一路"国家的交流	"一带一路"
5	健康中国	基于数据和案例解读《健康中国2030规划纲要》	健康中国
6	"京"彩冬奥，美丽中国	北京冬奥会的办赛理念及其影响	习近平办奥理念
7	始于恐慌，终于关怀	艾滋病的起源和传播、现状及预防	健康中国
8	大国外交	中国外交的成就、传统、特色和新局面	大国外交
9	党的百年征程下的中国经济	中国共产党成立一百年来发展中国经济的历程	百年党史
10	青天白日下燃不尽的红色旗帜	共产党以弱制强的大柏地战役和漳州战役	红军历史
11	寻找"两路"精神历史印记	青藏公路、川藏公路概况及建设解决的技术难题	"两路"精神
12	奋楫扬帆摘贫帽，乡村振兴正当时	回顾脱贫工作的各个阶段并展望乡村振兴前景	脱贫攻坚
13	江大白历险记	以刀鱼的故事展现长江流域生态保护成效	美丽中国
14	人口与生育	我国生育政策发展、人口现状和相关分析研究	健康中国
15	长江江豚给人类的一封信	从江豚的视角展现人类活动对长江生态的影响	美丽中国

  图2是第4组学生的作品，选题将脍炙人口的玄奘西行故事同方兴未艾的"一带一路"倡议相类比，采用生动的语言、翔实的资料、美观的画面、合理的地图表达、自然的过渡交互，实现了历史与时代的交相辉映，形成一个

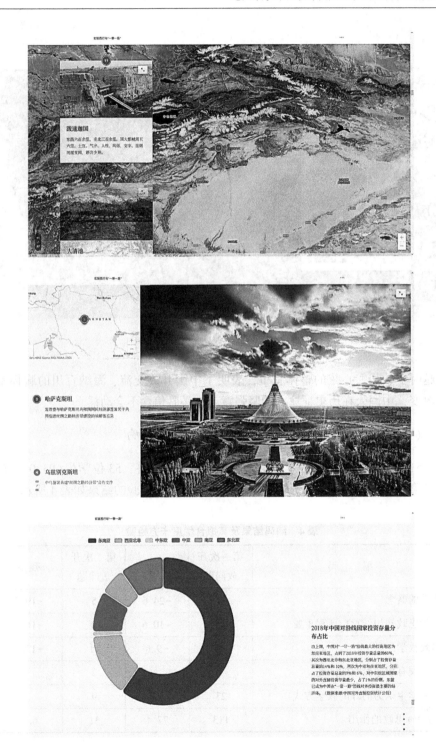

图 2　第 4 组学生地图故事作品截图

跨越时空、扣人心弦的整体叙事，表明了中国开放交流、海纳百川的胸怀不曾改变，中国人在历史征途上的坚强意志与必胜信念不会动摇。

（二）制作思政主题的地图故事对学生的影响

51 位学生（89.5%）提交了第一次开放问题的回答，53 位学生（93.0%）提交了第二次开放问题的回答，编码和拟合优度卡方检验的结果如表 4 所示。

表 4　编码结果及其拟合优度卡方检验

编　　码	第一次开放问题	残差	第二次开放问题	残差
思政的概念	11	−24.6	5	−19.2
认为思政知识/教育/课程重要	25	−10.6	8	−16.2
思政教学	26	−9.6	11	−13.2
——现有思政教学的问题	3		2	
——学生认为的好的教学方式	23		9	
（学习）思政的作用	113	77.4	31	6.8

续表

编　码	第一次开放问题	残差	第二次开放问题	残差
——增强政治认同和思想认同	33		12	
——促进人的发展	35		10	
——促进国家与社会发展	14		2	
——激发报国情怀和使命担当	14		5	
——增强自豪感自信心凝聚力	12		1	
——传承历史与文化	3		1	
——指导研究和其他学科的发展	2		0	
学习/联系/理解思政知识	3	−32.6	66	41.8
——学习具体思政知识	3		41	
——联系思政知识	0		12	
——对思政知识加深理解	0		13	
总计	178		121	
期望值	35.6		24.2	
自由度	4		4	
卡方统计量	220.8764		107.3884	
p 值	<0.001		<0.001	

1. 第一次开放问题结果

拟合优度卡方检验表明第一次开放问题的回答存在差异，只有"（学习）思政的作用"大类高于期望，而其他大类均低于期望，说明学生回答明显集中在这一大类中，而其他大类回答明显偏少。"（学习）思政的作用"大类占比达到六成以上（113/178），其中的小类又可以大致分为三组，"增强政治认同和思想认同"和"促进人的发展"频次最高，约为中间三个小类的3倍，最后两个小类则偶尔被提及。由此可以得出学生普遍认为思政很重要，作用明显，但是对于思政知识的理解不透彻，这也解释了学生的回答中与思政作用相关的内容偏多而思政概念和相关知识偏少。

2. 第二次开放问题结果

学生通过探究式学习制作思政主题的地图故事后，显著的变化在于"学习/联系/理解思政知识"成为出现频次最高的大类，达 54.5%(66/121)，达到了第一次开放问题结果中最高的"(学习)思政的作用"大类在学生第二次回答频次的 2 倍以上(66/31)。这两个大类较期望值显著偏高，而前三个大类则保持偏低水平。对于具体思政知识相关的大类，又可细分为三个小类，其中"学习具体的思政知识"占主要地位，其频次为另外两个小类的 3 倍以上(41/13)。

3. 小结

由两次的拟合优度卡方检验结果来看，学生反馈的重点由"(学习)思政的作用"向"学习/联系/理解具体思政知识"的转移，表明制作思政主题的地图故事促进了学生对具体思政知识的学习与理解，学生不再只谈思政的作用或是认为思政重要，而是能够提及具体的思政知识和学习感想，然而学生对于宏观层面的思政概念框架的理解和掌握仍有待加强。

四、对思政教学的启示

本文描述了地理信息科学专业的课程思政尝试，该课程对学生思政知识的学习具有一定的积极影响。下面从课程思政和思政课程两个方面探讨本研究对思政教学的启示。

在课程思政方面，通过探究式学习制作关于思政主题的地图故事，很多学生反映学到了具体的思政知识，部分学生加深了对所学思政知识的理解，能联系思政课上学习的知识。表明专业课程不仅能培养家国情怀，职业伦理，科学精神，工匠精神，专业认同等，专业课程还可以用来辅助思政知识的学习。这一点印证了思政课教学和专业课程中蕴含的思政教育资源相辅相成，形成合力，同向而行，就会取得更大的效果。

在思政课程方面，由收集的学生质性数据可知，学生均认为思政教育很重要，但是基本上说不出思政是什么。一方面的原因可能是学生没有认真听讲和复习，另一方面在思政课的教学中不能拿着文件说教，思政课讲道理不能照本宣科，[①] 也不能蜻蜓点水，[②] 应该提供不走形式的实践机会，[②] 让学生潜

---

① 骆郁廷、余杰：《如何理解"思政课的本质是讲道理"》，载《光明日报》2022 年 7月 8 日，第二版。

② 李保强：《大学生社会实践活动不能"走形式"》，载《人民论坛》2018 年第 1 期，第 112~113 页。

移默化地学习思政知识，达到润物细无声的效果。① 同时应继续推进新媒体、网络平台、虚拟现实技术的应用，② 同时注意在内容上发挥本地本校特色，③ 介绍研究前沿进展、引入典型案例，④ 在形式上整合网络等新型大众传媒、鼓励学生自制内容，⑤ 督促学生通过学习强国、青年大学习等思政学习资源和学习活动进行自主学习和终身学习。⑥

一些学生反映，观看其他组的地图故事对其学习思政有效，因此可以开发思政地图故事资源，将思政教育元素以科学直观的形式呈现给学生，为思政课程带来可视、可感的全新沉浸式课程体验。例如，在讲解"美丽中国"这一内容时，安排学生阅读、操作相关地图故事资源、直观了解"美丽中国"的主要内容及建设成就。这一做法响应了相关研究⑦提出的利用本专业信息生产优势创新思政内容制作技巧、加强思政内容制作水平，以地图学特色新媒体和网络技术生产出学生喜闻乐见、学有所得的思政内容。同时也体现了地图学与思政的多学科研究，⑧ 既丰富了思政教学的形式，又充实了地图制作的思想内核。

正如下面这位同学的描述，很好地反映了以上两点启示：

"课程对我思政知识的学习的影响可能就在于制作战'疫'主题地图故事时，能更多了解到党和政府面对疫情做出的积极应对，还有就是在观看其他

---

① 沈壮海、段立国：《思想政治理论课的主渠道作用及其发挥——基于2014年度大学生思想政治教育状况调查数据的分析》，载《中国高等教育》2015年第10期，第17~22页。

② 周叶中：《以"成人"教育统领"成才"教育、推进通识教育改革》，载《中国高等教育》2019年第1期，第24~26页。

③ 骆郁廷、秦玉娟：《新中国70年高校思想政治理论课建设的回顾与展望》，载《思想理论教育导刊》2019年第11期，第67~75页。

④ 韩俊、金伟：《数字技术融合下思想政治教育智能转型探赜》，载《思想教育研究》2022年第6期，第32~37页。

⑤ 钟佩君：《高校思政教育资源开发与利用模式创新探究》，载《探索》2011年第6期，第135~137页。

⑥ 王占可：《高校思想政治理论课课程资源开发模式探究》，载《思想教育研究》2016年第9期，第78~81页。

⑦ 张瓅尹、何嘉豪：《平台媒介沉浸背景下高校思想政治教育创新探析》，载《学校党建与思想教育》2022年第14期，第73~75页。

⑧ 董梅昊、佘双好：《新中国70年来思想政治理论课教学研究回顾与展望》，载《思想理论教育导刊》2019年第10期，第77~82页。

小组优秀作品时，通过观看其他小组的一些有关思政主题的地图故事，对思政知识有更深入的了解。"

五、结论

本研究基于教育学和地理信息系统教学的经典理论，对地理信息科学专业设计了地图故事课程。学生通过探究式学习制作思政主题的地图故事，既掌握了 ArcGIS 地图故事技术，又改善了思政知识的学习。

教师是课程思政和思政课程的主体，是思政课程和课程思政协同育人的推进者。[①] 需要注意的是其他专业教师在思政方面可能是外行，对思政的理解可能存在偏误，还需要请马克思主义相关专业的教师进行指导。同时，对学生思政学习的影响不应局限于思政知识，更为重要的是研究对学生的世界观、人生观和价值观的影响。下一步研究拟将这种课程思政教学设计和教学方法扩展到其他地理信息系统软件学习的课程中，与马克思主义相关专业的老师合作开发相应课程，进一步研究这些课程对学生世界观、人生观和价值观的影响。本文收集数据的方式仅为回答开放问题的质性数据，还可以采用焦点小组讨论、访谈、思政相关考试和竞赛来进行三角互证。

---

① 骆郁廷、周耀杭：《构建高校思想政治工作体系重在协同育人》，载《思想教育研究》2022 年第 6 期，第 121~127 页。

物理化学课程中的思政案例

王志勇

（武汉大学 化学与分子科学学院，湖北 武汉 430072）

摘 要：物理化学课程讲授了化学学科的基本理论，从知识背景、理论应用角度可以发掘出丰富的思政教育资源，有助于培养学生的家国情怀、人文素养、科学精神。本文从合成氨反应、中国电池工业发展、永动机历史、化学振荡反应研究历史等案例中发掘了若干思政案例，做到了教授知识与思想育人的有机结合。

关键词：物理化学；课程思政；合成氨反应；电池工业

物理化学课程作为化学以及生物、药学、环境等相关专业的基础理论课程，其目的在于引导学生从基本的物理理论出发，建立起对化学世界的系统认知。[①] 该课程理论性很强，课程需要讲授大量基本原理及理论推导，一些同行觉得不易加入思政元素。但是如果从知识背景、理论应用、学习方法角度来发掘，其实可以发现该课程蕴含了丰富的思想政治教育资源，有助于培养学生的家国情怀、人文素养、科学精神、勤于反思等品质，从而实现教授知识与思想育人的有机结合。本文意在发掘物理化学课程中的思政资源教学案例，以期能帮助教学同仁将思想政治教育融入物理化学专业课程学习的各个环节，从而健全"全员全过程全方位"育人机制。这些思政资源将按照家国情怀、科学精神、人文素养和深度学习这几个方面来加以描述。

---

① 傅献彩、沈文霞、姚天扬等：《物理化学（上册）》（第五版），高等教育出版社2005 年版。

一、家国情怀

案例 1：合成氨反应

合成氨反应是物理化学教学中重要的范例，在讨论用热力学判断反应的方向性，计算平衡转化率，分析改变温度、压力对平衡转化率的影响，讨论活化能过大造成动力学禁阻效应，选择合适催化剂等都会用到这一反应作为范例进行讲解。仔细剖析这一反应的历史背景，可以发现大量思政元素，而这些思政元素可以有机地融入到各个知识点的讲解中，起到润物细无声的思政效果。

（1）从 1913 年世界上第一座合成氨装置投产到今天，合成氨工业成为人类征服自然的一个划时代的丰碑。Haber、Bosch 和 Ertl 因为合成氨工业的创立和发展的贡献，获得了诺贝尔化学奖。合成氨工业的巨大成功，改变了世界粮食生产的历史。据联合国粮农组织（FAO）的统计，化肥对粮食生产的贡献率占 40%。从 20 世纪初合成氨技术发明到现在，地球上的人口从 16 亿增长了 4.5 倍，而粮食的产量却增长了 7.7 倍。如果没有这项发明，地球上将有 50% 的人不能生存，我国也不可能以占世界 7% 的耕地养活占世界 21% 的人口，今天全球仍有 10 多亿人处于饥饿之中。显然，介绍合成氨反应的历史与现实意义无疑能帮助学生认识到所学知识与人类文明进程的关联，与人类共同挑战的关联，建立起国际理解。

（2）介绍压力对化学平衡影响时，可以介绍中国合成氨工业的发展历程。我国在"二五"期间（1957—1961 年）开始自行建设中型（1 万吨/年）、小型（800~2000 吨/年）合成氨厂，[①] 70 年代末开始成套引进国外合成氨装置（43 工程），而今天已经开发成功年产 20 万吨合成氨装置（18~30 工程），2021 年全国合成氨年产能达到 6488 万吨，[②] 实现了大型合成氨装

---

① 刘化章：《合成氨工业：过去、现在和未来——合成氨工业创立 100 周年回顾、启迪和挑战》，载《化工进展》2013 年第 9 期，第 1995~2005 页。

② 全国煤化工信息总站编辑整理：《2021 年我国合成氨、尿素产能、产量、进出口量统计》，载《煤化工》2022 年第 3 期，第 78 页。

置国产化的愿望。授课过程中结合压力对平衡转化率的计算，同学们会意识到合成氨需要高压保证转化率。显然设备的关键瓶颈正是大型耐压密封容器的制造，而国产化过程中正是借助我国在独立自主发展阶段对于潜艇的研发从而突破了这一关键技术。这一部分内容可以帮助学生认识到国家从独立自主到改革开发各阶段发展政策的重要意义，而不会被社会上各种"否定前30年""否定改革开发"的错误思潮带偏，自觉拥护党的决策与行动，树立起对国家发展的自豪感。

（3）合成氨反应的关键问题是动力学问题，介绍其催化剂筛选时，可以介绍20世纪70—80年代，我国以著名科学家唐敖庆、卢嘉锡、蔡启瑞为首的一批科技工作者开展了化学模拟生物固氮的研究。[①] 该材料包含模仿大自然确立研究思路这一人与自然和谐相处的思政元素，也激励同学们效仿前辈科学家，认真学习、耐心钻研，培养勇于承担社会责任的家国情怀。

案例2：中国电池工业的发展

电化学部分的学习需要重点学习化学电源的结构以及其在能源行业的重要意义，此时介绍中国在新能源与储能方面的政策布局，中国锂离子电池工业的发展是非常好的思政案例。

（1）能源问题是事关国家安全与发展的核心问题，中国在加入世贸组织后，伴随经济的快速发展，开始重视环境污染、碳排放、能源安全等问题，开始积极规划布局太阳能、风能、核能、水电等清洁能源的建设，积极加入全球气候问题谈判，并提出"双碳计划"为解决世界气候问题作出郑重承诺。化学电源事关新能源的储存与利用，国家对化学电源领域也作出了积极规划，2012年国务院发布《节能与新能源汽车产业发展规划（2012—2020年）》，2020年发布《新能源汽车产业发展规划（2021—2035年）》，电动汽车的规划今天已经初见成效，一方面减少了汽车行业对石油的严重依赖，增强了国家能源安全；通过集约化能源利用，减少了化

---

① 中国科学院福建物质结构研究所固氮研究小组等编译：《化学模拟生物固氮进展》，科学出版社1976年版。

石能源对空气的污染；另一方面使得中国汽车行业实现弯道超车，根据中国汽车工业协会发布数据，2022 年 1—8 月份我国汽车出口 181.7 万辆，同比增长 52.8%，已经超过德国，成为全球第二大汽车出口国。这一材料可以让学生认识到中国的体制优势，能够有目标、有耐心、持之以恒做正确的事情。

(2) 锂电池技术诞生于英国，1991 年，吉野彰和古迪纳夫合作发明的锂离子电池，索尼公司实现了大规模商用。1995 年，我国第一块锂离子电池在中国科学院物理所诞生，2000 年天津力神锂电池生产线建成，中国才有了第一家拥有自主知识产权的锂离子电池专业化生产企业，这一年日本的锂离子电池年产量达 5 亿个，约占全球市场 90% 多，而我国的年产量不足日本的 1/14。短短 20 年间，我国锂电池企业就实现了从跟随到引领的快速转变。2010 年，我国锂电企业的全球市场占有率达到 17%，2016 年首次达到 50%，2020 年又进一步跃升至 73%，将拥有先发优势的日本远远甩在身后。我国锂电池产业之所以能够实现后发先至并最终独占鳌头，根源于我国拥有的庞大消费市场以及国家积极的产业规划。包括 2010 年前后，消费电子产品激增特别是智能手机普及，以及 2013 年后，国家对电动汽车的扶持。截至 2021 年年底，我国动力电池产能约占全球的 70%，世界 10 大锂电池厂家当中，中国占据 6 席，涌现出宁德时代、比亚迪等众多全球知名的锂电池企业供应商。在这一发展历史中可以帮助学生看到国家对于经济发展积极进取、合理规划，体现出社会主义经济规划体制的优越性，也能体会到国家发展的自豪感。

二、科学精神

案例 3：永动机的历史

在学习热力学第一定律、热力学第二定律时，学生认识了第一类、第二类永动机不能造成的同时，作为思政材料，可以简单介绍各类"永动机"的故事。

有两种永动机的故事：第一种是各种从科学目的对永动机的探索，

包括一些科学爱好者甚至科学家的参与。人们设想了各类永动机，然后去分析其为什么不能成功的原因，典型的例子有：欧洲最早一个永动机设计方案——法国人亨内考提出来的带短杆的旋转摆球模型。达·芬奇提出了"滚轮永动机"，最终得出永动机不能成功的结论。荷兰科学家斯蒂芬研究链条+斜面永动机模型，得出汇交三力平衡条件。焦耳沉迷于永动机的制造，失败的教训让他最终发现了热功当量，建立了热力学第一定律。这一类故事代表了科学精神的一个层面，也即批判质疑、独立思考、辩证分析问题、明智决策。引导学生认识到对课本原理的学习，不能仅仅被动接受，而要有自己的独立思考，也许其对原理的分析质疑最终是错误的，但是这个过程会帮助学生更深刻地认识原理，甚至会产生新的知识。

还有一类永动机的故事代表了人类丑恶一面的存在。1872 年，美国费城机械师基利（John Worrell Keely）宣称发明了一种"发电机与电动机组合"，它用水作能源，先用共振的方法使水分解为氢和氧，氢和氧再结合放出巨大的能量。基利用一个藏匿了高压气管的机器，哄骗了一些科学家与投资人，募集了大量美元的投资供自己挥霍。1980 年代，王洪成宣称可以在水中加入少量添加剂，可以"水变油"，骗子红极一时，成为一些地方政府的座上宾，骗局历时十年。在何祚麻等专家不懈努力下，终于以科学的论证揭穿了这一骗局。1996 年王洪成被判处有期徒刑 10 年。近年来，伴随新能源汽车的热潮，某汽车公司提出"水氢燃料车"概念，宣称其车顶安装一个蓄水箱，用特殊催化剂把水转变为氢气，再利用氢燃料产生电能，驱动汽车。这一类故事中骗子利用人们的科学之盲，抓住人性弱点，哄骗钱财。这提示学生，基本的科学原理与方法的学习与运用可以帮助我们保持科学理性，不被诱惑，识破骗局。让理性思维这一科学精神成为学生未来一生中的最佳伙伴。

案例 4：BZ 化学振荡反应的历史

BZ 反应是学习非平衡态热力学以及自催化动力学的重要内容，BZ 反应的历史可以作为很好的思政案例。BZ 反应（Belousov-Zhabotinsky 反应），是一类著名的化学振荡反应，也是非平衡热力学的经典例子。BZ

反应首先在 1950 年代由苏联 Belousov（别洛索夫）发现，在 Ce 离子的催化下，柠檬酸被溴酸根氧化的反应体系在无色和黄色两种状态之间发生周期性的振荡。这一结果被科学界主流认为是违背热力学第二定律的，其两次投稿都以"无法解释机理"及"不可能"的原因而被退稿，最后只在放射医学会议文集发表了一篇摘要，别洛索夫的信心大大受挫。不顾生物化学家 Schnoll 的劝说执意淡出科学研究，并将这个反应的原始资料交给了 Schnoll。1961 年，苏联的生物物理学毕业生 Zhabotinsky（扎鲍廷斯基）在 Schnoll 的指导下重新研究了这个反应，用丙二酸代替了柠檬酸，并且对这个反应的机理作了一些解释。1969 年，Prigogine（普里高津）提出耗散结构理论，它清楚地解释了振荡反应发生的原因。它认为，在体系远离平衡态时，即处于非平衡非线性状态时，无序均匀态并不一定稳定。由于自身的非线性动力学机制，无序均匀态可以失去稳定性，而产生宏观时空有序结构，也就是耗散结构。1971 年，Field、Körös、Noyes 等人对反应机理作了更进一步的阐明，提出了俄勒冈模型（FKN），用以解释 BZ 反应的很多性质。这一案例融入了科学精神的思政元素。面对科学问题，需要尊重实验事实，也要有不畏困难、坚持不懈的求索精神，当反复验证的实验事实与基本原理出现"矛盾"时，可能需要思考对基本原理的理解是否需要更深入的认知，而这一探索可能也意味着进入新的科学境界。

三、人文素养

案例 5：中华经典文献的引入

在物理化学的课堂里，我们会根据教学内容，引入一些中华经典文献名句，用先人的智慧，引起学生的思考，提高学生人文素养。

例如，介绍热力学基本概念可逆过程时，提醒学生可以从该概念的"名"——"可逆"这个词去揣摩可逆过程的特点，但是更需要通过一些实例、思考题、数学语言的表述去真正认识可逆过程的"实"。这时可以引入中华文化中经典的"名实之辩"，介绍老子在《道德经》开篇就提出的

"名，可名，非常名。无名，天地之始。有名，万物之母。"的论述。这也是中国古代先贤对于世界本源与现实的探知。

学习化学平衡移动的基本原理——勒沙特列原则：平衡向着抵消外界改变的方向移动。可以对比老子在《道德经》七十七章的表述："天之道，其犹张弓欤！高者抑之，下者举之，有余者损之，不足者与之，天之道损有余而补不足。"体会中国古代对自然和人类社会的朴素认知。

四、深度学习

案例6：固体表面吸附模型的建立与发展

固体表面吸附现象部分内容繁多，包含朗格缪尔方程、乔姆金方程、弗伦德里希方程、BET方程等多个模型。该部分内容是一个热力学、动力学基本原理解决化学问题的典型范例，引导学生学习时运用物理化学原理的主动性，使之体会到物理化学原理的广泛应用才真正是价值所在。学生通过提出问题，从热力学原理出发思考问题，用动力学原理考查问题，提出质疑，抓住主要矛盾，先用简化模型抓住吸附平衡的基本特征，然后在模型中加入修正因素。就可以自行依次得到朗格缪尔方程、叶诺维奇方程、乔姆金方程、弗伦德里希方程、BET方程等，从而体会到建立模型、解决问题的成就感。这一过程本身包含了深度学习的思政元素，教师可以自然让学生体会到学习物理化学原理的价值与作用，养成在应用中学习这一正确的学习习惯与方法。

以上教学案例与所讲授内容密切相关，讲授过程中并不会使学生的思考偏离主线，反而能够引导学生对所学知识的思考上升到一个新的高度。同时也会使学生体会到所学知识与原理绝非纸上谈兵，而是展现出许多广泛而重要的应用，可以反过来提升学生对基本原理的学习兴趣，真正做到了思政教育与知识学习的相互融合、相互促进。当然，要使物理化学思政教育融入每一堂课，需要更多更好的思政资源发掘，取得更好的教育效果。

"植物生物技术"课程思政教学实践与思考

张 蕾

（武汉大学 生命科学学院，湖北 武汉 430072）

摘 要："植物生物技术"是生命科学学院一门重要的选修课程。在授课过程中，教师的职责不仅仅是专业知识的传授，更肩负着对学生价值观、人生观、专业导向、职业规划等的重任。"成人成才"全人教育始终是我们授课的最终目标。

关键词：植物生物技术；课程思政；思政元素

2016 年 12 月，习近平总书记在全国高校思想政治工作会议上重点提出，要坚持把立德树人作为中心环节，在教育教学全过程体现思想政治内容，各类理论实践课程与思想政治理论课同向同行，形成协同效应。① 2020 年教育部高等教育司工作要点第五点关于"全面推进高校课程思政建设"中指出：充分发挥各类课程的育人功能，深入挖掘各门课程蕴含的思想政治教育内容，促进专业课与思想政治理论课同向同行，实现价值引领、知识教育与能力培养的有机统一。②

植物生物技术是通过植物细胞工程、植物基因工程和植物分子标记以及辅助选择育种等技术来实现对植物的遗传改良，主要应用于农业、林业、园艺、生物产品等生产实践。该课程的学习使学生了解和熟悉植物生物技术的发展历史及意义；掌握植物生物技术基本原理及基础知识；重点掌握植物细

---

① 吴晶、胡浩：《习近平在全国高校思想政治工作会议上强调把思想政治工作贯穿教育教学全过程开创我国高等教育事业发展新局面》，载《中国高等教育》2016 年第 24 期，第 5~7 页。

② 《教育部关于印发〈高等学校课程思政建设指导纲要〉的通知》（教高〔2020〕3 号），载中华人民共和国教育部官网，www. moe. gov. cn/srcsite/A08/s7056/202006/t20200603_462437. html，2020 年 7 月 28 日访问。

胞工程、植物基因工程、植物分子育种等方面的基本技术；结合介绍最新科学研究进展及前沿动态，使学生对植物生物技术有一个较为全面的了解。

鉴于该门课程授课内容的特殊性，我们在授课过程中不断挖掘专业知识自带的科学观、生命观和生态价值观，引导学生感受先辈楷模的探索精神，了解植物的趣闻轶事，使学生徜徉在知识海洋的同时，感受生命之美和科学家精神。植物生物技术授课内容涉及植物转基因、杂交水稻育种等，这些与解决粮食自给自足等关系国计民生的重要事件密切相关。在授课过程中，教师从自身专业对国家的重要性上可以极大地激发学生的社会责任感以及投身国家建设和民族发展的激情。同时，植物生物技术强调实验设计的严谨和数据的真实可信，教学过程中通过具体实例注重培养学生的科学精神。在"植物生物技术"授课过程中，教师的职责不仅仅是专业知识的传授，更肩负着对学生价值观、人生观、专业导向、职业规划等的重任。"成人成才"全人教育始终是我们授课的最终目标。

一、课程思政教学目标

生物学科蕴含丰富的课程思政元素，在《生物学科课程思政教学指南》（以下简称《指南》）一书中，将生物学科课程思政元素归纳为八个思政维度，包括：政治认同、家国情怀、科学精神、文化自信、法治意识、公民品格、生态文明和全球视野。[①] "植物生物技术"在设计思政环节过程中，在《指南》中的八个维度基础上，从四个层次提出下列教学目标：

（1）提升学生的政治认同感和使命感：课程思政的核心在于引导学生符合时代需求，具有社会责任感和使命感，激发学生利用专业知识报效祖国，在中华民族伟大复兴的伟大时代里做出自己的贡献。

（2）培养学生积极向上的科学观、生命观和生态价值观：学生具备了积极乐观向上的人生态度，从而更加热爱生活，感受生命之美和自然之美，同时在专业发展、职业规划以及人生规划上有所建树。

（3）学生在科学精神和职业素养方面的教育，使得学生在未来自身发展方向以及职业规划上有所感有所悟。培养学生具有正确的判断是非能力，不盲

---

① 杜震宇主编：《生物学科课程思政教学指南》，华东师范大学出版社2020年版。

从，对于社会上的舆论有自己的专业判断标准。同时培养学生能够积极宣传正面的专业知识。教学过程中注重培养学生的规则意识，对涉及生物学方面的政策、法律法规等有一定认识。

（4）文化自信的建立：在授课过程中介绍我国在植物科学领域的重大研究进展，改革开放以后科研上的投入和产出、科技扶贫中的植物生物技术所起的重要作用等。这些知识可以极大激发学生强烈的民族自豪感，使得学生对于我国科技发展有坚定信心，坚定学生从事科学研究报效祖国的信念。

二、"植物生物技术"课程思政元素的挖掘

"植物生物技术"教学内容具有覆盖面广、跨度大、应用广泛等特点，包括分子生物学和植物组织培养等知识，与农业生产实践和产业化息息相关。在"植物生物技术"课程教学的实施过程中，深挖课程内涵，打造温度与高度兼具的思政"金课"。本文以"植物生物技术"中的第五章植物脱毒与快速繁殖和第十一章植物遗传转化为例，列举教学过程中挖掘的思政元素见表1和表2。

表1　第五章植物脱毒与快速繁殖思政元素的挖掘

课程章节	重要课程思政元素	相关联专业知识（举例）
课程导入	专业担当与社会责任感	马铃薯病毒对农业的危害
第一节 植物脱毒	科学探索	植物病毒的研究历史
	辩证唯物主义认识论	病毒感染郁金香
	创新思维和科学实证	茎尖脱毒原理
	科技进步与国家发展 产业持续化发展	脱毒种蒜大量繁殖，出口贸易 无病毒试管苗规模自动化与新材料结合 葡萄病毒的脱毒研究历史
第二节 微繁技术	物种保护	扩大繁殖珍稀濒危植物资源（红豆杉、重楼等）
	解决民生问题	扩大繁殖经济效益高的物种资源 我国花卉组培快繁研究和开发中的进展

课程章节	重要课程思政元素	相关联专业知识(举例)
第二节 微繁技术	"扶贫政策"中国政治体制优越性 中药——灿烂的中华文明	中草药微繁技术在科技扶贫中发挥重要作用
	质疑与实证的科学家精神	植物快繁中器官形成方式
	合作精神 辩证思维 实验设计的严谨性	快繁的关键技术：各种因素协调控制、不同植物中激素等营养的配比、激素在组培中作用的两面性
	我国科学重大突破：从 CO_2 到蛋白质合成，万吨级工业产能	CO_2——植物——蛋白质，现在植物的部分功能被生物固氮和固碳技术取代，由新技术带来的思考
第三节 问题展望	家国情怀与社会责任感	我国在植物脱毒和快繁研究应用中的特点和问题

表2　第十一章植物遗传转化课程思政元素的挖掘

课程章节	重要的思政元素	相关联的专业知识(举例)
前言	科学发展观 辩证的理性的思维	植物转基因的利与弊
	生态安全	转基因植物对环境的影响
	法治意识诚信教育	转基因生物安全规范
	国计民生社会责任感	粮食安全
	全球视野	各国在转基因植物开发利用中的竞争合作研究
第一节 转基因表达 的调控—— 启动子	政治认同和家国情怀	众多植物分子生物学方面的科学家求学归来，报效祖国
	规则意识和团队协作	细胞中启动子对基因表达的调控
	科学研究过程与理性思维	烟草花叶病毒的35S启动子及其在植物转基因中的广泛使用

课程章节	重要的思政元素	相关联的专业知识（举例）
第一节 转基因表达 的调控—— 启动子	持之以恒的科学精神 职业担当社会责任感 科技造福人类 文化自信 国家支持与科技进步	武大杨代常老师利用种子特异启动子在水稻中表达人血清白蛋白
	科学家精神 合作意识	实验室之间启动子信息和实验材料的互通有无、合作研究 NCBI 和 Tair 网址上序列信息公开
第二节 基因直接 转化方法	创新思维	原生质体制备和 PEG 转化
	规则意识	共享仪器设备的使用规范
	科学的严谨性	研究蛋白在细胞内定位方法
第三节 农杆菌介 导转基因	生命健康 科学家职责	转基因水稻表达阻止 HIV 进入细胞的蛋白质 12.1 世界艾滋病日
	工匠精神	GFP 植物常用的 marker 基因——诺贝尔奖
	科学研究服务人类社会，科学家的职责担当	农杆菌对农作物的危害
	不断探索的科学精神	农杆菌的发现到利用
	个人对团队对社会的重要贡献	质粒与农杆菌的关系
	人类行为对植物影响	植物上"到此一游"的危害——农杆菌对植物释放信号的识别
	团队协作	农杆菌侵染过程中多种蛋白复合体相互配合
	热爱生活	紫鸭跖草——最常见的实验材料
	科学研究的不懈探索	T-DNA 整合到染色体上的机制假说
	国家支持体现制度优越性 持之以恒的科学家精神 国计民生社会责任感	张启发院士抗虫水稻研究历程 我国在植物转基因方面的进展

课程章节	重要的思政元素	相关联的专业知识(举例)
第三节 农杆菌介 导转基因	国际合作国际视野 人类命运共同体	CAMBIA 独立、非营利国际研究组织介绍
	文化自信 工匠精神科学家精神 社会责任感和职业素养 国家对于高科技人才的重视	国家自然科学奖、科技进步奖和发明奖介绍——武大何光存教授和武大校友傅向东研究员
	文化自信 职业素养 国家对于科技上的政策支持	参观生科院共享实验中心和杂交水稻国家重点实验室
	安全教育和规则意识	实验规范操作,仪器设备操作
	职业规划	优秀本科毕业生示范:科研、创业、支教等

三、教学过程中思政元素融入的方法

在专业课授课中融入课程思政元素,最忌生搬硬套,既达不到效果,更容易引起学生的反感。如何选取恰当的方式将思政元素融入课堂是专业课教师在完成教学任务中的难题。"植物生物技术"课程在授课过程中结合课程特点,参考其他高校教师的优秀教案,集众家之所长,采用以下几种方式进入思政元素的融合,取得了较好的效果。①②

(1)立足于课堂:将上述表格中涉及的思政要素贯穿于整个课堂,以"润物细无声"的方式引导学生在专业知识学习过程中对国家政策法规、科学精神、职业规划、社会责任感等各方面有更深刻认识。

(2)课堂辩论:引导学生从专业知识角度、国家长远发展、粮食安全、医

① 陈华栋:《课程思政:从理念到实践》,上海交通大学出版社 2020 年版。
② 王英龙、曹茂水:《课程思政:我们这样设计》,清华大学出版社 2020 年版。

药卫生、生态环境等各个角度对转基因的利与弊进行分析讨论、分组辩论。该环节注意培养学生从辩证的角度看待问题。

（3）展板宣传：学生分组，按照专题，各小组制作展板，在院内和校内进行宣传。展板专题内容包括：植物科学领域专家学者的励志故事、我国在水稻研究中的重大成果、国家对转基因的政策法规、转基因食品的流言蜚语、植物生物技术在扶贫攻坚战中的重要作用、我国植物科学发展的40年等。学生在整理资料的过程中受到教育，另外，在展板展出的过程中，对于周围其他院系的学生和老师也是很好的宣传教育。

（4）参观教育：参观生科院共享实验中心和杂交水稻国家重点实验室。由共享中心主任和国家重点实验室老师讲解仪器设备、管理规范、科研进展等，学生对国家在科技发展上的支持、我国改革开放以后在仪器设备上的更新、科研队伍尤其是国外留学专家的回归以及科研重大进展，这些都是很好的教育素材。

（5）课后交流：在班级群及时发送最近的国内外研究进展、国家在科技方面的政策法规、国家自然科学奖科技、进步奖和发明奖的颁布等，将学生的视野拓展，不再是两耳不闻窗外事，而是关心国计民生、关心国家对于科技投入、人才的重视、政策上的引领等，坚定学生学有所成、报效祖国的信念。

2022年7月31日，时任教育部高等教育司司长吴岩(现教育部副部长)在出席第二届全国高校教师教学创新大赛全国赛闭幕式时表示，要"锻造中国金师"。"金师"的4大条件包括：政治素质强、教育站位高、国际视野宽、五术要求精。其中教育站位高中就包括教师要落实立德树人新要求(课程思政)，再一次强调课程思政的重要性。[1] 同年8月21日，吴岩司长在同济大学中层干部综合治理能力提升专题研讨班上作了题为"服务中国式现代化建好金专、金课、金师、金教材"的报告。在报告中明确提出中国式教育现代化的两个维度，其中的中国特色包括中国特色社会主义的制度特色、中华民族源远流长的文化特色和社会主义核心价值观的价值特性。同时在介绍国家级一流课程认定工作时，又专门强调了要强化课程思政，基础课、专业课、理论课和实

---

① 叶雨婷：《教育部高等教育司司长吴岩：打造"金专""金课"，锻造中国"金师"》，载《中国青年报》2022年8月8日。

践课都要做课程思政，以育才育人为目标，全面推进高校课程思政建设。[①] 培养什么人、怎样培养人、为谁培养人是高等教育战线必须回答的首要问题。扎实有效地推进课程思政建设，建设适应新时代要求的"金课"，充分发挥专业课课堂教学的主渠道、主阵地作用，努力培养中国特色社会主义建设者和接班人是高校专业教师的职责担当。

① 吴岩：《建金专、金课、金师、金教材服务中国特色的现代化》，载中国教育在线，https://news.eol.cn/xueshu/hui/202208/t20220822_2242249.shtml.

面向新工科的数字地形测量学课程思政教学设计与实施①

黄海兰　邹进贵　花向红

（武汉大学　测绘学院，湖北　武汉　430079）

摘　要：分析数字地形测量学课程特点及开展课程思政的必要性，围绕"知识传授与价值塑造相融合"的目标，从思政目标确定、思政内容设计、教学方法创新及教学评价构建等多个维度，探索思政教育与专业教学的有机融合和有效协同，建立全方位、全过程、多环节的课程育人机制，为工科高校测绘类课程思政教学提供有益参考与借鉴。

关键词：新工科；数字地形测量学；课程思政；立德树人；测绘精神

习近平总书记强调，要坚持把立德树人作为中心环节，把思想政治工作贯穿教育教学全过程。教育部于2020年印发的《高等学校课程思政建设指导纲要》指出，要深度挖掘提炼专业知识体系中蕴含的思想价值和精神内涵，培养学生探索未知、追求真理、勇攀科学高峰的责任感与使命感和精益求精的大国工匠精神，激发学生科技报国的家国情怀和使命担当。② 课程思政的实施对专业课教师提出了挑战，不但需要教师具有挖掘思政元素的能力，更重要的是如何在教学过程中做到以润物无声、如盐化水的方式实现思想政治教育与知识体系教育的有机统一。

测绘工程专业属于典型的工科专业，具有很强的实践性和时代性，其专

---

①　基金项目：2022年武汉大学本科教育质量建设综合改革项目（基于"三协同+三融合+三结合"的数字地形测量学示范课堂建设；测绘工程课程思政示范专业建设）；湖北省教学研究项目（2020009）。

②　姚朝龙、周艳华、章家恩等：《高校测量学课程思政教学的探索与实践》，载《大学教育》2022年第5期，第42~44页。

业知识体系和人才培养模式与测绘技术发展紧密相连。随着人工智能、大数据、云计算、物联网等新技术的发展，测绘技术和行业发生了巨大变革。① 在测绘行业转型升级及新工科建设的时代背景下，积极探讨课程思政建设，对培养有专业技能、有社会责任意识和家国情怀的测绘行业领军人才具有重要意义。

本文基于武汉大学测绘学院多年的数字地形测量学教学实践，就如何挖掘思政元素、如何设计课程思政教学方案等问题进行探索，以期为测绘类课程提供一些参考。

一、课程特点及实施课程思政的意义

测绘学科经历了传统—数字化—信息化三个阶段的发展后，正迈入智能化测绘阶段。地形测量也从地面数字测图发展到空天地海集成的实景三维测图新阶段，对数字地形测量学课程教学提出了新的挑战。数字地形测量学是测绘类专业的大类平台课程，开设在大学一年级下学期，是学生接触到的第一门专业课，在专业知识体系中具有重要的基础地位。该课程是一门理论性和实践性都很强的专业核心课程，通过理论与实践相结合的教学环节，培养学生掌握扎实的测量理论、方法及仪器操作；具备解决地形图测绘方案设计和项目实施的能力，提高创造、创新、创业素质；培养学生的专业认同感、精益求精的工匠精神以及对测绘事业的责任感和使命感，为学习后续专业课程以及从事工程技术工作和科学研究打下牢固基础。

数字地形测量学的教学内容蕴含丰富的思政元素，在大学初期开展课程思政教育能更好地发挥专业课程的育人作用。在专业课学习过程中实现课程思政同向同行，让学生认识到地理空间信息和地形图在我国经济建设和国防安全中起到的重要支撑作用，强化学生的工程伦理准则，培养学生的创新思维、工匠精神和责任担当，引导学生养成严谨、求实、刻苦的优秀品质和工作习惯，为他们今后的工作奠定坚实的基础。

---

① 高井祥、陈国良、王潜心等：《面向新工科的行业特色测绘工程专业转型升级实践》，载《测绘通报》2022年第5期，第166~169页。

二、课程思政总体设计思路

秉承"课程承载思政"和"思政融入课程"的理念，根据数字地形测量学的课程内容和特点，进行课程思政总体设计，其框架见图1。

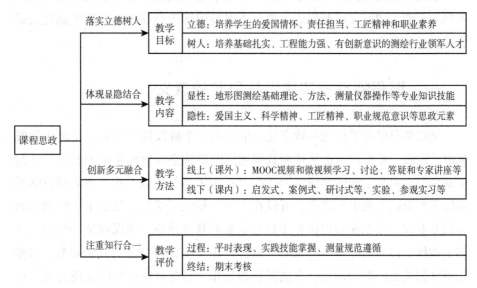

图 1　课程思政总体框架

在教学目标上，落实立德树人根本宗旨，结合本校办学定位、测绘工程专业人才培养要求和特点，设置三位一体的教学目标，实现知识传授、能力培养与价值塑造的有效协同，培养基础扎实、工程能力强，有创新意识的测绘行业领军人才，培养学生的爱国情怀、责任担当、工匠精神和职业素养。

在教学内容上，体现显隐结合，建设与专业内容深度融合的课程思政资源库，包括人物资源库、重大工程资源库、行业企业资源库以及职业规范与行业标准资源库等，涵盖课程教学内容中涉及的家国情怀、专业认同、科学求真精神、创新精神、工匠精神、历史使命与时代责任等思政元素。结合测绘发展历史，总结测绘学科院士们的求学、科研与生活经历，培养学生爱国、爱党精神和奉献测绘事业的情怀；将测绘新技术与重大工程案例融入课程，激发学生科技报国的情怀和测绘人的使命担当，培养学生精益求精的大国工匠精神，勇攀高峰、敢为人先的创新精神；传承测绘文化，培养学生健全人格和探索未知、追求真理的精神，增强学生的集体意识和团队精神，培养学生的社会责任感。

在教学方法上，以学生发展为中心，针对学生能力和特点开展目标导向的个性化教学方式，设计并运用线上线下协同的混合式教学实施策略，由课前线上导学、课中信息化教学、课后巩固拓展和实习四个部分构成，形成"课前+课中+课后+实习"的立体化教学过程。充分发挥课堂教学的主渠道作用，在知识传授过程中实现入脑入心的价值塑造，如盐化水融入课程思政元素，润物细无声地将正确的价值观传递给学生，达到学生专业能力和思想政治素养提升的目标，潜移默化地达到思政育人的目的。

在教学评价上，注重过程性评价，旨在提高学生学习的主动性与参与度，培养学生的自主学习能力和创新实践能力，促进学生知识、能力和素质全方位提升。

三、课程思政实施的方法路径及主要举措

（一）对标人才培养需求，制定课程思政教学目标

测绘工程专业旨在培养具有开拓创新意识、国际化视野、掌握扎实基础理论、具备解决复杂测绘工程问题能力的行业领军人才。因此，为落实人才培养目标，将课程思政元素融入教学全过程，制定以下思政教学目标。

1. 引导学生形成正确的爱国情怀和民族自豪感，培养学生无私奉献的测绘精神

我国现代测绘技术经历了从数字化、卫星定位到航天遥感等数次技术飞跃，测绘事业迅速发展。从测绘陆地扩展到海洋，从测绘静态事物扩展到动态事物，从测绘地球扩展到月球、火星，制图技术正在向自动化和智能化转变，中国地图的发展历程，是一部中国实力增强的爱国史。[①] 在教学过程中，

---

① 李世明：《测量学课程思政教学实践探索——以华北水利水电大学为例》，载《河南教育（高等教育）》2022年第5期，第69~70页。

引导学生坚定理想信念，培养学生的爱国情怀和民族自豪感；通过贯穿讲解几代测绘人不畏艰险，拼搏奋斗，克服重重困难完成珠峰高程测量，激发和培养学生艰苦奋斗、无私奉献的测绘精神。

2. 激发学生专业兴趣，增强专业自信，培养学生追求卓越的北斗精神

通过对无人机、三维激光扫描等最新测绘技术应用于测图的工程案例，让学生更好地了解地形测量学的内涵，激发学生对专业的热爱和兴趣。也需要让学生意识到在高端测量装备的研制方面，国内和国外还有差距，激发学生的危机意识和敢于开展测绘技术攻关的勇气，培养学生自主创新、追求卓越的北斗精神。

3. 提高学生创新实践能力，培养学生敬业奉献的大国工匠精神和严谨诚信的职业素养

以武广客运专线和港珠澳大桥建设为经典案例，增强学生利用专业知识解决复杂测绘工程问题的实践能力，激发和培养学生精益求精、敬业奉献的大国工匠精神。强化学生的职业规范意识、遵纪守法意识和国家版图意识，遵守行业国家标准和规范，养成严谨诚信的职业素养。

（二）挖掘思政教育素材，设计课程思政教学内容

在明确思政教学目标的基础上，开展课程思政教学内容设计与优化，进行思政案例收集、整理与实施，构建课程思政知识图谱，见表1。围绕测图技术发展历程、测量仪器设备、测量理论方法等模块深入挖掘思政教育素材。结合珠峰高程测量、国测一大队等典型事迹案例，开展课程思政教学设计，强化学生的爱国情怀、创新思维、工匠精神等品质和职业素养。

表 1　课程思政知识图谱

课程章节	思政切入点	思政案例	思政元素	思政教学目标
1. 测量学基础知识	1.1 测量学概述	刘经南院士打破美国GPS雄霸天下的局面，为北斗做出杰出贡献	北斗精神社会责任	培养学生民族自豪感、敢于创新的精神和大国担当情怀

课程章节	思政切入点	思政案例	思政元素	思政教学目标
2. 平面测量与全站仪	2.1 角度测量原理与全站仪	测绘装备发展见证大国崛起	爱国主义创新思维	培养学生不畏艰难、勇于钻研、不断创新的科学精神；激发学生投身国家经济建设、科技发展的重大需求的自觉性
3. 高程测量与水准仪	3.4 三角高程测量	珠峰高程测量	珠峰精神测绘精神	展现测绘人不畏艰辛、勇攀高峰、突破极限的职业精神，彰显中国品质和中国精神，培养学生"艰苦奋斗、无私奉献"的测绘精神
4. 控制测量	4.2 平面控制测量	国测一大队	测绘精神社会责任	厚植爱岗敬业精神，培养学生不怕吃苦的精神
5. 碎部测量	5.3 地貌测绘	南水北调等重大工程前期勘测工作-地形图测绘	职业规范工匠精神	要求遵循测量技术规范，精益求精，严谨求实，数据真实可靠；测量内外业分工合作，充分体现团队协作的重要性
6. 地形图测绘	6.3 地形图的内业成图和检查验收	测绘法宣传日暨国家版图意识宣传周活动	爱国主义职业素养	标准地图的发布，有助于提升学生识别问题地图的能力，提升国家版图意识，强化国土安全，增强爱国主义情怀，培养学生的职业素养
7. 地形图应用	7.1 地形图的基本量算和工程应用	数据保密警钟长鸣	职业规范工程伦理	测绘地理信息数据面临着非法获利、泄密等安全问题，危害国家国土、军事等安全领域；加强地图管理，维护国家主权、国家安全、国家利益

1. 将测绘学科发展与培育爱国主义情怀、责任担当有机结合

在"绪论"讲解测量学发展史，可从测天绘地讲起，延伸到当前测绘学科蓬勃发展，引导学生了解国家科学发展及相关技术在测绘领域的运用，点亮文化自信之灯。中华人民共和国成立后，基础测绘事业几近空白，老一辈测绘人迎难而上，短短数年时间内在全国范围内开展了全面的基础测绘工作，建立国家大地测量基准、高程基准、测绘地形图，为国家工程建设和国防建设提供了重要测量支撑。随着我国北斗卫星导航系统的建设，北斗系统在导航定位授时、测绘、灾情预警和国防安全等方面都发挥着极大的作用。通过一系列讲述，充分展现我国测绘学科发展的辉煌成就，培养学生的爱国主义情怀，提升学生的民族自豪感。

此外，测绘装备是测绘科技发展的重要支撑，其发展水平也是综合国力发展的重要体现。中华人民共和国成立之初至20世纪末期，我国生产和科研、教学使用的经纬仪、水准仪、测距仪、全站仪等传统测绘装备主要依赖从国外进口。在几代人的共同努力下，经过70余年的发展，我国测绘装备经历了从无到有，由弱到强的转变，已经跻身世界测绘装备大国和强国。通过向学生讲述我国测绘装备的发展历程，培养学生的专业自信心、民族自豪感和爱国热情，激发学生科技报国的家国情怀和使命担当，培养学生勇攀高峰的责任感。

2. 将测绘典型案例与培养创新思维和测绘精神有机结合

2020年5月27日，我国珠峰测量登山队登顶"地球之巅"珠穆朗玛峰，全部采用国产设备为珠峰"量身高"，队员在峰顶停留150分钟，顺利完成峰顶测量任务，创造了我国在珠峰停留时长新纪录。本次高程测量重点在以下方面实现技术创新和突破：一是依托北斗卫星导航系统开展测量；二是国产测绘仪器装备全面担纲本次测量任务；三是应用航空重力技术，提升测量精度；四是利用实景三维技术，直观展示珠峰自然资源状况；五是测绘队员登顶观测，获取可靠测量数据。珠峰测高体现了国家综合实力和科技实力，展现了测绘人不畏艰辛，勇攀高峰，突破极限的职业精神，彰显中国品质和中国精神。在高程控制测量知识点引入珠峰高程测量的典型案例，既提升了学生对测绘前沿技术和知识的了解，激发学生思维创新，增加探索专业知识的兴趣，又培养了学生"艰苦奋斗、无私奉献、精益求精、敢于突破"的测绘精神。

3. 将测绘典型人物榜样事迹与厚植爱岗敬业、传承测绘的精神有机结合

自然资源部第一大地测量队(原名国家测绘局第一大地测量队),自 1954 年建队以来先后参与完成了全国大地测量控制网布测、珠峰测量等系列国家重点测绘项目,为国家经济建设提供了有力的测绘保障。2015 年 7 月,习近平总书记给国测一大队 6 位老队员、老党员回信,充分肯定了他们爱国报国、勇攀高峰的感人事迹和崇高精神,对全国测绘工作者提出了殷切希望。在讲解国家大地控制网建立内容时,通过给学生讲述国测一大队一代代测绘人,克服种种困难,为祖国的测绘事业作出的巨大贡献,厚植爱岗敬业精神,培养学生吃苦耐劳、乐于奉献和传承测绘人的职业精神。

4. 将测绘热点事件与强化工程伦理和职业道德有机结合

数据保密警钟长鸣。在讲述地形图测绘及应用时,结合第 18 个全国测绘法宣传日的主题"规范使用地图,一点都不能错",给学生明确两点:第一,涉及国家版图,一点也不能少,地图上的一点,有可能就是实地的 100 米,失之毫厘则谬之千里;第二,测绘数据是保密的,因为地形图上都有点的坐标,有水系、道路、桥梁、居民地等地形要素,地形图一旦在网上扩散,将会对国家安全构成威胁。同时融入某外国人利用手持卫星导航设备在江西非法测绘事件,警示学生在信息开放共享的智能时代,坚持总体国家安全观和维护测绘地理信息安全,是新时代测绘学子所必备的使命与担当,强化学生们依法测绘、依规测绘,恪守职业道德的品质。

5. 将知识点延伸与激发探索未知及勇攀科学高峰的信念有机结合

在讲授坐标系建立等相关内容时,将具体知识点进行延伸。比如,1954 年北京坐标系是苏联 1942 年普尔科沃坐标系延伸至我国的一个坐标系。在中华人民共和国成立之初,该坐标系为我国各项工程建设提供了坐标基准,但在实际使用过程中存在精度偏低、椭球定位定向偏差较大等问题。随着我国航空、航天、航海及国防建设需求的不断提升,迫切需要建立全球性的地心坐标系,由此建立了 2000 国家大地坐标系。那如何建立地心坐标系?地心坐标系在航空航天应用中有何优势?通过分析引导学生主动探究及查阅相关资料,激发学生探索未知、勇攀科学高峰的兴趣和积极性。

(三)落实思政育人内涵,综合运用多元教学方法

开展课程思政要在符合学生学习规律的基础上,充分利用线上资源和课外资源，采用线上和线下、理论和实践、课内和课外相结合的教学形式，拓宽学生专业视野，强化学生职业素养，落实课程思政教学目标。在课堂教学中，推进智慧教室、学习通等现代信息技术的应用，综合运用案例教学法、任务驱动法、情境教学法和启发研讨法等方法，既要保证专业知识点的传授，也要无形中把蕴含的思政内容予以传递，潜移默化地达到思政育人的目的。

1. 线上和线下结合

互联网和智能手机的普及，给高校课堂教学带来了问题和挑战，但同时也带来机遇和新的思路。慕课平台、超星学习通等现代信息技术应用于思政教学活动，具有多方面优势：首先，教师通过推送资料，整合文字、图像、视频、音频等不同类型、不同来源的信息，极大丰富了教学资源，使学生能够获得更全面深入，更加直观的资源，根据个人需求、兴趣和特点进行自主探究的学习。其次，学生可以随时随地通过网络资源进行学习，打破了教与学的时空限制，提高了时间利用率及学习参与度。[1] 此外，通过 MOOC 讨论区、QQ、微信等形式，开展线上讨论、答疑，便于实现师生实时互动交流，及时解决学生学习中遇到的问题。线上和线下结合的混合式教学有利于学生开展个性化学习，激发学生对测绘专业的学习兴趣及热爱；同时，互联网建立了师生间的良好沟通渠道，教师能更有效地对学生进行有针对性的帮助和辅导，便于思政工作的开展。

2. 理论和实践结合

数字地形测量学是一门实践性很强的专业基础课，在新工科建设背景下，需做好理论知识与实践教学的深度融合，构建育训结合的育人机制，培养精益求精、专业素质高、肯吃苦、责任心强的德才兼备人才。充分发挥课堂教学的思政教育主渠道作用，依据课程的基本理论、基本方法、工程实践案例，结合学习情境特点，采用启发式、案例式、研讨式、任务驱动式和翻转课堂等教学方法，将思政内容自然而有深度地浸润于专业知识之中，将育人内涵落实到课堂教学，使立德树人"润物无声"，避免专业教学和思政教育出现"两张皮"现象。在实践教学中，学生综合运用所学知识，完成实验各个环节任务，是一个不断遇到问题、分析问题和解决问题的过程。通过采用分组教学、

---

[1]　刘舒：《〈摄影测量学〉课程思政实施途径探讨》，载《吉林广播电视大学学报》2019 年第 12 期，第 158～160 页。

互动式教学、实践式教学、教学竞赛等多元化教学方式和手段，培养学生的团队协作精神、工匠精神、创新意识、责任意识、职业规范意识、沟通与表达能力等综合素质。①

3. 课内和课外结合

课内通过优秀的专业思政案例引导学生，而课外躬行，则是实现主动的思政实践，是课程思政实施的有效补充。将课堂教学与课外教学有机融合，能够帮助学生将思政元素内化为精神追求，外化为自觉行为。通过聆听测绘行业专家专题讲座，厚植家国情怀，锤炼工匠精神；利用第二课堂时间，组织学生走进测绘与地理信息知名企业，观摩企业创新成果，接触前沿科技，开阔专业视野，感受测绘行业对国家发展与建设的重要作用，激发和增强测绘专业学习的兴趣和信心。引导学生参加全国测绘技能大赛，强化学生创新实践能力，增强学生勇于探索的创新精神。②

(四)促进思政育人成效，建立知行合一的评价体系

课程思政实施效果的表现形态大部分都是隐性的，比如家国情怀、民族自信、责任感、创新能力、工匠精神和职业规范意识等，很难通过定量的考核机制进行评价，难以找到定量的评价指标体系。因此，如何制定思政效果测度的知行合一评价体系，促进思政育人成效，是值得探讨及商榷的问题。

首先，可以探索建立基于 OBE 理念的过程性评价考核机制，重点考查学生平时表现和对实践技能的掌握情况。比如，在进行实验成绩评定时可以制定如下规则：小组内如果有外业观测数据超限的同学，那么整个小组的成绩就不及格。通过这种方式促使学生意识到团队合作的重要性，培养学生互帮互助、团结友爱的团队精神。其次，探索以学生对测量作业规范和工程伦理的理解作为评价要素之一。比如，测量工作的每一个环节都要求遵循测量技术规范，数据必须真实可靠，一旦发现学生涂改数据或者伪造数据，实习成绩将以零分计，以此强化学生的职业规范意识和严谨求实的职业道德。最后，学生可以通过评教或者问卷调查的形式参与思政教学评价，包括思政内容选

---

① 苗则朗、徐卓揆、王亮等：《融入测绘精神的"变形监测与数据处理"课程思政实践》，载《测绘与空间地理信息》2021 年第 12 期，第 15~18 页。

② 吴汤婷、卢立果、李大军：《"新时代北斗精神"融入卫星导航定位课程思政教学的探索与实践》，载《导航定位学报》2022 年第 1 期，第 147~152 页。

取、融人方式、认同度和接受度等方面。通过师生互评，完善评价方法和标准，增强课程思政教与学的主动性，并持续改进，推动课程思政和立德树人落到实处。①

四、结语

课程思政任重道远。在新工科建设背景下，专业课教师要紧跟时代特征，做好思政教育与专业教学的融合与创新，立德树人。本文基于数字地形测量学课程的特点和内容，从学科发展、典型案例、人物榜样、热点事件和知识点延伸五个方面，提炼课程知识体系中蕴含的爱国情怀、创新精神、职业规范等思政元素，探讨课程思政导向的教学方法与评价体系，强化学生的创新实践能力和职业道德素养等综合素质，持续提升测绘专业人才培养质量。

---

① 张斌、陈好宏：《测绘地理信息专业群课程思政融合与实践路径》，载《创新创业理论研究与实践》2022 年第 5 期，第 24~26 页。

新工科背景下视觉导航课程思政教学探索①

谢 洪

（武汉大学 测绘学院，湖北 武汉 430079）

摘 要：新工科建设是我国高等教育改革的重大工程，是服务国家创新驱动发展战略的新举措。思政教育是全面落实立德树人的重要途径，是实现新工科目标的重要措施。本文从视觉导航这一前沿课程的特点出发，在探讨该课程的思政教学总体思路基础上，设计了立德树人内涵指导下的思政元素融入点，并围绕思政指标从教学目标、教学资源、教学手段以及教学考核等四个层次探讨了其思政教学措施，以建立思政教学闭环，实现专业知识与思政教育的融合统一。

关键词：课程思政；新工科建设；视觉导航；思政元素；教学措施

新工科建设是为服务国家战略发展新需求、应对国际竞争新形势而提出的我国工程教育改革方向。其建设动因在于应对以人工智能、机器人技术、生物信息等为主的全新技术革命，提供复合创新型卓越工程人才。2016 年，习近平总书记在全国高校思想政治工作会议上明确提出："要坚持把立德树人作为中心环节，把思想政治工作贯穿教育教学全过程，实现全程育人、全方位育人，努力开创我国高等教育事业发展新局面。"从定义上看，课程思政是指将高校思想政治教育融入课程教学和改革的各个环节，在达到课程教学目的的同时，实现立德树人润物无声。其主要实施手段是通过寻求各学科教学中专业知识与思想政治教育内容之间的关联性，将思想政治教育的相关内容在课程开展过程中融入学科教学中，通过学科渗透的方式达到帮助学生树立正确的社会主义核心价值观、正确的价值理想信念、良好的行为规范和道德

---

① 基金项目：武汉大学本科教育质量建设综合改革项目。

品质的目的。

从目标而言，思政教育与新工科建设的目标是一致的。思政教育是全面落实立德树人的重要途径，是实现新工科建设目标的重要举措。在专业课程授课过程中，需要以专业知识为基础，以"思政"为着力点，在知识传授、技能培养的过程中潜移默化地融合思政元素以实现价值引领。通过两者的有机融合，才能实现培养出既有良好专业素养，又有坚定社会主义建设信念的工程技术人才。因此，如何更好地融合专业课程教学与思想政治教育，更高效地发挥专业课程育人育德功能，真正实现全域、全员、全时的立德树人目标，成为当前一项紧迫的时代任务。

随着视觉研究的深入、计算机以及传感器的快速发展，视觉信息被越来越多地应用于机器导航中。尤其是随着近年来人工智能、高性能大数据计算、自主机器人等前沿领域的快速发展，视觉导航技术在飞机、无人飞行器、导弹制导、无人驾驶以及机器人等方面得到广泛工程应用，成为目前国际全新技术革命背景下的竞相投入热点。在此背景下，武汉大学测绘学院率先在国内开设了视觉导航课程，目的在于为培养面向视觉导航工程与应用相关的高级专门人才。作为一门实践性和工程性极强的课程，探索其课程思政教学方法具有重要意义。本文从视觉导航这一前沿课程的特点出发，在探索该课程的总体思政思路基础上，设计了立德树人内涵指导下的思政元素融入点，并围绕思政指标从教学目标、教学资源、教学手段以及教学考核等四个层次探讨了其思政教学措施，以实现视觉导航专业知识与思政教育的融合统一。

一、视觉导航课程特点

"视觉导航"是当前摄影测量与遥感、计算机视觉以及导航工程等专业领域培养本科生的一门核心专业课程。该课程是一门实践性与应用性很强的专业课程，对学生的基础要求较高，不仅要求具备高等数学、概率论、矩阵论、偏微分、优化估计等前期理论基础，而且还需要拥有数字图像处理、程序语言设计等相关知识。该课程以提升当前基于视觉的机器人系统导航性能为目标，以位置导航、机器学习与非线性优化理论为基础，以数字图像处理与计算机视觉基本原理和应用技术为重点，旨在培养学生利用序列图像处理方法与技术进行基于视觉的场景图构建以及目标定位与导航，并利用相关理论进行生产应用实践的能力。

(一)视觉导航教学内容设置

从教学内容设置方面,该课程主要包括了以下几个方面:(1)视觉导航的内涵、相关基础知识概念、以及视觉导航现有相关技术手段的现状和最新发展;(2)多目视觉的数据处理与运动估计方法,包括特征检测、匹配、运动估计等关键方法;(3)利用序列影像进行目标追踪以及匹配导航的关键方法与技术框架,重点在于序列影像的特征检测与追踪以及基于运动估计的匹配导航的关键技术与处理流程;(4)视觉 SLAM 的基本数学过程以及 SLAM 导航技术流程,重点在于视觉 SLAM 的视觉里程计、后端滤波与回环检测等关键算法;(5)多视影像处理软件和 SLAM 算法实践,重点在于多视影像的特征检测、匹配与视觉导航的完整技术流程以及利用相关语言进行视觉导航算法实现的编程能力;(6)视觉导航的案例介绍以及前沿技术探讨,重点在于与 GNSS、激光、IMU 等技术的多源融合导航探讨。

(二)视觉导航课程特点分析

从定义而言,视觉导航技术是以视觉传感器获取的影像、视频等数据为支撑,通过图像处理、几何计算、语义识别等方式输出平台位姿、场景环境、规划路径等信息,进而提供平台导航信息的一项综合性技术。相对于传统导航技术而言(应用),以 CCD 相机作为传感器的视觉导航定位系统,具有体积小、重量轻、能耗低、视场宽、易于搭载等显著优势,在众多领域得到了广泛的应用。尤其是随着视觉导航算法理论研究发展、视觉传感器的微型化及并行计算性能的技术级提升,视觉导航技术已经成为几乎所有导航系统的重要组成部分,在无人机、巡航导弹、星际探测器以及机器人等前沿领域得到深度应用。国内关于视觉导航领域的研究起步尽管相对较晚,但近十年在科研与工业领域也已做出重要贡献以及世界领先成果。随着视觉导航在精度、实时性与鲁棒性等方面的不断提高与发展,其必将成为未来导航领域中一个重要的发展方向,具有广阔的应用前景。

从视觉导航技术的应用领域以及该课程的目标以及内容设置而言,视觉导航课程主要包括以下几个方面特点:

(1)理论与方法前沿性高。视觉导航的数据处理中涉及多视几何、图像处理、李代数、优化估计等领域的前沿理论方法，其技术框架建立在严谨的数学基础之上。而且随着其应用场景的拓展以及导航场景复杂度的提升，其场景特征提取、视觉导航位姿估计、后端稳健优化等仍然是目前相关领域的研究热点。尤其是目前基于场景感知与视觉复杂语义提取的新方向发展，其相关处理方法涉及人工智能与深度学习、大数据与高性能计算、目标监测与跟踪等领域的前沿理论与方法；

（2）学科交叉综合性强。视觉导航技术是集成传感器技术、视觉测量技术、自动控制技术、空间技术、计算机技术等多种技术于一体的综合性技术，在系统集成、传感器控制与信息采集、视觉处理与导航工程应用等阶段的相关理论与方法呈现明显的多学科交叉特性。而且能够灵活地与 GNSS、IMU、激光、微波雷达等导航与感知技术进行融合，提高整体导航鲁棒性与环境适应性。

（3）技术实践性强。视觉导航相关的代码与应用框架资源丰富是目前视觉导航技术的重要优势特征，也是其在近年取得快速发展与广泛应用的重要因素。作为一门理论与实践性并重的课程，需要设立实践环节，合理利用代码资源提高学生动手实践与问题解决能力，将专业知识转换为实践技能。

（4）工程应用领域广泛。视觉导航技术广泛服务于工业机器人、航空航天、交通运输、物流仓储等多个领域，同时也在无人驾驶、智能家居服务等领域逐步成为不可或缺的支撑技术，具有十分广阔的发展应用前景。

二、视觉导航课程思政意义与总体思路

视觉导航是目前人工智能时代与第四次工业革命的核心前沿研究与工业应用领域之一，是智能工业高质量发展所需要解决的首要关键技术环节。在公众生活、智能化产业、国防建设中扮演着举足轻重的角色，比如扫地机器人、自动驾驶、智能物流、高精武器制导等领域都需要精准稳定的视觉导航技术作为关键支撑。在人工智能浪潮以及未来智能机器人为主导的工业背景下，面向机器人导航的视觉处理与应用相关技术将有更广泛的市场需求，也将是全球科技竞争中最激烈的战场之一。在此变革和机遇背景下，如何在视觉导航研究与应用领域培养同时具备浓厚爱国主义情怀、强烈科教兴国责任感、高专业技能素养、强科研创新能力与法治意识的全方位人才具有重要

意义。

目前，视觉导航作为一门专业性、技术性和实用性很强的理工类课程，由于其授课内容具有客观性、通约性和普遍性，导致其思政元素相对较弱。当前的教学重点主要集中在技术和知识层面，对于在教学过程中的新时代中国特色社会主义核心价值观引领和导向重视程度仍然有待进一步加强。面向在该领域的国家重大科技创新发展和产业化应用需求，引入思政教育的重大意义在于在授业解惑的同时，增加"传道"元素，让学生在具备专业素质和技能的同时，建立报效祖国、勇担民族复兴大任的信念，践行社会主义核心价值观，成为又红又专的人才，实现立德树人的新工科培养目标。

根据视觉导航课程的课程内容与特点、新工科的培养需求以及课程思政的内涵，将视觉导航课程思政的主要思路总结如下：

(一)培养国家意识、树立社会责任感

人才资源是实现中国梦的关键储备，是中国共产党执政兴国的根本性资源。培养新时代中国特色社会主义接班人是我国高等教育的重要目的。作为一门理论和应用并重的工程学科，视觉导航技术广泛应用于人类生活与工业生产各方面，尤其是在国防领域，对提升我国军事精准打击能力尤为重要。视觉导航作为前沿技术，是目前国内外科研人员的研究热点，其中大量中国科研工作者在其中做出了世界级的贡献，取得了丰硕成果。通过介绍我国在国防、无人驾驶、航空航天、工业检测等领域的前沿研究成果和成就，以及这些成果对我国国力提升，人民生活质量改善的影响，建立榜样，让学生了解现状、认知国情、认同国家发展，激发学生爱国主义情怀和为国奉献的精神。同时，在课程中也应该客观地介绍在视觉导航领域尚待研究的问题以及与国外存在的差距。

同时，在课程中让学生了解视觉算法已发挥作用和尚待发挥潜力的应用领域，引发学生深入思考视觉导航技术对我国抓住人工智能发展浪潮机遇，提升我国国际地位，改变我国政治环境的影响，树立学生以扎实专业知识与技能，实现产业报国的理想信念以及为祖国发展以及人民生活质量提升服务奉献的社会责任感。

(二)提高专业素养、建立匠心思维

视觉导航课程涉及高等数学、优化估计、数字图像处理等多个方面的知

识，该技术的发展历程与相关数学理论、传感器以及信息技术的进步息息相关。在课程教学过程中，通过介绍视觉导航技术发展的不同阶段，重点引入国内外科研学者在不同阶段通过团队合作以及应用最新相关理论研究成果不断提升视觉导航框架中各算法的实时性、精度、可靠性、环境适应性等方面的研究思路，提升学生针对科学和工程问题的分析与思考能力，在传授专业知识的同时，引导学生能够将知识转换为技能，持续发现问题并解决问题，通过科研与应用实践不断推进技术的提升与深化发展，提高专业素养。同时，智能机器人作为视觉导航技术在工业界的典型落地实践产品，通过从国内外不同类型的工业产品的迭代升级的角度，介绍在工程化应用领域，工业界对产品工艺、细节、品质不断雕琢、持续改进、坚持创新、追求卓越的创造精神和精益求精的品质精神，潜移默化地引导学生建立匠心思维，培养学生对职业的专注、认真与负责。

（三）激发科创精神、增强法律意识

视觉导航广泛应用于各行各业，随着科研与产业应用的不断深化，我国在该技术领域也在不断进行创新突破，推动着技术持续升级优化。通过与卫星导航技术对比，引入我国科学家在建设全自主北斗导航系统中表现出来的"自主创新、开放融合、万众一心、追求卓越"的北斗精神以及以国为重的核心价值观，激发学生的科研创新以及团队合作意识。另外，通过展望北斗卫星导航与视觉导航融合的应用前景，引导学生建立勇于探索、敢于交叉创新的科研思维，同时要具备国际视野，不能闭门造车，要取他人所长以补自己所短，广泛开展合作交流才是目前信息化、智能化时代浪潮下的科创必经之路。

同时需要注意的是，视觉导航相关技术大都应用于高新技术产业，尤其是在无人驾驶以及国防安全领域。因此在思政教学中，还需要围绕视觉大数据中的信息安全问题开展思政教育，以免对国家安全、社会稳定造成威胁。例如，可通过将目前讨论较为激烈的无人驾驶中的信息安全问题引入思政过程，引导学生针对视觉导航技术在公众出行、隐私保护、工业机器人等领域可能引发的安全甚至是伦理道德问题进行深入讨论与深刻思考，进而增强学生法律意识，培养学生成为对社会发展有正面贡献的德才兼备的守法公民。

三、视觉导航思政教学策略探讨

根据前述的视觉导航课程的专业教学内容、特点以及思政教学总体思路，笔者进一步梳理了该课程的思政元素融入点，并从教学资源、教学手段、教学评价与教学考核等四个层次探讨了相关思政教学举措，为新工科背景下的专业课思政教学提供有益建设思路。

(一)视觉导航思政元素融入点

根据视觉导航课程的专业教学目标与思政德育目标，按照前述总结的思政教学总体思路，围绕发展历史、典型案例、热点问题解析将重要知识点及其对应的思政元素一一梳理，循序渐进地将思政元素与专业知识有效融为一体，达到潜移默化的思政教育目的。其主要专业知识点、思政融入点和预期思政成效之间的对应关系如表1所示。

表1　视觉导航课程的思政融入点

专业知识要点	思政融入点	预期思政成效
视觉导航的基本概念、不同导航技术的比较以及视觉导航的应用	在导航技术对比阶段，通过与卫星导航技术的介绍，引入"北斗精神"以及北斗团队的中国梦的卓越科研历程；在应用阶段，讲述视觉导航在我国月球车、武器制导、无人驾驶等方面的科研与产业应用成果，让学生了解现状以及中国贡献	(1)培养学生国家意识。认知国情、认同国家发展；(2)树立学生社会责任感。建立科技报国、科教兴国的信念；(3)激发学生科创精神。敢于探索、勇于创新、团队合作
视觉导航的关键技术框架以及不同的发展阶段	在视觉传感器学习阶段，以海康威视为例讲述其科技创新支撑企业发展历程，并引申到大疆公司利用自主创新做到全球第一的介绍；在视觉导航技术框架学习阶段，介绍国内外科研人员与时俱进的创新研究，不断推进视觉导航技术的发展与应用	(1)激发学生科创精神。敢于探索、勇于创新、团队合作；(2)提高专业素养、培养学生匠心精神。持续改进、坚持创新、追求卓越的创造精神和精益求精的品质

续表

专业知识 要点	思政融入点	预期思政成效
摄影成像几何基础、多目视觉与运动估计	经典数学公式的逐步推导，培养学生严谨治学精神；讲述我国测绘领域王之卓、李德仁、张祖勋等院士及团队在摄影几何与多目视觉方面的卓越贡献	(1)激发学生科创精神。严谨求实、批判求真、勇于创新、团队合作； (2)培养学生国家意识。认知国情、认同国家发展； (3)树立学生社会责任感。建立科技报国、科教兴国的信念
视觉里程计	经典数学公式的逐步推导，对比典型的视觉里程计方法的研究出发点、优缺点比较以及不同方法的适应场景，引导学生能够持续发现问题并解决问题，将专业知识转换为专业技能	(1)激发学生科创精神。严谨求实、勇于创新、团队合作； (2)提高专业素养。持续改进、坚持创新的专业精神
后端优化与回环检测	针对视觉里程计中的误差逐步累计过程，重点讲解在后端优化中的优化思路以及回环检测的基本思路与迭代发展里程。在引导学生在科研实践中要善于发现问题，防微杜渐，时刻保持严谨的专业科研态度	(1)激发学生科创精神。勇于探索、严谨求实、防微杜渐； (2)提高专业素养。持续改进、坚持创新的专业精神
视觉导航应用案例、发展趋势与前沿	分析视觉导航技术存在的限制，在发展趋势中讲述其跟其他比如北斗卫星导航技术、惯性以及激光技术在进行融合能够极大提高可靠性、拓展应用场景与应用范围；以无人驾驶为例，介绍百度无人驾驶技术的创新发展和我国在无人驾驶方面的中国贡献；同时，以特斯拉为例，通过讲述其可能存在的信息安全问题，增强学生的标准意识、保密意识、法律意识、安全意识	(1)激发学生科创精神。勇于探索、敢于交叉创新、具备国际视野，团队合作； (2)树立学生社会责任感。建立科技报国、科教兴国的信念； (3)增强法治意识。国家安全、社会稳定、工程伦理

专业知识 要点	思政融入点	预期思政成效
算法编程实践与问题分析	通过对多目视觉匹配、光流法以及视觉 SLAM 导航动手编程实践，引导学生将专业知识转换为实践能力，并在实践中持续发现问题并分析解决问题，通过科研与应用实践提高专业技能	(1)激发学生科创精神。勇于探索、严谨求实； (2)提高专业素养。团队合作、实践精神

(二)思政教学举措探讨

在实际的思政教学过程中，除了思政元素融入点的归纳总结外，围绕课程思政的建设，从教学目标、教学资源、教学手段以及教学考核四个层次积极采取切实的措施，建立思政教学的闭环，探索新工科背景下的课程建设融合思政元素的新模式，推动和引领课程思政的高质量发展。

1. 多层次教学目标

新工科建设主要目的是培养创新型卓越工程人才，鼓励学生在专业知识的基础上自主学习、独立思考与创新实践。在现有专业知识的技能目标基础上，还需要整合思政元素，形成知识技能目标、思维能力目标以及价值体系目标等三个层次的目标。

知识技能目标是视觉导航课程教学的基础目标，对视觉导航相关知识点的掌握与算法实践能力是本课程的基础目标。掌握视觉导航的技术框架组成、多目视觉与运动估计、视觉里程计、后端滤波与回环检测等核心过程的数学理论与方法，以及各类算法的处理流程、适应场景以及实现过程。专业技能培养是新工科培养的首要目标，通过知识技能的学习、算法实践中的合作与探索，建立师生对话交流渠道，为后续的思政教学目标建立良好的基础。

思维能力目标主要是要引导学生分析问题、解决问题的能力，培养学生的主动思维能力。在视觉导航课程教学中，避免平白直叙的授课方式，要通过"问题引导—现有解决方法与对比分析—依然存在问题与解决思路"的方式激发学生主动思考，建立"为什么做—如何做—做的结果如何"的科研创新思维，并以此为基础引导价值体系的构建。

价值体系目标是专业课程思政教育的核心目标。在视觉导航课程中，要在专业知识点的学习中，合理地引入思政要素并培养学生国家意识、树立社会责任，提高专业素养、领会匠心精神，激发科创精神、增强法治意识。引导学生在专业学习中领悟社会主义核心价值观，达到专业课程育人育德的目的。

2. 完善教学资源

仅依靠"填鸭式"灌输思政元素的教学会增加学生精神上的负担，带来学习的疲劳感，进而产生抵触情绪，降低学生自主学习的积极性。在教学资源方面，要以表1的思政融合点为总体依据，通过课程组集体研讨的方法深度挖掘并整理思政教学案例，同时完善并建立多样化的教学资源，丰富思政教学资料。

在教学资源准备过程中，要从视觉、听觉、触觉等多个维度进行相关思政教学资源的整理与梳理。对应每个思政教学案例，要充分利用现在海量的网络新媒体文化资源和网络搜索手段，收集并整理与思政元素案例相关的新闻报道、技术演示视频、产品宣传、公众号、博客、短视频、前沿热点研究成果讲解等多类型的教学资源，并按照由浅入深、由整体到局部、由过去到现在的方式进行梳理，有效提升思政学习的效率与效果。

以百度无人驾驶技术的思政教学为例，在完善和梳理相关教学资源的过程中，可以首先利用百度无人驾驶的产品宣传视频让学生整体了解该技术的先进性，激发学生的学习兴趣；然后从其发展历程和产品迭代过程的相关新闻报道来让学生了解其技术创新和持续升级的科创与匠心精神；接着是整体技术框架和团队在各环节先进科研成果展示，让学生直观感受提升专业技能的重要性；最后是百度无人机驾驶开放平台在科研与工业领域的应用情况，让学生认识到开放合作的重要性与中国贡献。

除了相关媒体资源，还可以利用相关共建实验室资源让学生近距离接触实物系统，借助实物介绍视觉导航技术在自主科研产品中的具体应用，让学生能够更为深刻地理解课程教学过程中的专业知识与思政元素。

3. 多维度教学手段

为了达到新工科背景下的视觉导航课程思政教学目的，充分发挥教学资源的教学能效，在教学手段方面需要根据不同专业知识的思政教学阶段灵活应用问题引导、案例牵引、对照比喻、课堂讨论、对比分析、情境推演、课程实践等多种方式，并根据学生反馈进行按需调整，以达到良好的教学效果。

针对视觉导航教学手段的实施，在概论阶段，建议采用问题引导和应用案例介绍牵引的方式，让学生能够整体了解视觉导航应用以及我国在视觉导航的研究成就与应用成果，激发学生学习兴趣，并引发学生对视觉导航技术重要性的自主思考；在视觉导航中多视几何、运动估计、视觉里程计以及后端优化等专业理论与算法学习阶段，由于其相对具有一定的理论难度，可在公式推导的过程中将复杂公式或复杂环节进行分步骤拆解，以问题引导的方式逐步逐层次地深入，并对照人类利用视觉进行导航的过程，形象地解释每个环节所需要完成的目标，并结合课堂作业以及分组课堂讨论的方式进行及时巩固，引导学生建立严谨求实的专业学习和科研态度。同时，针对不同方法的学习，可采用对比分析的方法，引导学生去分析各环节每类方法的优劣势，以及其递进的算法优化过程，培养学生发现问题、分析问题并解决问题的能力，鼓励学生敢于批判求真，勇于持续创新的精神；在应用案例和前沿发展趋势中，通过引入无人驾驶在不同环境中的分阶段情景推演，引导学生利用专业知识去自主分析并解决各阶段的导航与驾驶决策问题，理论结合实际鼓励学生将知识转换为技能，敢于交叉融合创新，提高专业素养。

4. 融合思政的教学考核

为激发学生的思政学习热情，达到三个层次的思政教学目标，在教学考核过程中应当不仅仅局限于专业知识点考核。在考核过程中，需要综合对课堂讨论表现、课程算法实践报告、专业知识的掌握以及综合应用能力等多个方面进行综合考核，并在面向综合应用的案例分析中，适当提升对国情认知、中国贡献、国家安全、持续创新等思政指标关联的案例阐述与分值比重，引导学生提高对视觉导航思政教学的关注度与重视程度。

四、结语

视觉导航技术作为我国自动驾驶、智能物流、高精武器制导等重点领域中的关键支撑环节，是未来人工智能时代的重要组成部分。从新工科建设的背景和要求出发，面向视觉导航工程与应用相关的专业创新性工程人才需求，在立德树人内涵指导下，以课程思政为着力点，本文探索并设计了视觉导航课程的总体思政教学思路，梳理了课程的思政元素融入点，并围绕思政指标从教学目标、教学资源、教学手段以及教学考核等四个层次探讨了其思政教学措施。在培养学生专业素质和技能的同时，树立科技报国与勇担民族复兴大任的信念，践行社会主义核心价值观，成为又红又专的人才，实现立德树人的新工科培养目标。

"知识+能力+育人"协同发展的机器学习课程思政创新模式与实践探索[①]

曾园园　江　昊

（武汉大学　电子信息学院，湖北　武汉　430072）

摘　要：机器学习课程作为"新工科"人才培养的核心专业基础课程，是支撑专业课程思政建设的重要载体。本文提出了"知识+能力+育人"协同发展的课程思政创新模式，从新工科机器学习课程思政元素设计、思政元素与专业教育相融汇的教学方法，以及知识获得、能力获得和育人效果的复合思政效能评估方法三个方面阐述了课程思政背景下新工科机器学习教学模式的创新改革方法和实践步骤，致力于知识传授、能力培养和价值塑造一体化的培养模式，提高课堂教学质量，提升学生专业素养，培养德智体美劳全面发展的社会主义建设者和接班人。

关键词：课程思政；新工科；机器学习；教学模式

2016 年，习近平总书记在全国高校思想政治工作会议上强调：高校要坚持把立德树人作为中心环节，把思想政治工作贯穿到教育教学的全过程。立德树人是高校教学的根本任务，课程思政是践行立德树人的关键途径之一。机器学习作为人工智能的核心技术，已经逐步成为"新工科"人才培养的核心专业基础课程，是支撑专业课程思政建设的重要载体。[②] 机器学习课程思政其核心是将新工科机器学习教学模式融入课程思政建设作为切入点，在课程教学中实现知识体系、能力体系和价值体系的有机融合，从而落实教书育人的

---

①　基金项目：武汉大学 2022 年本科教育质量建设综合改革项目（子项目），2022 年湖北高校省级教学改革研究项目。

②　张献、贾可荣、魏娜、崔良中、李永杰：《人工智能课程思政核心元素探讨与思政素材建设》，载《计算机教育》2022 年第 8 期，第 62~65 页。

主体责任，推动和确保全员、全过程、全方位育人要求的实现。①

一、机器学习课程思政建设背景与挑战

工业 4.0 时代下，人工智能等为代表的全新技术革命成为了建设"新工科"的主要动因，2017 年开始教育部积极推进新工科建设，以机器学习等为代表的人工智能专业课程已经成为了新工科的核心课程。武汉大学电子信息学院自 2017 年来率先创办了"人工智能特色班"，并于同年开始开设本科生机器学习课程，是全校乃至全国较早设立本科生人工智能方向机器学习专业课程的院系，已经积累了开设该课程的相关经验。2021 年为有效顺应新工科建设形势、实现适应新工科的课程模式，武汉大学本科生院牵头组建了跨学院机器学习公共基础课程组，旨在打通学科专业壁垒和限制，促进学科专业教育的交叉融合，全面提升本科人才培养质量。与此同时，近年来习近平总书记在高校思想政治工作会议、全国教学大会上多次强调思想政治工作贯穿教学全过程的重要性，强调要从党和国家事业发展全局的高度，落实立德树人的根本任务，把思想政治工作贯穿教育教学全过程。

在专业课程思政化的精神指导下，机器学习课程作为新工科建设核心课程，应当在课程教学过程中有效融入思政元素，在传授知识、培养学生综合能力的过程中，潜移默化引导和塑造学生的社会主义核心价值观，在实现课程知识传授、能力培养的同时，更注重升华学生的思想和精神认知，从而实现育人功能②③，即：实现课程的知识功能、能力培养功能以及铸魂育人功能。因此，机器学习课程思政课程强调机器学习知识体系与相关专业知识体系包括计算机、数学、统计学、电信科学等，以及思想政治素养等的高度交

---

① 万林艳、姚音竹：《"思政课程"与"课程思政"教学内容的同向同行》，载《中国大学教学》2018 年第 12 期，第 52~55 页。

② 臧睦君、柳婵娟、刘通、邹海林：《人工智能专业的课程思政探索》，载《计算机教育》2020 年第 8 期，第 67~69 页。

③ 贾志国、曾辰、孙不凡：《以"思政元素"有效解码高校课程的策略研究》，载《教育探索》2022 年第 8 期，第 68~72 页。

叉融合，从而形成符合复合专业及全方位素质培养的全新教学模式①，其面临的主要挑战是：

一是如何通过在机器学习课程专业教育知识体系基础上，结合教学内容潜移默化融入思政教育，既可作为实际案例、加强知识的讲授，又可作为综合能力培养的实施素材，使学生在掌握理解知识原理基础上，提升综合应用实践能力。

二是如何有效引入社会主义核心价值观等思政教育元素，在知识学习过程中，结合学生学习特点、身心发展规律，② 引导学生的批判性思维、原创思维、职业品质、价值取向、认知方式等能力培养，充分运用好课堂教育的育人功能，突破专业教育与思政教育的思维壁垒，使课程思政润物无声地作用于铸魂育人，致力于孕育全方位、全方面发展爱国爱党的社会主义建设者和接班人。

二、机器学习课程思政创新模式

在当前新工科以及专业教育思政化的背景下，机器学习课程面临着全新课程模式的挑战。本课程通过前期课程建设经验累积，在认真学习体会课程思政相关文件精神和理念的基础上，以有效推动机器学习课程思政为目标，逐步开展课程教学改革，优化课程内容设置，完善教学设计。梳理机器学习课程体系内容，有效引入思想政治教育元素，融入课堂教学各个环节，实现知识体系教育、能力提升培养和思想政治教育的有效融合。据此提出了机器学习课程"知识+能力+育人"协同发展的课程思政创新模式，如图1所示。

机器学习课程"知识+能力+育人"协同发展的课程思政创新模式，分别从课程专业知识教育和思想政治教育两个方面出发：

（1）一方面，根据课程专业教育所涉及的课程教学内容，设置课程基本知识体系结构。结合新工科大类学科交叉需求和特点，构筑交叉知识点体系结构。融入计算机编程、统计学、数学、信息论、医学、电子通信等多学科交

---

① 王兴梅、赵一旭、战歌：《新工科背景下机器学习课程思政建设的研究与实践》，载《高教学刊》2022年第5期，第193~196页。

② 吕品、于文兵：《以思政元素助力学生获得学习幸福感的探索与实践》，载《计算机教育》2021年第9期，第11~14页。

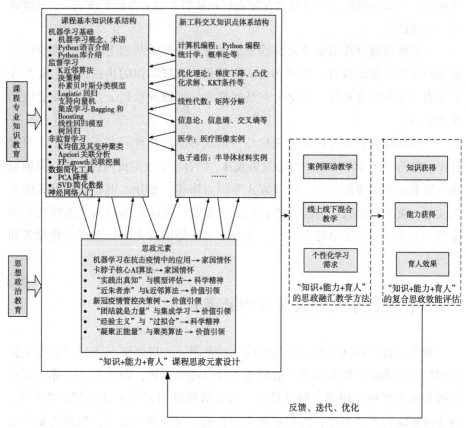

图 1   "知识+能力+育人"协同发展的课程思政创新模式

叉知识点，形成融汇多学科领域"机器学习+X"的交汇式专业知识教学体系，致力于打造全方位、复合式创新人才培养体系。

（2）另一方面，根据思想政治教育融入专业教育的要求，应当对课程知识结构适时适当、一点一滴地根据教学内容、情境，设计并融入具体思政元素，加强知识传授环节、加深原理方法的理解，促进知识的多情境应用，提升家国情怀、塑造科学精神，实现价值引领等。

三、机器学习课程思政创新模式实践方法

机器学习课程"知识+能力+育人"协同发展的课程思政创新模式在教学过

程中，将专业教育与思政教育无缝融合。通过以学生为中心、结合案例驱动、线上线下混合教学等模式，精准把握思政教育对于机器学习专业教学的全方位拓展，引导学生自主思考、自主学习，践行科学精神、工匠精神；挖掘与机器学习专业教育高度契合的思政教育资源，润物无声、发挥思政教育与专业课程协同发展育人的最大合力，将立德树人工作落到实处。"知识+能力+育人"协同发展的课程思政最终致力于学生复合型知识结构的建立、综合创新能力的培养，以及塑造和提升学生们的政治认同、爱国情怀、社会责任、文化素养、科学精神等。

1. 课程思政元素的设计

（1）课程思政的元素设计应当建立在教学目标制定、学情分析的基础上。教学目标应在充分了解学生情况后开展，同时，学情分析是教学内容、教学方法设计的重要前提和基础。"知识+能力+育人"课程思政元素设计，依据新工科机器学习课程建设对于学生知识、能力和素质培养的要求出发，切实结合课程自身特点，在课程思政设计过程中充分考虑新工科课程体系结构和课程要求及特点。将知识传授、价值引导和人格塑造等一体化，从实际出发制定教学内容、方法和策略，使教学活动具体化、生动化。既注重高目标、高要求，又要接地气，符合学生身心发展、知识结构和素质教育的实际情况。

（2）思政元素设计应当与课程教学相辅相成、相得益彰。思政元素既是课程素材、案例，加深课程知识点的理解，扩展视野、引发学生高阶思维，培养实践能力和综合能力；同时又是价值引导的实例，在知识传授、能力培养之外，通过思政元素蕴含的诸多人文社会科学等元素，引导正确价值观、世界观、人生观，坚定社会主义理想信念，塑造勇担民族发展大任的时代新人。

（3）思政元素设计应当无缝嵌入课程体系建设，从而达到潜移默化、润物无声的育人效果。具体的，机器学习课程思政元素设计过程中，根据新工科建设下的机器学习知识体系，在介绍机器学习基础的过程中引入"机器学习在抗击疫情中的各类型应用"思政素材，从而加强学生的家国情怀。在介绍机器学习算法概述时，引入"卡脖子核心 AI 算法"，引导学生的强国使命感。在介绍机器学习模型评估方法时，引入"实践出真知"等价值理论，引导学生的科学精神。在介绍 k 近邻算法时，引入"近朱者赤"，从而进一步对学生进行价值引领。在介绍决策树相关章节时，引入"新冠疫情管控决策"，帮助学生进一步认识和理解党和国家在疫情期间为人民生命财产和抗击疫情所做出的不懈努力。在介绍集成学习相关内容时，引入"团结就是力量"等价值观，实现价值引领。在介绍机器学习算法的过拟合问题时，引入"经验主义"，帮助学生逐步塑造科学精神。在介绍聚类算法时，引入"凝聚正能量"，帮助学生进一步认识理解并构筑社会主义核心价值观。

2. 思政融汇教学方法

思政融汇教学方法旨在将思政元素与专业教育融会贯通，既体现专业教育的开放性、创新性和实践性，将思政和专业教育完美融合。通过思政案例推动课堂教学，增加课堂教学的生动性、直观性和代入感，提升课堂教学效果，提高课堂教学质量。思政元素又致力于立德树人，在教学过程中，提升学生的职业素养、道德品质、政治认同、家国情怀等。在课程教学过程中，思政融汇教学方法包含多种教学方法的融汇，以突出教师的主动性和学生的主体性，实现专业知识、专业技能与立德树人目标的融汇。

(1)引入案例驱动教学方法。在思政融汇教学方法实施过程中，根据教学内容体系、以思政目标为牵引，设计具有思政元素的案例素材。通过思政元素案例素材的引入，在教学活动中，将思政案例穿插到教学内容中。根据教学内容，适时适当地给出具有实践应用背景的思政案例，帮助学生快速掌握解决实际问题所需的方法、原理和技巧，了解如何通过机器学习模式和原理解决实际问题的步骤、实施过程和算法实现流程，使得学生切实地了解机器学习理论、公式和模型如何应用于学科背景相关的实际应用案例中，达到"学与用相融合"。思政案例融入课堂教学，在知识能力培育的同时，加强学生的专业素养、社会道德培育，帮助学生树立正确的人生观、世界观和价值观，激发学生的科学精神、工匠精神和家国情怀等。

(2)线上线下混合教学模式。思政融汇教学方法实施过程中，充分将在线教学和传统教学的优势相结合，通过有效组织"线上"+"线下"教学组织形式，将学生的学习由浅到深地引向深层次学习。教学过程中，教师利用互联网、移动终端等现代化信息技术和手段，事先发布课堂教学内容、具有思政元素的案例素材及案例背景材料，指导学生利用线上网络平台事先预习，熟悉知识体系内容、思政素材相关资料。通过线上预习将课堂教学内容前移，给予学生充分的学习时间，使得学生在具备一定的知识基础和案例背景的前提下走进课堂，使得课堂教学在有限时间内发挥更大能量，充分提升课堂教学效果。在课堂的线下教学活动中，教师采用启发式教学等方法，穿针引线地针对课程重点、难点予以讲解。经过教师的查漏补缺、重点讲授后，通过灵活多样的课堂线下教学活动形式，例如：分组讨论、翻转课堂等，组织学生把在线学习和课堂学习所学到的知识进行巩固，同时通过思政素材进一步对学生们进行价值引领，激发学生的科学精神、工匠精神和强国热情等。通过线上线下混合教学模式，引导学生在知识结构、素质能力、价值认知等多层面参与学习，实现"知识+能力+育人"的高阶教学目标。

（3）关注个性化学习需求。机器学习课程"知识+能力+育人"协同发展的课程思政创新模式在教学方法实施过程中，还应当充分关注学生个性化需求，尊重内在规律，使思政融汇教学方法符合教育规律、更符合学生成长规律。机器学习思政融汇教学方法集机器学习模型算法知识体系规律、实践能力素质培养规律和思想政治工作规律三者于一体，既要兼顾机器学习课程特点、课程内容、教学环节、学生学习习惯、规律特点的具体要求；又要与时俱进，将时事动态、新方法、新趋势、新概念与课堂教学相结合，充分把握我国国情与国际形势相结合，在守正创新中推动课程思政教育。在这一过程中，教师还要充分基于和考虑学生身心发展规律、年龄特点、性格特点等，针对不同年级、不同学习阶段学生思想、学习和生活等情况进行调研，在课堂教学过程中有意识针对性地设计思政元素和素材，有效回应学生可能遇到的困难和疑惑，润物无声地引导学生们构筑牢固的思想根基。

3. 复合思政效能评估方法

复合思政效能评估包括三个方面的评估，分别是知识、能力和育人效能的评估。

首先，针对知识获得的评估，采用多元化评价方式，改变传统的以期末考试为主的模式。采用分散化、阶段化的灵活的考核制度，旨在较为全面、完整地评估学生在各个不同学习阶段的知识掌握状态。

其次，针对能力获得的评估，引入了个性化、多梯次的评价指标。将通过部分等级化的评定机制替代完全分数制的考评指标，充分评估学生个性化学习状态，树立学生自信心，敦促学生的不断进步，弱化学科、专业和基础的差异性，激发学生的学习潜能。

再者，针对育人效果的评估，引入多维度课程思政评价工具箱。通过给出多维度指标体系的工匠精神、科学精神、专业认同等评价问卷，从而形成较为客观、直观的评价育人效果。

复合思政效能评价指标结果将作为整个"知识+能力+育人"协同发展的课程思政创新模式的反馈参数，据此将不断调整、完善和优化课堂体系和教学模式建设，从而形成一个大的闭环反馈。

四、机器学习课程思政实践结果

通过在机器学习课程中逐步开展"知识+能力+育人"协同发展的课程思政创新模式，笔者就所在专业机器学习系列实践课程部分章节中开展了初步实践探索。首先，在机器学习实践课程讲授"回归模型"的部分引入思政元素。据此，运用案例驱动、结合线上线下混合教学方法等，事先线上发布模型原理和案例背景资料供学生自主学习，课堂上教师针对性讲授重点和难点；同时引入翻转课堂，让学生将线上线下学习情况、案例实践情况进行自主讲解，由教师针对性点评，通过该过程厘清机器学习的模型原理和应用方法。笔者在该部分内容授课结束后，采取了课堂测试、学生案例实践以及思政评价工具箱等复合评价方法。

图 2 为 2022 年度本章节课堂测试成绩与往年同期章节测试各评分等级学生人数分布情况的对比。该课堂测试根据测试题完成情况采用了等级评分制，包含：A+、A、A-、B+、B、B-、C、D 八个评分等级档次。2022 年开始实施"知识+能力+育人"协同发展的课程思政创新模式。结果可见，在实施了课程思政创新模式之后，同期同章节学生测试成绩在"A+，A，A-，B+"几个等级均有明显的人数增长，表明通过课程思政创新教学模式实施，学生在本章节知识掌握程度上有明显提升，提高了知识获得的效率和效果。

图 3~图 4 为 2022 年度学生案例实践完成情况与往年同期章节学生案例实践完成情况的对比。在章节授课结束后，由教师根据课堂教学内容、授课案例内容，发布"基础版""进阶版"和"挑战版"三个难度逐步递增的案例实践任务，供学生根据自身学习情况选择其中一个版本任务并完成。其中，"基础

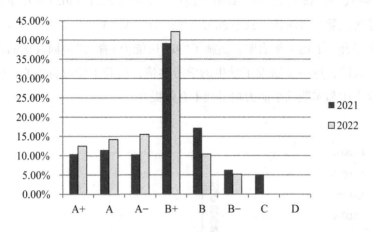

图 2　2021—2022 年度课堂测试各评分等级人数分布对比

版"为课堂教学内容和授课案例的复现。"进阶版"在课堂教学内容和授课案例基础上，进行了知识拓展。"挑战版"则需要学生根据教师提供的补充参考资料，在灵活运用课堂学习知识基础上，查阅资料、开动脑筋、积极动手实践来完成更为复杂的、具有一定难度的衍生任务。

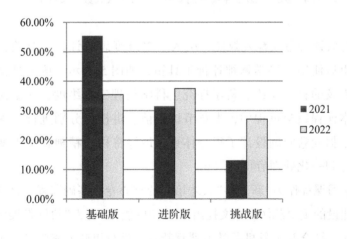

图 3　2021—2022 年度案例实践各版本完成人数分布对比

图 3 为 2021—2022 年度案例实践各版本完成人数分布对比，其中 2022 年

完成"进阶版"和"挑战版"的人数明显提升。图 4 为 2021—2022 年度案例实践各评分等级人数分布对比，其中 2022 年在"A+，A，A−"几个优等得分等级的人数明显提升。上述结果表明：实施了"知识+能力+育人"协同发展的课程思政创新模式后，进一步激发了学生的学习热情，提升了学习自信心，使得学生的综合素质和实践动手能力均得到了有效提升。

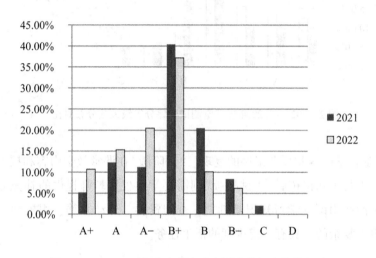

图 4　2021—2022 年度案例实践各评分等级人数分布对比

　　为了有效评价思政育人效能，引入了多维度思政评价工具箱，本章节在学习结束后使用了科学精神评价工具箱，如图 5 所示，该工具箱包含科学精神所涉及的科学思维、科学探究、科学伦理三个维度，并据此设计了问卷。在本课程教学过程中，本章节讲授前、讲授后分别进行了现场问卷调查，并根据问卷问题设计了得分体系，最终将科学精神各个维度得分进行了统计并归一化处理后得到图 6。

　　机器学习课程作为"新工科"人才培养的核心专业基础课程，是支撑专业课程思政建设的重要载体。本文提出了"知识+能力+育人"协同发展的课程思政创新模式，结合新工科机器学习课程特点、进行思政元素设计，将思政元素与专业教育融会贯通于教学方法，从知识获得、能力获得和育人效果等多维度进行复合思政效能评估，充分发挥专业课程与思政教育协同育人的合力，实现知识、能力和育人的协同发展。

1.科学思维: 实证意识、逻辑推理能力、质疑创新、独立思考能力

1) 即便是权威人士表达的观点我也不会全然相信。
2) 老师讲的答案我会再算一遍
3) 我认可某些网络大 V 是网络精神领袖
4) 我认为一切被称之为科学的东西都要经过推理和再论证。
5) 科学的最重要特征是可重复
6) 有时候和别人持有不同观点的时候我会希望自己可以说服别人
7) 争论中我也经常有被别人说服的情况
8) 我有时思考问题存在局限性
9) 我对自己的上机实验代码调试完后写完后就不想再看（研究）比
10) 我觉得自己交的课程作业等学业资料质量大概是 分
11) 有时候"所见并非所得"
12) 我承认阶段性真理的可错性。
13) 我敢于持有自我批评、自我否定的科研态度。

2.科学探究: 好奇心、想象力、坚持不懈、解决问题的能力

14) 在专业学习过程中，我敢说前人没有说过的话，敢走前人没有走过的路。
15) 老师有时候提供的方法并不是最优解
16) 我总是尝试不同方法或者算法
17) 每次实验后，我会复盘整个过程，看看是否可以改进
18) 实验写完后我总是承担撰写实验报告的任务
19) 不停的复制和模仿常规操作也可以有创新
20) 每次实验的小改变，会带来意想不到的大惊喜
21) 我在学习的过程中尽可能精确地揭示出事物的本来面目。
22) 有些实验研究是毫无意义的重复劳动。
23) 我在思考和研究中尽力地排除主观因素的影响。
24) 我对于专业领域的未知世界充满了好奇心。
25) 机器学习课能帮我验证很多实际问题中的假设、猜想
26) 机器学习课程中进一步验证了过去所学算法和优化理论的相关知识
27) 我对课堂上老师给出的算法和代码，都会尝试先推导验证并上机运行测试后才完全接受

图 5 科学精神评价工具箱部分问卷问题示例

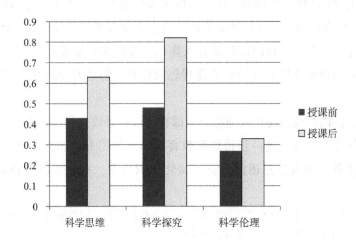

图 6 授课前后科学精神各维度归一化指数对比

科研问题导向的数字图像处理课程思政探索

李彦胜

（武汉大学 遥感信息工程学院，湖北 武汉 430072）

摘 要：课程思政是落实立德树人根本任务的重要抓手。本文从科研问题导向视角，介绍了数字图像处理本科生课程思政方法与实践效果。在课程思政教学实践过程中，以科研问题为导向，探索如何在课程教学中建立学生的文化自信、塑造学生的科学精神、培养学生的家国情怀，指导本科生解决专业领域一线实际应用问题、发表国际顶级期刊和会议论文、夺得国内外重要学科竞赛奖项。实践成果表明，科研问题导向的数字图像处理课程思政可以激发大学生的报国热情和使命担当，有助于达成"三全育人"总体目标。

关键词：课程思政；数字图像处理；科研问题；遥感科学与技术专业

为深入贯彻落实习近平总书记关于教育的重要论述和全国教育大会精神，2020 年 5 月 28 日教育部印发《高等学校课程思政建设指导纲要》（以下简称《纲要》），旨在倡导高等学校把思想政治教育贯穿人才培养体系，[①] 全面推进课程思政建设，发挥好每门课程的育人作用，提高人才培养质量。《纲要》特别指出，要结合专业特点分类推进课程思政建设，将课程思政融入课堂教学建设全过程。

目前，国内高校纷纷积极地将思政课程向课程思政扩展，[②] 除了保持思政课程的引领作用以外，进一步将思政教育延伸到各门专业课程。把立德树人作为根本任务，融入思想道德教育、文化知识教育、社会实践教育各环节，

---

① 习近平：《把思想政治工作贯穿教育教学全过程开创我国高等教育事业发展新局面》，载《人民日报》2016 年 12 月 9 日，第 2 版。

② 高德毅、宗爱东：《从思政课程到课程思政：从战略高度构建高校思想政治教育课程体系》，载《中国高等教育》2017 年第 1 期，第 43~47 页。

使专业课程与思想政治理论同向同行，形成协同效应。结合数字图像处理理论性强的理工科专业课程特点，① 国内各大高校教师围绕以学生为中心的课程思政②、结合专业特点的课程思政③、以具体案例为突破口的课程思政④进行了有益探索。然而，如何将思政元素有机融入数字图像处理课程设计与课堂教学，如何以科研应用为导向开展课程思政尚需深入探索和实践检验。

一、数字图像处理课程思政的目的和意义

数字图像处理是一门集数学、计算机、心理学等学科的交叉科学，在工业、农业、国防、金融等领域都有重要应用。⑤ 数字图像处理课程是武汉大学遥感信息工程学院的本科生大类平台核心课程，是遥感图像处理、摄影测量、模式识别等课程的先导课程，于 2016 年获评"国家精品课程资源共享课"，在遥感科学与技术专业学生培养中承担着重要使命。该课程旨在培养学生的科学精神、提升学生解决实际问题的能力和培养学生的科研创新思维。在课程思政教学中，将习近平新时代中国特色社会主义思想与数字图像处理课程教学实践相结合，有助于让大学生进一步坚定理想信念，提高正确认识问题、分析问题和解决问题的能力。

由于遥感对地观测与智能处理的战略价值，美国在 2020 年将基于人工智能的遥感图像处理技术列为敏感技术并限制出口，对我国形成新一轮封锁态势。数字图像处理是遥感对地观测与智能处理的基础课程之一，科研问题导向的数字图像处理课程设计与授课可以培养大量国防安全领域后备人才，对打破国际技术封锁具有重要意义。在课程授课过程中，对当前国际竞争形势

---

① 于力、陈忠道：《"新工科"背景下课程思政的案例设计与实施——以"数字图像处理"课程为例》，载《工业和信息化教育》2021 年第 3 期，第 33~36 页。

② 滕升华、李晶：《"以学生为中心"的数字图像处理课程思政设计与实施》，载《计算机教育》2022 年第 8 期，第 53~56 页。

③ 宣秀元：《数字图像处理课程中思政案例设计的引入——以北京城市学院表演学部摄影专业数字图像处理课程为例》，载《中国民族博览》2021 年第 16 期，第 106~108 页。

④ 刘红毅、张军、张峥嵘：《"数字图像处理"课程思政教学实践——以图像变换单元为例》，载《教育教学论坛》2021 年第 50 期，第 129~132 页。

⑤ 黄洁慧、秦勇、郭宝云、李彩林：《思政教育融入"数字图像处理"教学中的探索》，载《地理空间信息》2020 年第 10 期，第 116~117 页。

进行辨析，有助于激发学生科技报国的热忱和使命担当，进而培养学生精益求精的大国工匠精神。

二、科研问题导向的数字图像处理课程思政方法

近年来，多所高等学校结合自身学校和专业特点①先后开展了数字图像处理课程思政研究，取得了大量有意义的实践成果。本文以数字图像处理课程中蕴含的重要科研问题为抓手，系统剖析了如何在课程教学中建立文化自信、塑造科学精神、厚植家国情怀。

1. 科研问题导向的文化自信建立

党的十八大以来，习近平总书记在多个场合谈到中国传统文化，表达了自己对传统文化、传统思想价值体系的认同与尊崇。习近平总书记在国内外不同场合的活动与讲话中，展现了中国政府与人民的精神志气，提振了中华民族的文化自信。传统文化是一个民族发展的不竭动力，是文明的创造力所在，只有立足于优秀传统文化之根，才能保证科学技术的持续健康发展。在讲解图像增强模块时，可以回顾我国在太空领域的快速发展，选用中国嫦娥探月卫星拍摄的月球照片作为数字图像处理的素材，以此来增强民族自豪感。

大幅面图像精准分类是数字图像处理领域的一大难题。由于计算机显存大小的限制，计算过程中仅能依次处理大幅面图像的一个局部窗口，无法有效兼顾大幅面图像的全局和丰富上下文语境信息，导致分类效果差强人意。大幅面图像精准分类的技术困境恰好可以通过中国古老寓言故事"盲人摸象"来形象解释，这也充分反映了中华民族文化的博大精深。在教学中，可以把大幅面图像分类这一研究问题设置为课后习题，让同学们自己动手编程解决，然后进一步探讨研究问题背后的技术难点和中华文化。

近十年来，我国培养了大量数字图像处理领域优秀人才，很多原创性理论方法是由中国学者提出来的。例如，毕业于清华大学的 Facebook AI 科学家何恺明提出的深度残差网络(ResNet)，是数字图像处理与计算机视觉领域的流行架构，在国际上具有很高的影响力。这充分反映了当今中国的教育体制

---

① 酒明远、王成：《"数字图像处理"课程思政教学方法的探索》，载《现代职业教育》2021 年第 11 期，第 70~71 页。

是可以培养出国际顶级学者的。在课程思政教学中，可以围绕 ResNet 设置一个研究专题，深度剖析 ResNet 的基本原理与应用实效，提振青年学生勇于挑战和赶超国际学术前沿的文化自信。

2. 科研问题导向的科学精神塑造

科学精神是指通过科学思想、方法、思维所体现出来的严肃认真、实事求是、勇于探索、独立思考等精神的气质。实践科学精神必然要求我们勇于探索、改革创新、重视开放协同，引领人类不断走向新的认知和实践。中华民族经历了从科学救国、科教兴国到科技强国的历程，迎来了从站起来、富起来到强起来的伟大飞跃，科学技术的快速发展为我国经济社会发展带来前所未有的福祉，对科学和科学精神的认识也达到了新的更高境界。思想是行动的先导，在新时代推动我国科技创新、建设科技强国，就必须大力倡导和弘扬严谨认真和勇于探索的科学精神。

武汉大学知名学者张祖勋院士，就是富有科学精神、常年深耕于摄影测量与遥感科研领域的卓越代表。他克服理论空白、设备简陋、资金短缺等重重困难，积极开展科研，从 1978 年到 1992 年，整整 14 年，从零开始走到了数字化影像测绘的国际先进水平，填补了国内相关领域空白，1993 年全数字自动化测图科技成果荣获国家自然科学二等奖，并受到国际同行刮目相看。张院士常常告诉学生们，他最大的长处是会联想，"不是你一天到晚想，吃饭也想，睡觉也想，不行，你要能够放得下，但是并不等于你放下的时候不想它。做学问不是难在刻苦地学习，而是难在必须不断地锻炼自己、磨炼自己，让自己有一种灵感，能够联想起来，并且解决问题"。在数字图像处理的课堂上，作者常以身边的大师为例，讲述他们的科学精神，以此来鼓励青年学生，引导学生从事科学研究要做到勇于探索和坚持不懈。

3. 科研问题导向的家国情怀培养

当前，我国与西方发达国家在数字图像处理与人工智能等领域的竞争日趋白热化。迫于美国政府的压力，2020 年广泛应用于数字图像处理的矩阵实验室（MATLAB）所属公司 MathWorks 被迫中止对这些国内高校的正版授权。同年，美国将智能遥感图像处理技术列为敏感技术并限制出口。

解决这些"命门"和"卡脖子"问题，打破国外高新技术封锁与垄断，关键要实现科技创新的重大突破，增强产业链供应链自主可控能力，实施好关键核心技术的攻关工程，在优势领域精耕细作，搞出更多独门绝技。我国多个知名企业和高等学校相继推出支持数字图像处理的全栈自主可控深度学习开源框架，例如华为"昇思（MindSpore）"开源自研全场景 AI 框架、百度"飞桨（PaddlePaddle）"开源框架、武汉大学"武汉 . LuoJiaNET"影像智能解译专用框架等。在数字图像处理课程思政教学实践中，可以将国内外行业领域竞争形势及我们所面临的机遇挑战融入其中，由此引入数字图像处理教学大纲中包含的科研问题，培养学生科技报国的家国情怀。把技术和发展的主动权牢牢掌握在自己手里，彻底改变一些战略产业链的关键环节，缺乏核心技术和自主知识产权，技术密集型产品竞争力弱的状况。

三、科研问题导向的数字图像处理课程思政实践成果

结合科研问题导向的数字图像处理课程思政实践探索，作者将自身多年来的实践成果进行了系统剖析，为国内高等学校数字图像处理课程主讲教师提供案例参考，推动高等学校数字图像处理课程思政持续改进。

1. 本科生研究成果在行业单位落地应用

"牢固树立创新科技、服务国家、造福人民的思想，把科技成果应用在实现国家现代化的伟大事业中，把人生理想融入为实现中华民族伟大复兴的中国梦的奋斗中。"这是习近平总书记对广大科技工作者的殷切嘱托。结合数字图像处理课程选课学生的基础与能力，作者主动邀请本科生参加科研实践项目，聆听行业需求，回应现实需要，为学生科技报国创造机会。在过去几年的实践中，多个以本科生为主研发的技术在头部科技公司、遥感测绘领域科研院所等单位落地应用。例如，2018 级本科生钟振宇研发的耦合遥感影像理解和兴趣点（POI）拓扑分析的学校功能区建模技术在蚂蚁智信技术公司成功应用。2018 级本科生党博研发的顾及多种一致性约束的大幅面遥感影像水体语义分割技术在华为技术有限公司业务数据上获得了很好的效果，获得了行业单位的高度评价。2016 级本科生张航研发的交互式遥感影像快速标注技术在湖南省气象局部署应用，可以有效提升遥感影像标签样本库的构建速度。2019 级本科生王宇研发的容错性轻量级深度网络可以有效应对广东省国土资源技术中心的高分卫星影像绿地分类任务，可以为遥感影像几何定位模块提供重要保障信息。

2. 本科生在国际顶级期刊和会议发表论文

从国情出发，从中国实践中来、到中国实践中去，把论文写在祖国大地上，使理论和政策创新符合中国实际、具有中国特色。与此同时，牢固树立国际视野，使理论创新为构建人类命运共同体贡献中国智慧、中国方案。时代课题是论文创新的驱动力。习近平总书记为理论研究工作指明了正确方向，提供了根本遵循。除了用好课堂教学这个主渠道之外，作者还依托课程教学大纲，提供了一些研究选题，邀请学有余力的学生开展课外学术合作研究，多个本科生研究成果被国际顶级期刊和会议录用。本科生参与发表研究论文统计信息见表 1。在开展学术研究和研究成果发表过程中，有效提升了学生的学术自信心和勇于探索的科学精神。

表 1　指导本科生发表科研论文信息

本科生作者	论文标题	期刊或会议	学术论文影响力
2019 级邓又铭（第一作者）	Hierarchical Memory Learning for Fine-Grained Scene Graph Generation	ECCV	计算机视觉领域顶级会议
2018 级党博（第二作者）	Water body classification from high-resolution optical remote sensing imagery：Achievements and perspectives	ISPRS JPRS	中国科学院一区 Top SCI 期刊
2015 级陈蔚（第二作者）	Accurate cloud detection in high-resolution remote sensing imagery by weakly supervised deep learning	RSE	中国科学院一区 Top SCI 期刊，入选 ESI 高被引论文
2019 级王宇（第一作者）2019 级李昀洲（第四作者）	DNAS：Decoupling Neural Architecture Search for High-Resolution Remote Sensing Image Semantic Segmentation	Remote Sensing	中国科学院二区 Top SCI 期刊
2018 级党博（第一作者）	MSResNet：Multiscale Residual Network via Self-Supervised Learning for Water-Body Detection in Remote Sensing Imagery	Remote Sensing	中国科学院二区 Top SCI 期刊
2016 级顾雅婷（第一作者）2016 级王砚田（第二作者）	A Survey on Deep Learning-Driven Remote Sensing Image Scene Understanding：Scene Classification，Scene Retrieval and Scene-Guided Object Detection	Applied Sciences	中国科学院三区 SCI 期刊

续表

本科生作者	论 文 标 题	期刊或会议	学术论文影响力
2016级李鑫伟 （第一作者）	弱监督深度语义分割网络的多源遥感影像水体检测	中国图像 图形学报	中文核心期刊

3. 本科生夺得国内外重要学科竞赛奖项

为充分发挥科研赛事作为全过程人才培养"触媒"作用，使思想政治工作更好地适应和满足学生成长诉求、时代发展需要、社会进步需要，结合数字图像处理课程蕴含的图像分类等核心科研问题，作者指导本科生参加各类学科竞赛。依托赛事活动提升学生发现、分析和解决问题的能力。通过大赛对学生选题、研究设计、数据分析、报告撰写、方案展示、现场模拟等环节进行全面考查，训练学生各类定性和定量分析能力、调研组织和团队协作能力、现场表达能力、研究方法和技术应用能力等。

近几年来，作者指导本科生斩获大赛冠军、特等奖、优异获胜者（Meritorious Winner）等荣誉。例如，作者指导2018级本科生党博和高天乙参加了以"国产数据，面向实用"为特点的2020年中科星图杯高分遥感影像解译软件大赛。相比其他由高年级研究生或高级算法工程师组成的团队，由党博和高天乙等本科组成团队提出的"联合多视角多结构深度分割网络和空间一

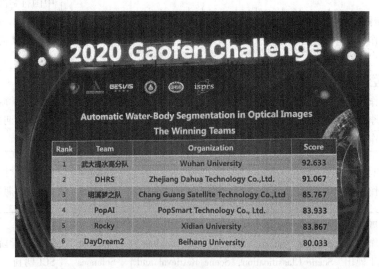

图 1　指导本科生团队在中科星图杯高分遥感影像解译大赛中斩获冠军

致性边界优化的高分辨率可见光图像水体自动提取技术",经过决赛现场的激烈角逐,获得大赛冠军(见图1)及5万元现金奖励。通过该比赛,学生均表示更加明晰国防安全领域发展自主可控核心技术的重要性。作者指导2018级本科生党博和2019级本科生杨睿仪提出的"联合多尺度网络和混合监督约束的遥感影像水体提取方法"获评2021年全国大学生测绘科技论文大赛特等奖,指导2019级本科生王宇和李昀洲提出的"基于深度网络骨架解耦搜索的高分遥感影像语义分割"获评2022年全国大学生测绘科技论文大赛特等奖。作者指导2018级本科生李晨阳等在美国大学生数学建模竞赛中获得优异获胜者荣誉。立足国情,放眼国际,通过国际学科竞赛,学生的专业技能得到明显提升,参与国际竞争的经验与信心得到大幅增长。

四、结语

为了深入贯彻落实习近平总书记关于教育的重要论述和全国教育大会精神,国内高校纷纷积极地将思政课程向课程思政扩展。本文以科研问题为抓手,探索了数字图像处理本科生课程思政方法,指导本科生解决行业一线实际应用问题、发表国际顶级期刊和会议论文、夺得国内外重要学科竞赛奖项。大量实践成果表明,科研问题导向的数字图像处理课程思政有助于建立学生的文化自信、塑造学生的科学精神、培养合格的社会主义建设者和接班人,具有可行性与推广价值。在后续课程思政实践中,将持续推动数字图像处理课程结合时政讲、结合国家大政方针讲、结合科研成果实例讲,努力实现以专业技能知识为载体,加强思想政治教育。

课程思政在电气概论课程中的实施
路径及效果探究

唐 飞[1] 樊亚东[1] 李 蕊[1] 专祥涛[1] 王 郢[2] 张琳钰[1]

（1. 武汉大学 电气与自动化学院，

2. 武汉大学 教育科学学院，湖北 武汉 430072）

摘 要：针对"新工科"电气类人才培养方案中概论课的课程思政建设要求，在课程设计中，如何使学生在学习科学文化知识的同时塑造正确的科学精神，培养学生的专业认同，通过立足于学生的学习情况和教师的教学现实，探索出了一种以"社会实践类"体验课促进学生情感体验和价值形成，进而融思政于专业课程的教学尝试，以《走进电世界》为例进行了分析和教学实践与探索。

关键词：电气概论课程；课程思政；社会实践；科学精神

高等教育贯彻为国家培养人才的重大目标，以立德树人为根本任务，引领着一代又一代青少年，将自己投身于为中华民族的伟大复兴而奋斗的历史进程中。根据教育部 2019 年的数据统计，我国拥有世界上最庞大的工科教育群，全国共有工科本科生 570 万人，约占高等教育学生总人数的 1/3。近些年来，国家教育制度对于工科生的思想教育尤为关注，因此对于大规模的工科学生的思政教学，就不能仅仅依托于特定的思政课程，而应融入到专业课的教育中去。全面推行高校"课程思政"的高质量建设，依托思政与专业课同向而行，彰显着中国特色社会主义大学价值引领特征的重要内容。其中，寓思政于教育，充分挖掘专业知识中的价值元素，实现知识教育与道德教育系统化整合，让学生在专业知识学习中，立德立志。在如今电气工程人才培养的路途中，如何增强学生的专业认同，如何树立学生"学以报国"的远大理想，如何让学生在学习科学文化知识的同时塑造正确的科学精神,① 成为许多老师在教学过程中必经的困难。有鉴于此,武汉大学电气与自动化学院平台概论课课程组的各位成员,通过立足于学生的学习情况和教师的教学现实,探索出了一种以"社会实践类"体验课促进学生情感体验和价值形成,进而融思政于专业课程的教学尝试。本文以电气工程概论课——"走进电世界"为例进行分析探讨。

一、电气工程教学中实施课程思政的必要性

概论课作为学生进入专业领域的"引路人",对培养学生的专业认同有着重要的作用,学生的学习兴趣也因此会受到影响。由此,选择合适的教学模式对学生进行教学,对于培养学生专业认同,进而激发学生学习的内驱力,是当今中国教育研究者所要研究的重要课题。

(一)传统电气工程概论课理论教学的弊端

1. 以知识讲授为主,知识局限于课本

本科课程教学有别于研究生教学,主要是"师讲生听",而概论课又作为学生进行专业学习的入门课程,对于第一次接触的学生而言,最直接的学习方式是通过书本,课前看书预习、课堂上听老师讲授学习、课后通过书本回顾复习。这种传统的学习方式,禁锢着学生思维,使其对于专业的把握局限于教材。而随着科技的进步与发展,由以往知识或经验编制成册的教材难以及时跟随时代而进步,对于学生而言,难以解决实际新技术方面的问题。这种理论学习在解决实际生活中所遇到的问题体现出的滞后性,促使"社会实践类"概论课的衍生。②

2. 思维固化,考核形式单一

传统电气工程概论课程是以开卷的形式,对学生掌握课本知识的情况进行考核。学生通过教材目录、笔记快速定位答案,对于鲜有的理解题,也是

---

① 杨松、刘永华:《医学免疫学开展课程思政的探索》,载《中国高等医学教育》2021年第1期,第69~70页。

② 赵志伟:《我国高校"课程思政"的脱嵌性问题研究——以社会科学类课程为例》,载《中州学刊》2020年第4期,第88~92页。

凭记忆写下自己的认识。这种单一化的考核方式，使学生往往更重视形式和结果，为了分数而学习，因此思维得不到锻炼，不利于提高其思维能力。

3. 认知狭窄，学生缺乏体验感

传统的电气工程概论课的课堂局限在教室，教师通过口述与多媒体展示的方式进行课程教学。学生处于被动接受的学习状态，对于教师灌输的知识，从字面上不能完全地理解吸收，采用教学的创新手段，也无法将课堂教学效率发挥到最大。同时，学生对于以后专业学习的认知较浅，不利于其树立未来规划，因而无法确定当下的努力目标。

(二)课程思政形势下"社会实践类"概论课的优势

武汉大学电气与自动化学院平台概论课课程组提出了一种"社会实践类"体验课程的课程计划，该课程旨在促进学生情感体验与价值形成，打破了传统概论课以知识讲授为主的传授性教学的弊端，尝试将电气工程的现实社会情境、电气工程专业知识的现实运用、电气工程行业与国家社会发展的现实连接作为课程内容的主要载体，引导学生通过多种方式加深对电气工程课程的概念化认识、拓宽对电气领域的认知，再通过理论梳理，实现学生的认知过程、构建学生从体验到理论的知识体系，塑造学生的专业知识、科学素养和家国情怀。

课程是高校培养学生的关键环节，在高校课程体系中，每门学科都应承担起寓"思政"于课程的重任。课程知识枯燥，理应赋予其温度，因而体现出了"社会实践类"概论课的引入价值。通过社会实践的体验、教师的主观能动，学生可以在听课的过程中收获到科学知识、领悟到人文关怀。"社会实践类"课程作为传统课程中独树一帜的课堂教学手段，增加了学生的课堂参与度，以及其在学习课程知识时的不同体验，发挥了新课改要求下的教书育人功能。

二、电气工程概论课的课程重构

(一)重构课程内容

"走进电世界"是武汉大学电气与自动化学院电气工程专业的导论课，开设在第一学年的下半学期，学分为 1.5 分，其中由理论课学分 1 分和实践课学分 0.5 分组成。该课程旨在帮助学生了解电气工程专业所包含的发电、输电、配电、变电等一系列环节的作用以及其重要意义，同时也帮助同学开阔视野，了解行业新动向、新技术与新发展，提升学生的专业基础知识、思维能力和科学素养，进而整体上提升学生的综合能力，为其本科四年的学习打下坚实的基础。可见该课程在电气专业本科四年的学习中占有重要地位，因此对于该课程的设置作出如下创新。

1. 教学多样化

2019 年，教育部《深入推进"新工科"建设》指出，"新工科"与传统工科的区别在于，其更注重对学生工程实践素质的培养，将学生的工程设计和分析能力的提高放在首位。因此武汉大学电气工程专业概论课"走进电世界"引入了实践类教学环节——参观湖北省电力博物馆，与理论教学相结合，带领学生参观感受电力，了解电力电业的历史，各种电力设备的发展，及其相应的原理功能，使学生从本质上通晓电力文化，了解电气知识，从而产生对电力行业的崇拜与向往，积累专业认同感，为后续的学习铺路。

2. 课堂翻转化

传统的授课方式"师讲生听"，在当下仍然占领主流地位，知识往往是被灌输进入学生的大脑，因此会导致"教"大于"学"的现象。这样重复日积月累，学生往往会丧失学习的兴趣，课堂对于他们而言也会成为牢笼。此种教学方式，违背了《深入推进"新工科"建设》中新工科研究与实践的科学内涵，难以促使学生达到工科毕业生的基本要求。因此，为解决该问题，使学生在课堂上保持其主体地位，引入国外的翻转课堂模式，转变师生角色，让学生以团队的形式，针对所研究的课题，自主查阅相关资料、归纳整理研究成果、并在课堂上讲演，培养其在课后学习、独立思考、团队协作的技能。

近年来，翻转课堂已在国内的多所高校不同专业实行并推广，也有越来越多的教育学者对其进行研究、改造。教师在翻转课堂的过程中，作为引导者、倾听者，对学生的观点进行纠错与完善；学生则作为探索者、讲述者，对主体进行研究与分析，提出问题进而解决问题。在翻转的过程中，既保证了学生的"主体性"，又可以使他们的自主学习、提出问题、解决问题能力得到加强。

3. 评价多元化

课程评价是高校课程结业的关键因素，而课程测试不一定作为结课评分的唯一方式。课程考核形式在当今教育体系中占有多样化的地位。课程测试是一种传统且便利的检验学生是否掌握知识的考核方式，但对于学生而言，为考试做准备也是一个极具经验的过程。大部分学生在考前几天才开始突击学习，等到考完试没多久，所学的知识便被抛之脑后，这对于学生而言，无异于开了一场玩笑。这既没有使学生真正掌握所应具备的知识，也没有使他们意识到学习的意义所在，更不用说运用专业知识来解决未来在行业领域所遇到的难题。

针对于此，我们提出一种由各小组展示，学生代表评分占期末分数一定比例的想法。此开放式考核，将分数掌握在学生手里，能够提高学生的自我认知能力，并有助于使他们进行自我反思，进而提升自己。

（二）深挖思政元素

为贯彻"将思想政治教育元素，包括思想政治教育的理论知识、价值观念以及精神追求等融入各门课程中去"的课程理念，在确保课程性质不变的前提下，充分挖掘电气工程专业概论课程中的思政要素，使其与专业教育课程有机融合，以达到"课程思政"的目的，同时增强学生的专业素养和文化修养。

我们所述的"社会实践类"专业概论课程，是在分析当代中国传统工科教育模式不足的情境下所提出的。在诸多研究中，我们发现，实践是确保以学生为中心的关键环节，而社会实践类项目的教学，兼具了以学生为中心，通过亲身体验或观摩来学习，培养学生学习兴趣。在社会实践中，相比于课堂教学，一些问题的展示会更加直观，与现实更为贴切。同时，概论课程中的社会实践又与以就业为导向的社会实践课程不同，学生并没有肩负沉重的任务，并且在轻松的环境下也会对专业产生强烈的认同感。

"课程思政"的核心内涵在于"高校课程应当首先满足学生精神成长的需要，而不是单单关注学生智力能力的培养，或是仅仅注重知识和技能的传递；围绕课程的教育活动在传递知识、培养能力之外，必须让年轻学生具备扎根于自己文化身份的品格与价值观"①。而社会实践类课程，将教学场景多样化，使学生不单单只能在教室中获取知识，同时有机会将自身置于特定的时

———————————

① 伍醒、顾建民：《"课程思政"理念的历史逻辑、制度诉求与行动路向》，载《大学教育科学》2019 年第 3 期，第 55 页。

空场景，并以研究者的身份观察、思考、研说。① 于别样的场景展开教学，学生可以获得更加广阔的提升空间和价值可能。

(三) 价值引领与教学贯穿

在"社会实践类"专业教育概论课程中，教师应树立良好的自我形象，并不断进行新技术学习来提高自己。通过实践活动，使学生不仅仅能学习知识，成为智者，更要能激发学生学习的积极性和主动性，增加学生的实践能力、科学精神与人文关怀。

传统的考核方式局限于课本，这类量化、命题式的考试对于学生知识的掌握是有局限性的，其中就忽略了对于学生价值的引导与传递。单一化的考核方式使得不止学生，就连老师都会在课程教授中将专业知识置于首要地位，而对于专业知识中的价值性知识，往往也会被忽视。"社会实践类"概论课教学，使学生脱离课本的禁锢，降低了学习中的步骤与方法、科学知识的地位，使得知识所蕴含的文化价值和精神意义得以体现，"课程思政"目标也因此实现。

毛泽东同志提出"变革现实的实践"，对于学生而言，课堂中思维能力的锻炼是远远不足的，在实践中，思维能力的缺陷得以弥补，"课程思政"才能落到实处。在中国教育现状中引入"课程思政"，确保落实学生的主体地位，实现为国家的伟大复兴而奋斗的远大理想。

(四) 科学评价

课程思政实施的瓶颈在评价。由于课程思政旨在对学生的情感态度和价值观进行引导和教育，而态度形成和价值观塑造具有长期性、隐蔽性和复杂性特征，这使得即时性、横截面式的评价方法难以保证评价信度，而评价工具科学化程度不高、工具箱容量大小不足的质疑也对评价效度产生了负面效果。在传统电气工程概论课程中，往往以知识掌握代替态度形成，以方法训练代替价值观塑造，这使得概论课程的思政效果评价几乎处于空白位置。

---

① 黄宁花、禹旭才:《系统思维视域下高校课程思政建设的价值意蕴、实践反思与优化路径》，载《高校教育管理》2022 年第 5 期，第 106~115 页。

在社会实践类的电气工程概论课程，我们结合新工科课程思政指南要求，结合人才培养方案和学科特征，将课程的思政目标定义为培养学生的专业认同情感、提升学生的科学思维水平和促进学生家国情怀的情感体验。正如课程学者泰勒所说，评价是对目标达成程度的确认。因此，为了追踪学生在课程前后思想状态所发生的变化程度，我们在课程开始之前对学生进行前测，在课程结束之后对学生进行后测。并在课程结束2个月后对学生思政效果的稳健性进行了定性访谈检验。为了充分保证课程思政评价的信效度，坚持将跟踪性评价与问卷调查法相结合，严格使用李斯特分级量表和前后测等价均衡方法保证评价工具的科学性和可靠性。

1. 评价维度的构建和评价工具的开发

评价维度的构建主要基于权威文件、教学指南和高被引文献综合运用研读基础上构建而来。专业认同是个体对所学专业的接受与认可，反映个体在学习过程中持续的认知和行为卷入及积极的情感状态，包括认知、情感、行为等维度。在充分运用文献综述方法的前提下，我们结合已有的专业认同调查表格开发了结合电气工程专业特色的专业认同调查工具，包括专业认知、专业情感和专业行为倾向三个方面。具体来说，专业认知是指学生对本课程基本情况的了解，如对课程内容、课程实施方式、课程价值等方面的认识；专业情感是指学生对于专业的情感体验，主要分为兴趣、积极情绪体验、消极情绪体验和专业驱动力和获得感四个二级指标。专业行为倾向是指在认识和情感基础上所产生的学习行为，包括具体现实性行为和意向性行为两类。科学精神是《高等学校课程思政建设指导纲要》中明确要求的理工科课程思政目标之一，根据华中科技大学出版的《新工科课程思政指南》中的划分标准，具体包括科学思维、科学方法和科学伦理三个维度。

2. 评价工具的验证与调教

通过文献分析和专家咨询，我们开发编制了"走进电世界"课程思政目标达成评价量表（前后测量表）。问卷从认知、思维和行动三个维度编写题项，经过仔细分析和认真筛选，并随机抽选的方式分别形成了前测和后测量表。再利用SPSS12.0软件通过对问卷内部一致性信度、分半信度和结构效度的检验，证明问卷具有较好的理论构想和信效度指标。

3. 评价实施过程

问卷在电气与自动化学院2021级本科毕业生中选修了"走进电世界"的学

生中展开，通过问卷星链接使用手机投放。在问卷设计中设计了学生性别等人口学信息和生源地、党员与否等社会学信息，以便后续研究的相关性分析。同时，为了追踪学生个体的变化过程，问卷收集了学生个人学号。前测共投放问卷 354 份，回收 350 份回收率 99.4%；后测共投放问卷 354，回收 329，回收率 97.2%。剔除单边问卷之后共得到有效问卷 321 套，有效率 96.9%，符合统计学意义。

三、评价反馈

本研究在武汉大学电气与自动化学院 2021 级所选"走进电世界"的学生中展开，探究"社会实践类"课程对于学生的专业认同感产生的影响。

1. 研究对象

武汉大学电气与自动化学院 2021 级完成"走进电世界"课程的学生，其中男性人数为 249 人，女性人数为 53 人。

如表 1、表 2 所示，Sig 为 0.391/0.172（>0.05），由 95% 把握认为性别影响不显著。因此可以默认，性别对于专业认同感没有显著影响。

表 1　组统计量

	你的性别	N	均值	标准差	均值的标准误差
q 专业认同	男	249	3.6551	0.34242	0.02170
	女	53	3.6318	0.29890	0.04106
h 专业认同	男	249	3.6892	0.43896	0.02782
	女	53	3.6269	0.36808	0.05056

2. 研究程序

研究由问卷方式展开，问卷共 53 个问题，每个问题均由不同的态度量表组成，询问关于学生专业认同相关影响因素的态度，设置 3 级指标体系，分别为专业情感（14 个），专业行为（26 个），专业认知（13 个），问题在 5 级的尺度上进行测量（完全不同意，比较不同意，一般，比较同意，完全同意），如图 1。并对学生后续的学习行为选择，真实感受作出了调查。

表 2　独立样本检验

		方差方程的 Levene 检验		均值方差的 t 检验					差分 95% 置信区间	
		F	Sig	t	df	Sig（双侧）	均值差值	标准误差值	下限	上限
q 专业认同	假设方差相等	0.737	0.391	0.459	300	0.646	0.02329	0.05072	−0.07652	0.12310
	假设方差不等			0.501	83.739	0.617	0.02329	0.04644	−0.06906	0.11564
h 专业认同	假设方差相等	1.877	0.172	0.963	300	0.337	0.06225	0.06467	−0.06502	0.18952
	假设方差不等			1.079	86.585	0.284	0.06225	0.05771	−0.05246	0.17695

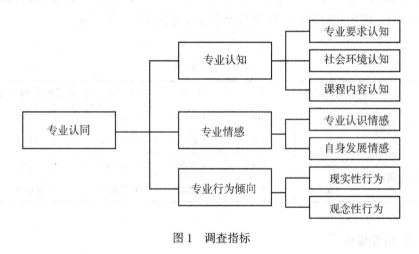

图 1　调查指标

3. 结果分析

（1）"社会实践类"专业概论课——"走进电世界"的开设，给参与学生的科学精神、专业认知带来了良好的提升效果。图 2 显示的是科学精神前测，图 3 显示的是科学精神后测，图 4 显示的是专业知识前测，图 5 显示的是专业知识后测。通过前后对比可以发现，从提升的程度上来看，中等偏上学生的态度变化最为显著。科学精神的形成与塑造需要一定的学科基础，教学过程的实施也应该分层展开，对于学科基础知识薄弱的学生，很难从获取知识的过程中提炼出科学精神；而对于成绩基础较好的学生，掌握知识对其而言并非难事，应以培养科学意识和科学思维为主，促进教学进程。因此，为使科学精神与专业知识相互交融，应满足以下两个基本条件：其一，以专业知识为基础；其二，我们所有的课程思政元素的融入应该从专业知识中来，而不是从讲故事的案例中来。

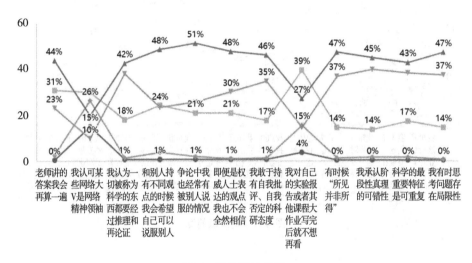

图 2　科学精神前测

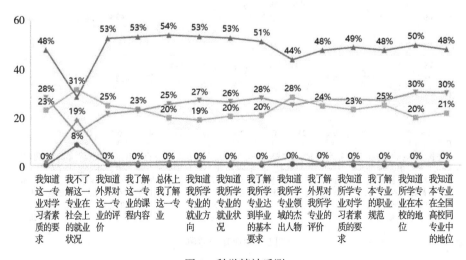

图 3　科学精神后测

(2)课程设置前后，对于参与学生而言，学习行为选择方面更加主动，对于专业的认可度更高。学习行动与专业认可相一致，学生通过学习对于自己的专业更加了解，因而容易对专业产生认可。对于教学而言，应合理设置课程难度梯度，避免学生的专业认同与学习信心发生偏移，而对于专业认可产生消极的影响。

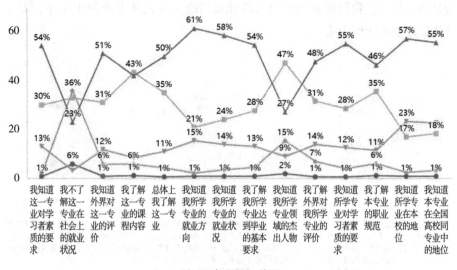

图 4　专业知识前测

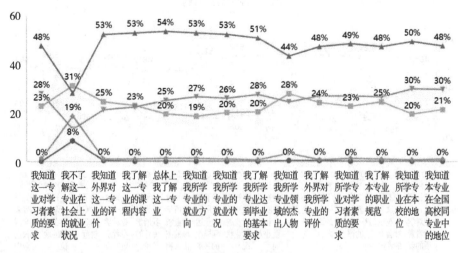

图 5　专业知识后测

（3）价值观提升中，学生的职业认同提升最为显著，显示学生在学习中，对于自身未来发展和行业发展的关注度高。对于教学而言，可以利用学生对于行业的关注，通过介绍行业的发展，来提升其职业认同。而实践类教学，可以让他们对于自己的行业和专业知识有更好的感性认识，有利于专业认同感的提升。

四、反思与展望

"人们必须自己观察，形成他们自己的理论，并且亲自检验这些理论"①，杜威强调了"实践类"课程所带来的积极作用。在如今的课程教学过程中，我们忽视了思政教育的重要意义，在教育方式上缺少变通，逐渐使学生偏离课堂中的主体地位。由此，我们总结出"完善的课程教学离不开实践"的重要结论，也明白要使理论具有生命力，就必须深深扎根于实践这一关键道理。而课程思政也能在"社会实践类"课程中得以体现，践行"课程思政"，要求思政教育广泛渗透于各个专业教育课程中，使专业知识、实践能力与学生的道德修养融会贯通，在学生主体地位一定的前提下，建设完善的课程教育体系，呼应"立德树人"的最终目的，实现为国家服务的价值追求。

武汉大学电气与自动化学院课程组根据概论课所具有的灵活性特点为基本出发点，找到思政教育与课程内容的桥梁——"社会实践类"课程，并利用该类课程所带来的思政元素，使其与专业教育课程有机结合，达到"润物细无声"的效果，以实现"新工科"课程的建设要求。

---

① 杨四耕：《场景课程论：当代课程理论发展的一个方向》，载《教育学术月刊》2021年第11期，第3~10页。

以教学内容为核心的融合课程思政模式探索

——基于"发展经济学与中国经济发展"的案例分析

李　酣

（武汉大学　质量发展战略研究院，湖北　武汉　430072）

摘　要：经济学课程的课程思政内容丰富，是专业课程进行课程思政的重要领域和阵地。在"发展经济学与中国经济发展"课程的教学实践过程中，以中国经济增长奇迹的展现和解释、经济发展理论的比较分析和中国经济实践中典型案例研究的多向度教学内容为核心，同时将多种课程思政元素与教学方法和教学过程结合，形成了融合的课程思政新模式，有助于推动以马克思主义的立场、观点和方法客观认识和深刻分析中国经济发展中的现象和问题，引导学生更好掌握发展经济学知识、理解中国经济发展的根源，强化价值引领和立德树人的根本任务。

关键词：课程思政；教学内容；马克思主义经济学；中国经济发展；融合模式

一、引言

习近平总书记 2016 年 12 月在全国高校思想政治工作会议上明确提出了"各类课程与思想政治理论课同向同行，形成协同效应"的教育指导思想。[①]思政课程和课程思政相辅相成。思政课程宽领域地展现我国在经济、政治、文化、社会、生态文明和党的建设等维度的最新成果；课程思政，即专业课

[①] 王易：《高校思想政治理论课改革创新的多维解读》，载《马克思主义理论学科研究》2020 年第 5 期，第 142~150 页。

程教学中的思想政治教育，同样内含有以上多种元素。① 经济学类课程涵盖广泛的经济、社会和政治等内容，是课程思政中重要的战略高地，不仅肩负着新时代经济人才培养建设的历史使命，而且对于其他人文社会科学类别，以及包括理工类人才的培养也具有重要促进作用，开展好这类课程的课程思政具有重要意义。

国内学者已经对经济学类课程中实施课程思政的理念和形式进行了有益探索，并总结了相应的实践经验。陶韶菁和陈镇喜（2020）阐明了经济学类的课程思政所具有的专业性和思政性相互统一和促进的理论基础。② 田园（2020）重点强调要在经济学类专业课的知识层面，利用多维度呈现"中国化"和思政元素。③ 在教学方法上，靳卫萍（2020）以经济学原理课程的教学设计为例，探讨了在课堂教学和慕课等方式下进行课程思政的具体做法。④ 毕晶（2020）则提出了从"经济学"课程的教学内容、教学方式和考核体系三方面推进，作为有效的"课程思政"实现路径。⑤ 陈新岗和张秀娈（2019）在"经济史"这一经济学类专业课的课程思政中也实践着这一路径。⑥ 在教学内容方面，王小红等（2021）则强调经济学课程的教学中应该注意不同理论之间的对比和辨析。⑦ 王伟和黄颖（2021）的"金融学"课程思政是以"中国金融故事"为切入点，从中发掘多种思政教育元素，从而重组教学内容，更辅之以校内外和线

---

① 胡洪彬：《课程思政：从理论基础到制度构建》，载《重庆高教研究》2019 年第 1 期，第 12 页。

② 陶韶菁、陈镇喜：《课程思政：专业性和思政性的相统一相促进——以经济学类课程为例》，载《华南理工大学学报（社会科学版）》2020 年第 6 期，第 128~134 页。

③ 田园：《基于"课程思政"元素"挖"与"融"的教学路径探究——以经济学类专业课为例》，载《北京联合大学学报》2020 年第 4 期，第 34~38 页。

④ 靳卫萍：《经济学原理课程思政的初步实践》，载《中国大学教学》2020 年第 Z1 期，第 54~59 页。

⑤ 毕晶：《构建"课程思政"的"三位一体"——以《经济学》课程为例》，载《山西财经大学学报》2020 年第 S2 期，第 57~60、71 页。

⑥ 陈新岗、张秀娈：《经济学专业"课程思政"建设的实现路径研究：以〈经济史〉为例》，载《思想政治课研究》2019 年第 6 期，第 96~102 页。

⑦ 王小红、张弘、张勇：《经济学课程思政教学设计与实践》，载《教育与教学研究》2021 年第 2 期，第 75~85 页。

上/线下的教学资源的融合。① 梁玉和蔡幸（2021）则更进一步指出，全员全过程的嵌入式课程思政更能保障经济学类课程教学过程中的课程思政效果。②

在目前经济学界在经济类课程进行课程思政的实践中，已经对教学过程中各个阶段和各种要素的课程思政实施方法进行了探讨，而且提出了经济学知识体系和经济实践与课程思政的融合，另外辅之以新的教学方法和技术手段，更能发挥课程思政的价值引领。然而，专业课程的教学应该以教学内容为根本，而在教学内容中融合丰富的思政内容、辅之以教学方法和技术手段，从而能够倍增课程思政的效果。因此，本文以武汉大学"发展经济学与中国经济发展"通识核心课程的教学内容建设过程为案例，分析从教学内容的三种维度，开展经济类课程思政的模式、路径和具体方法。除引言外，本文第二部分论述"发展经济学与中国经济发展"课程理念和课程思政的融合；第三部分阐述以统计数据展现本课程主体内容，即中国经济发展奇迹的做法；第四部分论述基于理论的比较和辨析进行课程思政的方法；第五部分结合中国经济的实践案例进行课程思政的创新方法，最后是文章的结论。

二、以教学内容实现课程思政的多维融合

"发展经济学与中国经济发展"是武汉大学通识课程 3.0 体系中"社会科学与现代社会"版块的核心课程。课程建设的理念依次递进为：（1）帮助学生了解和掌握发展经济学的基本理论、分析方法和政策工具。（2）帮助学生了解和认识中国经济发展的成就、现状和挑战。（3）让学生初步具备用马克思主义经济发展理论认识和分析中国经济发展实践的能力。（4）让学生初步具备分析中国社会主义经济发展的建设规律和社会主义经济的生产力发展规律的能力。这一课程建设理念从不同层次契合了课程思政"知识、能力和价值"三位一体的人才培养目标。

基于课程理念，"发展经济学与中国经济发展"在课程内容的设计上，突出了马克思主义经济发展理论和方法的指引。运用马克思主义理论总结发展

---

① 王伟、黄颖：《讲好金融故事："金融学"课程思政改革的有效路径》，载《思想理论教育导刊》2021 年第 3 期，第 112~116 页。

② 梁玉、蔡幸：《"金融学"课程的思政困境与教学渗透》，载《广西财经学院学报》2021 年第 6 期，第 128~138 页。

中国家的经济特征，以中国特色社会主义理论分析当代中国经济发展的基本特征，基于马克思主义的全面自由发展观来认识经济发展的内涵和本质，以马克思主义发展经济学总结中国特色社会主义经济发展的内在规律。在课程教学内容中充分体现了新时代的创新、协调、绿色、开放和共享的"新发展理念"。例如，创新发展体现在"创新和经济发展"这一讲中；协调发展体现在"二元经济结构转型""产业结构和工业化""区域经济发展"这些授课内容；绿色发展体现在"可持续发展"；开放发展体现在"开放与经济发展"；共享发展体现在"发展的内涵和测度""收入分配和反贫困"等教学内容当中。每次课讲授的内容包括发展经济学的基础理论、发展中国家的政策和实践，以及中国的发展历程和成效三个维度，以期让学生在了解和掌握发展经济学知识和理论的同时，对中国经济发展的实践探索成就有感性认识，还能够运用理论进行分析和思考。

从"发展经济学和中国经济发展"的教学内容建设、教学过程组织和教学结果评价的全流程教学实践观之，以教学内容为核心融合课程思政，可以从三个维度进行。首先，展现中国经济在微观企业的高质量发展，以及宏观经济的增长和发展方面取得的成就，就是经济学课程思政的重要一环。其次，从理论上，辨析西方主流经济学和马克思主义经济理论的关系，以及不同理论对中国经济发展实践的解释能力，是经济学课程思政的重要内容。另外，以中国经济发展实践中的典型案例驱动学生理解马克思主义中国化，以及与中国经济发展伟大实践的结合，也是经济学课程思政的关键方法。从上述三个层面推进这一经济学类课程的课程思政建设，既符合经济学的学科特征，也符合发展经济学的实践禀赋，同时贴合通识课的选课学生的认知特点。因此，基于上述实践，就形成了以教学内容为核心，融合教学方法、教学过程，内含教学理念的经济学类课程的融合思政模式(见图1)。

三、以统计数据充实课程思政的内容

讲解好中国经济增长和发展的"奇迹"及其根源，本身就是经济学和中国经济发展一类课程思政的重要内容，对于"发展经济学和中国经济发展"课程而言，更是关键性的第一步。中国经济增长奇迹是改革开放之后，逐步建立社会主义市场经济，同时基于国际和国内两个市场，优化配置各类资源，激

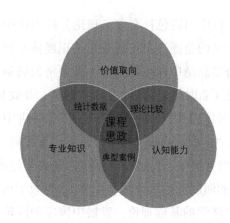

图 1　教学理念、教学内容和教学手段融合的课程思政模式

励各个主体能动性所取得的重大成就。清晰而透彻地分析中国经济增长"奇迹"的表现和根源，自然成为"发展经济学和中国经济发展"核心通识课程的课程思政内容建设的关键，而基于统计数据比较的实证方法展示其中的内蕴，则是经济学类课程思政建设的独特方法。

"发展经济学和中国经济发展"课程，从中国千年历史的经济增长过程，以及与世界各国的纵横对比中，凸显中国当代经济增长"奇迹"的本色。根据安格斯·麦迪森(Angus Maddison)在《中国经济的长期表现：公元 960—2030年》和《世界千年经济史》等著作中构造的世界各国 GDP 的历史数据，可以从时间纵向上推算出中国不同时期的 GDP 在世界整体经济体量中所占的比重，还可以从地域横向上与印度、日本、欧洲、美国、苏联等国家的 GDP 进行对比。以这些数据在不同维度的比较，足以论证中国历史上，经济总量在汉唐到 20 世纪前的很长时期中居于世界的前列。尤其是两宋时期到鸦片战争前，中国更是独占全世界经济体量鳌头，但近代以来却逐步下降。中华人民共和国成立后尤其是改革开放后，开始从计划经济向社会主义市场经济的转型，中国特色社会主义市场经济体制基本确立，中国经济总量及占全球 GDP 的比重才又开始稳步提高。一直到最近，经济总量上仅次于美国，以购买力平价算法来衡量甚至已经超过了美国。由此，以经济统计数据及其比较来展现中国经济增长"奇迹"的伟大意义，是经济学类课程思政内容建设和教学方法的强大而独特的手段，更容易为学生理解并接受，也就更有助于提高课程思政的效果。

"发展经济学和中国经济发展"课程还用详尽的统计数据，描述了中国作为发展中经济体的三大特征。首先是大国经济特征，具体表现为经济体量大、需求规模效应大、对世界经济影响大、区域不平衡差距大等；其次是转型经济特征，主要表现为计划经济向社会主义市场经济转变；再次是结构性经济特征，从产业结构来看，中国已经成为全球最大的制造业产出国，同时成为全球价值链当中三个核心的制造业中心国家之一。但是，中国在产业结构和区域经济结构等方面还存在较大的生产率差异和结构性矛盾。这些是中国经济高质量发展未来要解决的内在问题，也给学生认清国情，提高使命感以感性的触动。

在用长时间序列和跨国比较的方式，来论证改革开放后的中国经济增长历程堪称"奇迹"之外，还要重点解释出现这一"奇迹"的根本原因。本课程的教学，除了从经济制度层面分析中国政府如何找到可行的方式来动员和调配资源并推动经济增长外，还探讨了物质资本、人力资本、创新、生态环境等驱动要素的总量变化和质量提升。改革开放以来，中国 GDP 的增长中有超过 1/10 是由于"人口红利"因素所创造的。进入 21 世纪以来，人力资本因素对中国 GDP 的增长作出了越来越大的贡献。创新在经济发展中具有绝对中心地位，创新提供技术手段与发展动力，中国不断加强其创新投入和产出，实现在高铁、5G 网络、载人航天、火星探测等领域的重大突破，增强了经济的内生发展动力。中国在发展经济的同时，也重视对生态环境的保护，将碳达峰、碳中和纳入生态文明建设整体布局，立志在 2030 年实现碳达峰、2060 年实现碳中和，践行着既要金山银山，又要绿水青山的发展道路。在人力资本、创新、生态环境等多要素的推动下，走创新、协调、绿色、开放、共享的发展道路，实现经济发展持续稳中向好发展。

课程教学中还讲述了目前我国面对国内外经济、政治和军事的诸多不确定性，人民日益增长的美好生活需要和不平衡不充分的发展之间的矛盾日益显著，在新的社会矛盾下，经济的发展遭遇新问题的挑战，比如，就业机会创造滞后、技术创新卡脖子、区域发展非均衡、资源供给受限等，引导学生了解中国经济发展的变革之路的诸多变化与挑战。① 因此，经济学课程思政应

---

① 张俊山：《对经济高质量发展的马克思主义政治经济学解析》，载《经济纵横》2019年第 1 期，第 36~44 页。

该基于鲜活的统计数据的分析，从而引导学生了解国情的不同侧面。在课程教学中也要引导学生掌握国家发展教育，提升人力资本；鼓励创新研发，坚持走中国特色自主创新道路；降低不平等，反垄断和实现共同富裕的必要性。而且从解决能源、环境、社会变化带来的各种挑战等角度，引导学生的创新性思维，思考如何更好地促进经济增长。将国家经济社会发展目标与个人的前途规划相结合，激发同学们的爱国主义精神和报效祖国的责任感。

四、以理论比较凸显课程思政的价值

马克思主义发展经济学是马克思主义理论应用于经济发展实践的理论结晶，也是习近平新时代中国特色社会主义思想的重要组成部分，从而为中国特色的社会主义经济建设提供了科学理论支撑。[1] 学习辨析西方主流经济学和马克思经济学在解释经济发展和中国经济增长等重要议题上的关系，是在课程的基础理论讲述环节中有效地导入思政元素，拓展专业课堂的价值外延的有益探索。

经济学课程思政过程中，不同理论的比较分析需要结合经济学概念和实践进行。资本是市场经济的核心要素，也是经济增长的主要推动力之一。然而，在对资本本质的认识，以及资本在经济发展中的贡献和缺陷等维度，西方主流经济学与马克思主义的经济发展理论之间存在巨大的理论分野。西方主流经济学将资本视为一种生产要素，而且仅从生产力属性的角度论述资本，对资本内涵的理解过度物化，而马克思在《资本论》中阐释了资本的丰富内涵，认为资本既是生产要素也是生产关系，资本是生产关系的本质，能够带来剩余价值的价值，客观分析资本的历史进步和剥削的双重属性。

"发展经济学与中国经济发展"课程在讲述资本与经济发展的关系时，对比古典经济学家、马克思和新近出现的皮克迪等人的资本理论，引导学生思考资本的内涵和本质。同时，在历史长轴上以宏微观不同经济主体视角观察经济发展，阐明西方主流经济学家和马克思对资本认知的差异。另外从经济现实出发，通过中西方国家经济发展趋势的对比分析，帮助学生

---

① 史夏阳：《马克思主义政治经济学理论融入思政教育全过程研究》，载《教育理论与实践》2021 年第 27 期，第 37~41 页。

了解如何实现有效市场与有为政府，如何利用好自身的比较优势、要素禀赋进行结构变迁，客观理性地分析西方资本理论可能存在的局限性和缺陷。结合我国建设发展市场经济的实践，引导学生用辩证唯物主义和历史唯物主义的视角去认识资本在中西方不同的经济制度下，其形态和作用机制的显著差异。

资本在现代宏观经济中的关键角色离不开资本市场的兴起，同时资本全球化与全球金融经济危机的共生，不可避免地对中国经济发展的可持续性带来了外生冲击的挑战。在讲述 1998 年和 2008 年席卷全球的金融危机对发展中国家和中国的冲击以及中国的应对措施时，利用资本主义经济波动的相关理论分析周期性危机的根源，引导学生多维度思考经济危机出现的诱因，比如市场信息不对称、资本家的贪婪、政府监管不力和信贷消费过度等。同时，以资本和资本市场的本质分析资本主义的现状和未来发展，从而揭示资本主义经济运行规律的关键，也为在中国经济发展进程中辩证地发挥资本和资本市场的作用提供有益的借鉴。

"发展经济学和中国经济发展"课程教学当中，结合当代经济问题，在西方主流经济学和马克思主义经济学的理论比较中融合课程思政教育，从而对课程思政的方式进行了新的实践探索。在学习和借鉴经济学理论和经验研究成果的同时，不能盲目地嫁接、照搬和模仿，而是要促进学生深入思考，要坚持具体问题采用具体的理论进行分析的方法，去呈现马克思主义经济发展理论科学解释经济实践的强大威力。在经济问题和经济理论的思辨过程中提升课程思政教育的成效。[①]

五、以典型案例突出课程思政的特色

案例教学在课程思政中具有独特的价值，在经济类课程思政建设中更是如此。经济类课程思政要讲好中国故事，不仅需要科学的理论基础指导，要面向学生提供真实和有说服力的经济数据，还需要结合中国经济改革中的实践案例，突出中国经济改革和中国经济发展的特色和亮色，将课程思政的理

---

① 毕晶：《构建"课程思政"的"三位一体"——以《经济学》课程为例》，载《山西财经大学学报》2020 年第 S2 期，第 57~60，71 页。

念和价值导向放置在具体的经济现象和经济案例中加以观照，① 在中国特色社会主义经济建设的实践案例中检验经济理论的适用性和马克思主义理论中国化的价值。

对中国经济发展宏微观实践成就的解释和理论创新，也是经济学课程思政的重要内容和建设重点。"发展经济学与中国经济发展"课程系统梳理了中国经济发展中与教学知识重点紧密相关的中国故事，实现理论知识与社会实践两者有机衔接。在典型实践案例的发掘和选取上尽可能地贴近社会经济发展的现实。例如，在讲解创新在经济发展中的作用时，以民族工业软件成功发展的一个典型案例引入，将创新的定义、企业家精神、创新的资本市场支撑等重要概念和知识点，与案例中的企业家行为和创新企业的决策行为关联起来，从而让学生在案例复原过程中，对创新的各个要素，以及创新对国家经济发展的重要作用和实现路径有更鲜明的感性认识。从企业、劳动力等微观主体到国家和市场上的宏观主体如何进行技术、生产模式的创新，从目前的发展阶段尤其是我国的区域发展不平衡的实际出发，总结目前我国采取的是技术引进模仿创新和自主创新相结合的创新发展模式，要坚持走中国特色自主创新道路。在实例故事中学习中国选择创新驱动发展战略的背景、必要性和国家创新体系的构建。

"发展经济学与中国经济发展"课程在讲解资本与经济发展的课程时，以一位银行业贷款业务负责人职业成长过程中，对"小微企业贷款难"这一中国经济发展中的重要课题所进行的长时间跨度的思考、困惑和反思为核心案例，从资本和资本市场的供给端探讨，在中国经济环境中小微企业为什么融资难，贷款风险大，并且进一步引导学生分析中国经济发展中的资本、资本市场以及现有的金融制度对经济发展的影响，说明国家强调在确保守住底线的同时深化金融改革的合理性。从中国改革开放和经济发展的普通建设者的亲身经历出发，更彰显出中国经济发展实践过程之中，微观主体的探索和成功经验对于中国经济增长"奇迹"增色不少。

通过对中国经济发展实践中典型案例的分析与探讨，突出中国特色社会主义市场经济的实践探索以及在实践探索中彰显的马克思主义理论与时俱进

---

① 韩丽丽：《经济类专业课程思政建设的实现路径探索》，载《思想理论教育导刊》2022 年第 5 期，第 126~131 页。

的鲜明时代特征，驱动学生理解中国经济，引导学生明晰中国共产党、中国政府在中国经济发展制度顶层设计的底层逻辑，将道路自信、理论自信、制度自信、文化自信"四个自信"的精神文化内涵潜移默化地融入学生的知识和价值观体系的塑造中，提升了课程思政教学效果和影响力。

六、结论

课程思政事关立德树人的根本任务，是教育回归育人本质的关键途径。在经济学课程的具体教学活动中引入思政教育，在中西方经济发展成果的对比中揭示中国经济增长奇迹的本色，从不同经济学理论的比较中凸显马克思主义理论的科学性，从市场主体的实践中反映中国经济发展取得奇迹的坚实土壤，通过这些方式引导学生树立马克思主义的历史观和发展观，帮助实现人才培养从专业技术人向政治社会人的转变，有助于真正实现经济学课程思政"教书育人"的目标。

"发展经济学与中国经济发展"课程以教学内容为核心，从三个维度实践的课程思政，融合了课程思政的知识输入、能力培养和价值引导的三个要素，而且贴合了作为社会科学类的通识课程的特点，以及选课学生大多数为理工科学生的受众特征。以中国经济发展实践案例为线索，针对学生的认知和学习特点，将发展经济学理论学习与中国经济发展历程相结合，教育学生以马克思主义的立场、观点和方法客观认识和分析中国的经济现象和经济问题。课程思政的开展有利于培养学生以经济学和发展经济学的视角和思维去观察、思考、分析中国经济发展中的关键问题，帮助学生用健全的价值观更为清晰全面地认识中国经济发展中存在的挑战。经济学的相关课程，不管是专业课还是通识课程，都可以借鉴这一以课程教学内容为核心融合教学方法和教学理念的思政模式，更加有助于在实践中强化思政教育立德树人的根本理念。

"传感器与信号调理"课程思政建设的探索与实践

张红梅　　王咸翰

（武汉大学　电气与自动化学院，湖北　武汉　430072）

摘　要：课程思政是对传统思政教育的有力补充，二者有机融合，协同育人。挖掘专业课程中的思政元素，将思政教育融入专业课程的教学之中，是落实新时代"立德树人"人才培养目标的一项重要举措。"传感器与信号调理"课程是自动化专业的一门重要的专业必修课程，其内容涉及传感检测技术的基础理论、常见传感器工作原理及其信号调理等。本文以"传感器与信号调理"课程教学实践为例，对课程思政建设内容进行探索，探究思政教育与专业知识教学的有机融合方案，对课程思政建设培养目标以及内容设计方面进行分析，并对教师发展环节等提出一些建议。

关键词：课程思政；传感器；教学方法；课程设计

一、引言

2016 年 12 月 8 日，习近平总书记在全国高校思想政治工作会议上强调，"要坚持把立德树人作为中心环节，把思想政治工作贯穿教育教学全过程"。①2017 年 12 月，教育部印发《高校思想政治工作质量提升工程实施纲要》，明确提出"大力推动以'课程思政'为目标的课堂教学改革，优化课程设置，修订专业教材，完善教学设计，加强教学管理，梳理各门专业课程所蕴含的思想

---

① 习近平：《习近平总书记在全国高校思想政治工作会议上的重要讲话》，载《人民日报》2016 年 12 月 9 日，第 1 版。

政治教育元素和所承载的思想政治教育功能，融入课堂教学各环节，实现思想政治教育与知识体系教育的有机统一"。2019 年 10 月，党的十九届四中全会确立了"培养德智体美劳全面发展的社会主义建设者和接班人"的培养目标，制定了"加强和改进学校思想政治教育，建立全员、全程、全方位育人体制机制"的实践路线。2020 年 5 月 28 日，教育部印发《高等学校课程思政建设指导纲要》，对课程思政建设进行了详细全面的阐释，指出"专业课程是课程思政建设的基本载体。要深入梳理专业课教学内容，结合不同课程特点、思维方法和价值理念，深入挖掘课程思政元素，有机融入课程教学，达到润物无声的育人效果"。并对不同的专业课程思政进行了分类梳理，其中对工学类专业课程，指出"要注重强化学生工程伦理教育，培养学生精益求精的大国工匠精神，激发学生科技报国的家国情怀和使命担当"。

课程思政将思政教育贯穿于高等教育人才培养的课堂教学各环节，是一种新的教育理念。在上述新时代背景下，以立德树人为根本任务，将"德智体美劳全面发展"的培养目标和"三全育人"的实践机制有机结合起来，探索思政教育与专业课程教学的融合方案，将课程思政落实到课堂，对高等人才培养具有现实和长远意义。"传感器与信号调理"课程是自动化专业的一门重要的专业必修课程，本文以"传感器与信号调理"课程与思政教育融合为例，结合实际教学实践，对课程思政建设进行了探索，给出了一些建议。

二、课程思政建设内容——以"传感器与信号调理"为例

专业课程在高校各专业的培养方案中占据着重要地位，是学生学习专业知识、掌握专业技能的主要途径，应充分利用专业课程占比重、课时长、类别多样的优势，将思政教育和专业课程进行有机结合，在传授专业知识的同时注重学生思想境界和道德品质的提升。专业课程思政是对思想政治理论课程的重要补充，也是新时代背景下实践"三全育人"机制、实现立德树人目标的重要途径。

传感器是信息时代的关键技术之一，是获取准确可靠信息的重要手段。"传感器与信号调理"课程是自动化专业的一门必修专业基础课，课程主要目的是使学生掌握各种传感检测技术基本原理及其在工程中的应用，为将来从事自动控制工作和传感器技术研究工作以及检测系统设计打下基础，同时锻

炼学生的逻辑思维能力，培养从理论到实践的思维习惯以及创新意识，使学生具备基本的综合分析问题和解决问题的能力。下面以该课程为例，从课程思政的培养目标、授课方式、内容设计等环节出发，探究课程思政与专业课程的融合方案，以期在讲授专业课程知识的同时达到育德育才的目标要求，实现课堂知识性与思想性的辩证统一。[①]

（一）培养目标

设定精准的课程思政培养目标是课程思政建设的首要关键环节。精准的培养目标设定要求从专业培养计划的全局出发，以该课程在专业培养计划中的重要性、该课程与其他课程的关联性为依据，以通过专业课程学习实现思政育人为落脚点。"传感器与信号调理"课程以传感器及其信号调理的基本原理及其应用为教学主要内容，是自动化专业培养计划中的必修专业基础课之一，同其他专业课程联系紧密。先进传感检测技术在实际工程应用中前景广阔，是推进工程装备向数字化、智能化转型的基础，是众多研究人员长期孜孜不倦、积极创新的结晶。因此，以传感器在各行业发展中的关键作用以及先进传感技术在智能化技术装备中的成功应用为切入点，同时融合课程的有关知识点和研究人员积极挑战、勇攀高峰的事例，确立培养学生家国情怀、"工匠精神"和"积极创新"理念的思政教育培养目标。

（二）内容设计

思政元素与专业课程知识的结合是课程思政教育的本质要求，课程思政内容设计是实现课程思政的基础，结合专业课程特点，挖掘思政元素，并将思政元素与专业课程知识结合给任课教师提出了较高的要求。思政元素通常涉及家国情怀、个人道德品质和科学价值观。[②] 内容设计应从上述三个角度出发，结合专业课程知识的具体内容，挖掘专业知识中的思政元素并予以扩充，同时采取恰当的教学方式，从而实现立德树人的根本目标。

"传感器与信号调理"课程采用以多种传感器及其信号调理的基本原理为

---

① 赵琰、蒋伟、陆静等：《课程思政的探索与实践：以信号与系统为例》，载《中国教育技术装备》2019 年第 8 期，第 84~85、88 页。

② 鱼轮、李亚文：《立德树人背景下"自动控制原理"课程思政探索》，载《工业和信息化教育》2022 年第 8 期，第 60~63 页。

主线进行系统教学，同时将理论知识与实际应用紧密联系起来贯穿于其中。课程教学从对传感器及检测技术的宏观概述出发，讲解传感器技术的国内外研究现状以及未来发展方向，帮助学生建立有关传感检测技术的初步宏观印象。同时在这一块内容中融入课程思政设计，重点阐述我国传感器技术的发展史，以模范人物或先进事例为素材展现我国传感器技术从落后到赶超的光辉历程，激发学生的民族自豪感并勉励学生牢记使命，艰苦奋斗，树立远大的家国情怀；创新是发展的第一动力，我国传感器技术的发展是创新驱动发展的成果。通过具体实例展现先进传感器在各行业中的广阔发展空间，激励学生以创新为指引，在学习和科研中持续进步。

各类型传感器的原理和应用是该课程教学的主要内容。传感器技术的发展更新是众多研究者勤勉工作、守正创新的结晶，其中涌现了大批模范人物和光荣事例。充分利用这一精神富矿，通过"模范人物+传感器"的事例范式，以榜样的力量激励学生的同时亦满足思政教育贴合理论知识的要求。例如：在讲解仪表检定及电动势式传感器的理论知识时，融入"大国工匠"黄金娟以三十余年苦心钻研成功研制世界上首条电能表自动化检定流水线，实现电能计量自动化检定从无到有的突破的卓越事迹，使学生认识到传感器及检测相关设备研发过程的不易，激励学生在日后的学习、工作中发扬"工匠精神"，牢固树立爱岗敬业、精益求精的意识；在进行流量检测知识的教学时，讲述"大国工匠"李刚从基础入手，为实现设备制造的国产化、国产设备性能的再优化而艰苦奋斗的事例，勉励学生从细节出发追求卓越，同时引导学生牢固树立关键核心技术自主可控的意识，加强学生对关键技术国产化的认识，把提升创新能力、加快解决"卡脖子"问题的种子深植学生心田。

新时代党的教育方针强调将劳动教育纳入人才培养要求，重视劳动教育对于国家发展、社会进步和个人发展的战略意义。[①] "传感器与信号调理"实验课程的开设，帮助学生通过动手操作加深对理论知识的理解，同时创新综合实验的设计可以激发学生的学习兴趣和进一步培养创新能力。通过学习实验室规章制度帮助学生规范操作，养成良好的实验习惯，树立遵守制度、科学操作的意识。整理实验设备、打扫实验室卫生是实验课劳动教育的关键环

---

① 金紫薇、司明宇、吴安春：《新时代党的教育方针的理论创新》，载《中国高等教育》2022 年第 8 期，第 46~48 页。

节，是引导学生巩固热爱劳动的意识、实现"德智体美劳"全面发展的重要一环。

先进传感检测技术是推动各行业技术进步的关键环节，是众多先进工程设备或系统的重要组成部分。在讲解先进传感检测技术时，结合国家重点工程中的先进技术(例如港珠澳大桥建设中先进检测技术的应用、白鹤滩水电站转轮无损检测技术应用等)，引领学生进行小组讨论、案例分析等，充分调动学生学习的积极性，帮助学生在充分理解掌握基础知识的同时，亦对相关工程有初步的印象并树立科技强国、科研报国的远大理想，将"积极创新"的理念传递给学生。

"传感器与信号调理"课程思政内容设计如表1所示。

表1 "传感器与信号调理"课程思政内容设计

思政元素	专业知识点	教学方式
家国情怀、创新是引领发展的第一动力	传感器及检测技术概述，我国传感器的发展史、未来发展方向	观看视频、先进事例讲解、课堂讨论
爱岗敬业、精益求精(工匠精神)	仪表检定、电动势式传感器原理及应用	事例阐述("大国工匠"黄金娟等)，观看视频了解传感器设备研发等过程的不易
积极创新、关键核心技术自主可控	流量检测等	事例阐述("大国工匠"李刚等)，结合相应实验课程帮助学生掌握传感器的设计和应用方法
实践与理论结合、团队协作、劳动教育	实验室规章制度、实验课程(多种传感器的使用、简单检测系统的设计等)	
科技强国、科研报国(家国情怀)	先进传感检测技术在实际工程中的应用	案例分析(港珠澳大桥建设中先进检测技术的应用、白鹤滩水电站转轮无损检测技术应用等)、分组讨论并展示成果

（三）教师发展、制度保障与评价体系

教师发展、制度保障与评价体系是影响课程思政建设顺利实施的重要因素。习近平总书记强调"高校教师要坚持教育者先受教育……更好担当起学生健康成长指导者和引路人的责任"。教师是课程思政建设的设计师，是建设好课程思政的主要因素。教师的政治素养和专业素质并重，充分发挥教师对课程思政建设的积极性，提升教师课程思政建设水平是课程思政建设的关键环节。

在推进课程思政建设的过程中，高校应以培养信仰坚定、专业突出的教师队伍为首要任务。育才先育师，高校通过组织教师全员思想政治培训课程，聘请知名理论专家、先进模范人物走进校园开展讲座等举措加强教师队伍的政治素质建设。高校教师肩负教学和科研重任，构建教学和科研并重的教学环境是高校贯彻落实党的新时代教育方针的重要举措。加强顶层设计，制定系列制度文件，建立健全的课堂思政建设评价体系、教师考核激励体系等，为营造科学研究与教书育人并重的教学环境提供制度保障。通过制度保障和积极引领，鼓励教师积极参与到思政教育融入课堂的过程中来，鼓励教师积极探索有效、有趣的教学方式，鼓励教师积极引入新的教学内容、打造与时俱进、内容丰富的精品课堂。各级学院、部门应发挥自身优势，定期组织教师团队听课、交流会、培训会、课程思政建设模范课堂比赛等，为教师提供沟通交流的平台，方便教师集思广益，寻求共同进步。党员教师应发挥模范带头作用，带动每一个人积极参与课程思政建设，形成思维活跃、视野开阔、精益求精的学习文化。

学校、教师、学生分别是课程思政建设的引领者、设计者、受益者，其中教师直接影响课程思政建设的效果。高校积极引导课程思政建设，健全制度体系、营造思政氛围；教师持续提升自身素质，积极打造课程思政的精品课堂；学生以"德智体美劳"全面发展为目标，牢记使命。构造由学校到教师、由教师到学生的课程思政建设主线，实现专业理论认真教学、思政理念精准传递的学生培养体系。

三、结语

　　课程思政是高校推动科学研究与教书育人紧密融合的重要举措，是培养"社会主义的合格建设者和可靠接班人"的关键环节，是实现立德树人、践行"三全育人"的重要途径。实现思想政治教育和专业知识教育的有机融合，既需要高校、各级学院、部门的全力引导，也需要教师持续提升自身素养，采取多种方式将课程思政的建设落实到教学一线中，将育德育才的理念执行到每位学生的培养过程中。

基于深度学习理论的课程思政教学探索

——以"气象与气候学"为例

陈　杰[1]　陈慧女[2]　张利平[1]　张艳军[1]　严　鹏[1]

（1. 武汉大学　水利水电学院，2. 武汉大学

马克思主义学院，湖北　武汉　430072）

摘　要：课程思政建设是全面提高人才培养质量的重要任务。深度学习作为课堂教学变革的新思路，其根本使命在于引导学生在运用知识解决实际问题的过程中发展核心价值观等精神素养，在深度学习视域下开展课程思政教学是一种新的尝试。本文以理工科非气象学专业必修课"气象与气候学"为例，结合课程的特点和知识体系，提出以深度学习理论为基石的课程思政实施框架，由浅入深，梯度推进思想政治要素与课程理论知识交织交融，寓德性养成于知识习得之间。旨在以点带面，为其他课程的思政建设提供参考，支撑高校专业课协同育人建设。

关键词：课程思政；深度学习；气象与气候学；教学

2016 年 12 月，习近平总书记在全国高校思想政治工作会议上强调："高校思想政治工作关系高校培养什么样的人、如何培养人以及为谁培养人这个根本问题。做好高校思想政治工作，"要用好课堂教学这个主渠道，思想政治理论课要坚持在改进中加强，提升思想政治教育亲和力和针对性，满足学生成长发展需求和期待，其他各门课都要守好一段渠、种好责任田，使各类课程与思想政治理论课同向同行，形成协同效应。"[①]2017 年 12 月，教育部党组印发的《高校思想政治工作质量提升工程实施纲要》明确提出："要大力推动以课程思政为目标的课堂教学改革"。2020 年 5 月，教育部印发《高等学校课程

---

① 习近平：《把思想政治工作贯穿教育教学全过程开创我国高等教育事业发展新局面》，载《人民日报》2016 年 12 月 9 日。

思政建设指导纲要》明确将思想政治教育贯穿人才培养体系，提升高校人才培养质量。课程思政已成为近些年教育教学领域的关注焦点，以课程思政为目标的教学改革也成了学者们的研究热点。[①]

深度学习原本指代计算机通过对人脑神经网络的模仿，复刻人类处理复杂数据和构建抽象认知的能力。随着人工智能研究影响力的扩大，深度学习的概念被赋予了新的含义并在教育技术领域得到广泛的应用。[②] 深度学习注重批判理解，强调信息整合，促进知识建构，着意迁移运用，面向问题解决，是学生胜任未来学习、生活和工作必备的知识和能力的总称。[③] 其核心在于培养学生的高阶思维，引导学生逐步形成适应个人终身发展和社会发展需要的必备品格和精神意识。[④]

当前，高校学生的学习较多存在被动、机械式的浅层学习方式，而教学也一定程度上简化成了标准而又程式化的机械训练。显然，这种剥离文化属性和精神内涵的知识传递模式与当前高校人才培养目标背道而驰。不囿于传统的教学思维和教育理念，以知识蕴育能力和课程构建精神为使命是当前以"课程思政"为目标的课堂教学改革对高校教师的要求。基于"课程思政"的理念，课程知识是饱含德性意义和文化品格的精神媒介；同时，众多研究者认为能够产生精神意义、达到德行养成目的的学习一定发生在深度学习中，故而"课程思政"呼唤"深度教学"，将深度学习理论与课程思政相结合是一种新的探索与尝试。

---

① 张凯、段妩迪、辛海燕：《课程思政研究综述》，载《职业技术》2021 年第 4 期，第 1~6 页；郑训臻：《基础力学课程思政教学理念与实践探索》，载《高等建筑教育》2021 年第 2 期，第 103~112 页；贺武华、王凌敦：《我国课程思政研究的回顾与展望》，载《学校党建与思想教育》2021 年第 4 期，第 26~30 页；李勇、邱静文：《推进专业课教师开展课程思政建设的思考》，载《学校党建与思想教育》2021 年第 8 期，第 56~57 页。

② 安富海：《促进深度学习的课堂教学策略研究》，载《课程·教材·教法》2014 年第 11 期，第 57~62 页；杜娟、李兆君、郭丽文：《促进深度学习的信息化教学设计的策略研究》，载《电化教育研究》2013 年第 10 期，第 14~20 页；张浩、吴秀娟：《深度学习的内涵及认知理论基础探析》，载《中国电化教育》2012 年第 10 期，第 7~11，21 页。

③ 张浩、吴秀娟：《深度学习的内涵及认知理论基础探析》，载《中国电化教育》2012 年第 10 期，第 7~11，21 页。

④ 吴永军：《关于深度学习的再认识》，载《课程·教材·教法》2019 年第 2 期，第 51~58，36 页；张良、杨艳辉：《核心素养的发展需要怎样的学习方式——迈克尔·富兰的深度学习理论与启示》，载《比较教育研究》2019 年第 10 期，第 29~36 页。

　　"气象与气候学"是众多理工科非气象学专业的必修课之一。该课程以物理学规律和数学知识为基础，研究地球大气的组成、运动规律，以及天气和气候演变的基本特征。主要讲述气象和气候学的基本理论、原理和方法，以及气候变化及其对环境的影响。不仅为学生学习有关专业课程提供必要的基础理论知识，而且该课程开设时间一般为学生刚刚接触专业知识的时候，对于提升学生的专业认知、职业认同，增强学生的责任担当均具有重要作用。然而，作为典型的自然科学学科，"气象与气候学"的任务在于揭示自然界的基本规律，与社会科学、人文意识的交集有限。因此，如何将课程思政理念渗透进"气象与气候学"的教学中，培养学生的高阶思维，做到工具性与人文性的统一，是一个需要深度探索的问题。

　　基于此，本文提出以深度学习理论为基石的"气象与气候学"课程思政实施框架，以知识传授为线，精神培育为纲，由浅入深，梯度推进思想政治要素与课程理论知识交织交融，寓德性养成于知识习得之间。架构于深度学习脉络之上的课程思政框架具体为：全方位收集思政教育资源，创建多维弹性化教学情景；引导学生系统化整合专业知识，培养人文精神；创建社会化应用情境，强化学科价值引领；推动学科课程思政建设，完善课程思政教学目标。

一、全方位收集思政教育资源，创建多维弹性化教学情景

　　教学准备是引领深度学习的前提，也是课程思政的基石。一方面，高校教师可通过"引进、自制、改造"等方式对教学资源进行充分开发，在课程知识理论中全方位收集、挖掘思政教育资源。另一方面，深度学习过程要求学习者内设多维度个性化学习情境，这就要求教学设计创建多维弹性化教学场景，以提供充足有效的学习情境。

　　教师在教学设计中，应注重将课程理论知识中所蕴含的政治思想和精神内涵分阶段，多批次地传递给学生。值得指出的是，"气象与气候学"课程的思政教育，并不是指思政元素独立于理工教学之外，或是附庸于理工内容之上，而是要贯穿课程主干，融入全域，现于点滴。表1为"气象与气候学"课程理论知识与思想政治元素二者融合的方式。

　　建构主义认为，学生的知识不是通过教师传授而得，而是在特定的情景中，借助教师或同伴的帮助，利用必要的学习资源，通过意义建构的方

式获得。① 通过将学习过程镶嵌到多维情景中，有助于完成个体的知识认知与复杂环境的交互作用，促进对知识的深层理解与应用。针对"气象与气候学"课程思政建设，拟列出以下教学情景供于参考：成立"气象与气候学"课程思政教学组，课程组老师共同研讨课程思政教学内容与方法设计，集思广益，博采众长；邀请思政课程专职教师和"气象与气候学"课程思政组老师共同组织课程思政工作坊和开展课程思政专题培训会，实现专业课与思政课教学同向同行，协同育人；拓展实习实践第二课堂，邀请来自生产一线的老师开展课程实习思政大讲堂和"课程思政实践基地"现场实践教学；提炼行业的国际前沿与热点(如：2021 年发布的政府间气候变化专门委员会第六次评估报告、2021 年诺贝尔物理学奖授予两位气候学家)和国家重大战略需求(如：生态文明建设、"碳达峰、碳中和")，邀请知名专家深入解读，组织学生沉浸式讨论；建立教师课堂内思政育人与课堂外本科生班级导师、辅导员、学生思政导师育人有机结合；充分利用现代信息技术，创新课堂内外的教学方法与育人手段，借助新媒体(如微信公众号)手段向学生推送含有课程思政元素的专业课视频、文字、图片等素材，构建全过程多维度弹性化育人工作格局。

表 1 "气象与气候学"课程理论知识和思想政治元素融合方式

教学章节	专业教学内容	思想政治元素	融合方式	
			融合方法	融合内容
1 绪论	1.1气象学与气候学的定义及研究对象； 1.2大气科学的发展简史； 1.3大气科学的内容及学科	爱国主义 科学精神 文化自信 大局意识	嵌入式 案例式	以气象与气候学领域我国科学家取得的巨大成就与先进事迹为例向学生传递科学精神与家国情怀； 通过介绍大气科学的发展历程，培养学生的民族自豪感； 通过气象谚语的学习增强学生的文化自信； 通过介绍大气无国界的特点，大气观测与研究需要全球合作，培养学生的大局意识

---

① 曾明星、李桂平、周清平等：《MOOC 与翻转课堂融合的深度学习场域建构》，载《现代远程教育研究》2016 年第 1 期，第 41~49 页。

续表

教学章节	专业教学内容	思想政治元素	融合方式	
			融合方法	融合内容
2 大气概述	2.1 大气的组成； 2.2 大气的垂直结构； 2.3 基本气象要素； 2.4 大气中的水分； 2.5 大气状态方程	责任意识 科学精神	案例式	通过介绍气象观测的严谨性和规范性培养学生的责任意识和严谨求实的工作作风
3 大气热力学与热量平衡	3.1 热力学第一定律； 3.2 辐射平衡； 3.3 全球热量平衡； 3.4 气温的空间分布与周期性变化	辩证意识	嵌入式	通过讲授辐射平衡和全球热量平衡，培养学生辩证唯物主义的哲学思维
4 大气运动	4.1 作用于空气的力； 4.2 大气静力学； 4.3 大气运动方程； 4.4 自由大气中的空气水平运动； 4.5 摩擦层中的风 4.6 大气的垂直运行	辩证意识	嵌入式	讲授大气运动遵循的基本定律，通过空气的受力分析，风的形成，体现事物发展的内在因果逻辑关系； 通过大气运动的尺度分析等培养学生辩证唯物主义的哲学思维
5 天气系统	5.1 气团与锋； 5.2 气旋； 5.3 反气旋； 5.4 中小尺度天气系统 5.5 影响中国的主要天气过程	辩证意识 责任意识	嵌入式 案例式	通过气团、锋、气旋、反气旋的形成、移动、消亡认识自然事物的一般发展规律； 分析影响中国的主要天气过程，培养学生的社会责任感
6 大气环流	6.1 大气环流形成的主要因素； 6.2 大气环流的平均状况 6.3 大气环流的变化； 6.4 ENSO 系统； 6.5 季风环流	辩证意识 使命担当	嵌入式 案例式	从热力因子(太阳辐射不均匀分布)和动力因子(地球自转、海陆分布、地形差异)反映事物发展受内、外因素共同作用； 分析 ENSO 对长江流域暴雨洪水的影响，激发学生的社会责任感和使命感

续表

教学 章节	专业教学内容	思想政 治元素	融合方式	
			融合方法	融合内容
7 气候 系统	7.1 气候系统及其影响因素 7.2 全球气候基本状态 7.3 气候系统的水分平衡 7.4 大气成分变化对气候系统的影响	辩证意识 生态文明	嵌入式 讨论式	通过分析气候的形成与变化的影响因素，体现外部环境对事物发展的影响； 在讲授大气成分变化对气候系统的影响时结合国家的"碳达峰、碳中和"战略，培养学生生态文明意识
8 气候 变化及 其对水 文水资 源的影 响	8.1 气候变化的概念与基本事实； 8.2 气候变化的原因； 8.3 气候变化的检测与归因 8.4 气候变化对水文水资源的影响。	对立统一 责任意识 生态文明	嵌入式 案例式 讨论式	分析气候变化的原因反映事物发展受内、外因素共同作用； 讲解一系列的气候变化国际框架公约和协定，体现中国的大国担当，培养学生责任感和引导学生树立正确的义利观； 通过对气候变化影响的讲授，引导学生成为生态文明建设的重要参与者和贡献者

二、引导学生系统化整合专业知识，培养人文精神

浅表学习以再现考试材料为目标，主要特征有信息无关联记忆、学习局限于教学大纲和采用最少的努力来避免失败。① 显然，浅表学习存在重技术、重知识、重物质，而轻人文、轻心智、轻思想的问题。深度学习则以理解和构建意义的方式学习，致力于培养学生的高阶审辨思维，有助于提高学习者的学习效能和思维品质。深度学习过程的知识转化阶段使其有别于浅表学习，教师应抓住这一阶段，通过梳理课程知识的内在逻辑，灵活整合教材内容，启发学生化形象为抽象，由量变到质变，从而将专业知识系统化地存储于长

---

① 陈静静、谈杨：《课堂的困境与变革：从浅表学习到深度学习——基于对中小学生真实学习历程的长期考察》，载《教育发展研究》2018 年第 Z2 期，第 90~96 页。

期记忆中。同时，在教学过程中对学习者表现出的主观能动性予以鼓励，引导学生对课程内容投放情感乃至借助课程内容投射理想，推进学生对文化的理解和传承，培养学生的爱国主义、科学精神、文化自信、民族自豪感等人文精神。

在爱国主义和科学精神方面，以中国现代气象科学的奠基人、中国物候学的创始人竺可桢先生为例，从其求学、归国和科研等出发，讲述他崇高的科学家精神、求真务实的科学态度以及对中国科学事业的巨大贡献。以国际著名大气科学家、国家最高科技奖获得者曾庆存院士为例，从其对数值天气预报和气象卫星遥感做出的开创性贡献，讲述他面对困难百折不挠和"十年磨一剑"的科学精神，以及为人民服务和为中国气象事业献身的家国情怀。通过老一辈科学家的先进事迹，让学生们深刻感受老一辈科技工作者爱国、奉献、求实、创新的科学家精神，以及艰苦奋斗、不屈不挠、追求真理、勇攀高峰的科研精神。

在文化自信和民族自豪感方面，通过引入与气象相关的谚语，如："雨中闻蝉叫，预告晴天到；早蚯闻蝉叫，晚蚯迎雨场……"体现我国古代人们在长期的观察和生产实践中对气象知识的总结与归纳，其远远早于数值气象预报的产生；同时，表明中华文化的博大精深，以此增强学生的文化自信。通过介绍中国远古时代人类防御气象灾害和利用气候资源的方式，如："旧石器时代的云南元谋人进洞穴以避风雨，披兽皮以御寒、防湿，利用火来照明、取暖和烧烤兽肉；我国早于殷朝甲骨上就刻有关于天气的卜辞；春秋战国时期，确定二十四节气的准确日期，指导农业生产……"体现"气象与气候学"与人类社会和人类文明发展的密切联系。通过讲授我国对大气科学发展所作出的卓越贡献，增强学生的民族自豪感。

三、创建社会化应用情境，强化学科价值引领

深度学习主张能力的迁移与运用，即能将一种情境中习得的知识和方法迁移到另一情境中去解决实际问题。学生的迁移能力一方面体现在突破学科边界，使不同学科之间建立内在联系，另一方面体现在打破理论知识与社会实践的壁垒，将学科知识用于解决生活实际问题，实现对新知识的深度理解和内化。

"气象与气候学"的知识与人类的生产生活息息相关，是一门应用性较强

的课程。将学生纳入特定的社会场景，开展沉浸式学习体验，有利于强化对学生的价值引领。深度学习追求一种高品质、高效率的课堂教学，其主要价值在于通过学科核心内容的重点探究过程，使学生掌握知识的同时，培养问题解决能力，实现学科教学中少量主题的深度覆盖。该课程知识的讲授可与各种天气或气候现象，特别是气象灾害相结合。如 1998 年长江流域的暴雨洪水，2012 年北京"7·21"特大暴雨、2021 年郑州"7·20"特大暴雨，2021 年10 月山西特大暴雨均造成了严重的人员伤亡和巨大的财产损失。通过介绍洪水灾害的气象与气候成因，鼓励学生积极投身变化环境下气象水文极端事件方面的研究，激发学生的社会责任感和使命感。通过将课堂知识与实践问题相结合，引导学生对知识的整体感知和对情境的真实体验，引导学生提高学习理论的自觉性，增强责任感、使命感，将个人追求融入国家富强、民族振兴、人民幸福的伟大梦想之中。

"气象与气候学"是一门国际合作程度极高的学科。气象观测需要全球同步进行，具有高度分散（观测站点）、高度集中（资料迅速集中）、高度协调（观测站址、观测仪器和方法）和高度合作（国际合作）的特点。通过相关知识的讲授培养学生的大局意识。在气候变化方面通过介绍中国在一系列的气候变化国际框架公约和协定中所扮演的角色和起到的重要作用，体现中国的大国担当，特别是结合"碳达峰、碳中和"国家战略，强调中国计划用 30 年时间走完发达国家 70 年从碳达峰到碳中和的道路，有助于学生理解习近平总书记"共谋全球生态文明建设之路"的全球共赢观，使学生认识到习近平生态文明思想对于促进全球生态治理具有重要意义。同时，结合我国生态文明建设讲授气候变化对生态环境的影响，引导学生关注气候变化，自觉成为新时代中国特色社会主义生态文明建设的重要参与者、贡献者和领导者。

四、推动学科课程思政建设，完善课程思政教学目标

在核心素养视域下，以深度学习为基础的课程思政教学目标应呈现以学生为中心、以价值引领为思政目标、以立德树人为根本任务的新样态。在课程思政系统中，专业课程思政是最为关键及最难解决的部分。① 而工科专业课

---

① 陆道坤：《课程思政推行中若干核心问题及解决思路——基于专业课程思政的探讨》，载《思想理论教育》2018 年第 3 期，第 64~69 页。

因更强调业务知识传授，使落实全过程思政教育难上加难。学生深度学习能力的发展与人才素养的培育密切相关。考虑到大气科学与物理学、化学、水文学、计算机科学等诸多学科的高度交叉融合，"气象与气候学"是水文、农业、林业、海洋、航空航天等专业的必修课。在面对不同专业的本科生时，人才培养方案可能会根据领域差异，对学科交叉部分的授受有所取舍，有所侧重。因此，需要对该课程的课程思政进行整体性设计，避免脱离价值目标实现谈课程思政，需要将培养目标细化落实，明确本专业人才所需具备的专业核心素养，将其分解、提炼并落实在培养规格和课程体系中，将课程思政建设落实到培养方案的每一个环节。

人才培养目标要想满足课程思政的目标，离不开学生通过思考、探究、推理、反思等深度学习过程习得的知识结构、专业技能和解决实际问题的本领。因此，为建设"气象与气候学"课程专业思政一体化，需要通过梳理课程安排以加强整体设计，同时优化课程体系来增强内容的挑战性和创新性，从而引发学生的深度思考，发展学生的高阶思维能力。同时，需要倡导问题化、实践性学习，推崇学思结合、知行合一；强化主题性、拓展性学习，着意融会贯通、实践创新。通过该课程的学习，一方面培养学生运用气象与气候学的专业知识，针对复杂工程问题选择研究路线，设计研究方案；另一方面，注重工程伦理教育，培养学生更多地关注公众的安全与人民的福祉。

五、结语

本文以非气象学专业必修课"气象与气候学"课程为例，根据课程特点和知识体系，以深度学习理论为基石，初步探究了其课程思政的实施框架。然而，"课程思政"作为一种新的课程观，从概念的提出到落地、推广的时间仍然较短，关于课程思政的内涵、实施路径等均有待完善。后续可将课程思政的理念落实到课程目标设计、教学大纲修订、教材编审选用、教案课件编写等各方面，贯穿于课堂授课、课程组研讨、课程设计等各环节。同时，根据学生的反馈，实时评价课程思政成效，不断完善课程思政的实施方法，真正发挥课程教学的育人功能。

"双一流"建设背景下中药学课程思政教学改革探析

（武汉大学　药学院，湖北　武汉　430072）

摘　要："课程思政"是落实和实现"三全育人"的重要途径，将思想政治教育与各专业课程教学有机结合已成为我国"双一流"建设中高等教育改革的重要方向。中药学是我国普通高校中医药教育教学中的核心课程，也是综合性院校药学本科专业教育不可或缺的一环，兼具"药"和"医"交叉的特点，蕴含了丰富的思政元素，有利于开展课堂思政教学，且可促进系统化课程思政建设。为此，本文就中药学课程思政教学现状、思政教育资源以及实践策略等进行了探讨，以期为"双一流"建设药学专业思政教育教学提供参考。

关键词：中药学；课程思政；思政元素；"双一流"建设

"双一流"建设是当前我国教育改革提出的重要战略决策，与促进我国高等教育内涵式发展相互呼应，① 其特征主要体现在人才培养质量、创新体制机制和文化价值引领。② 在"双一流"建设背景下，学科建设具有举足轻重的地位，而课程建设又是学科建设的基石。在"三全育人"综合改革方针指引下，思政教育已逐步融入课堂教学中，并成为落实"立德树人"根本任务的重要方式之一。

中医药是世界传统医药宝库中一颗璀璨的明珠，也是我国"杏林文化"的重要组成部分。随着"传承精华、守正创新"发展理念的提出，其重要性日渐

---

① 辛静：《"双一流"建设背景下高等中医药院校内涵式发展路径研究》，载《中医药导报》2018 年第 14 期，第 131~133 页。

② 杨秀娟：《"双一流"建设中高等教育内涵式发展路径探析》，载《黑龙江高教研究》2019 年第 8 期，第 11~14 页。

凸显。中药学是我国普通高校开展中医药教育教学中的一门核心课程，主要讲述临床中药学学科相关知识，特别是中药的"性"（性能）、"效"（功效）和"用"（临床应用）。该课程具有独特的"药"和"医"的双重属性，以及医学、理工和人文学科多学科交融的特色，不仅符合综合性高等院校药学专业"宽口径"与学科交叉型人才的培养定位，而且还蕴含了丰富的课程思政资源，具有探索立体化育人实践的有利条件。将思政教学融入专业课，发挥中医药传统文化强大的育人功效和优势，对发挥本专业课程课堂教学主渠道以及在思政建设中的主战场作用无疑具有先天优势。然而，如何挖掘和应用中药学课程中的思政元素并将其融入课堂教学全过程值得思考和探索。

一、现阶段中药学课程中思政课教学现状分析

近年来，为响应国家高等教育内涵式发展的战略需求，建立健全"立德树人"的培养目标，思政教育的研究与实践在各大院校开展得如火如荼。但由于各校实施时间、实施的基础（如原有思政教育评价体系）和条件以及重视程度等实际情况不同，在实践过程中出现了不少问题，影响课程思政教学的有效实施。[①] 就综合性"双一流"建设院校而言，其主要问题可归纳为以下三个方面。

一是思政教学与专业教学的平行现象较为严重。尤其是在综合性大学中，因学科门类较为精细，思政课教学和专业课教学分别由不同学院承担，学科融合度小，课程设置复杂，各有特色但又各行其是，思政课过于"单一化"，导致学生学习积极性不高，疲于应付。其次，课堂上大多数教师比较重视专业知识的传授，却忽视了思政教育的价值引领作用，导致了思政教学与专业教学"两张皮"的现象。

二是思政教育目标不清晰、定位不足。许多教师擅长于专业教学，而较缺乏育德能力和育德意识。灌输式的教学模式（惯性）使得很少有人愿意将课程思政教育纳入课堂教学中；即使为应付要求进行一些课程思政教学，也无

---

① 辛静：《"双一流"建设背景下高等中医药院校内涵式发展路径研究》，载《中医药导报》2018 年第 14 期，第 131～133 页；孙梦、吴宪：《中医药院校思政课创新"思政＋中医药"模式的探索》，载《高教学刊》2021 年第 18 期，第 33～37 页。

法针对不同专业、学生个性和诉求及社会实际需求制定育人目标，不能与时俱进地改进教学内容和教学方法，导致思政教学形同虚设。① 时代在前进，社会物质文化水平不断提升，大学生思想活跃、个性强，教师如不能及时认识与掌握学生的思想动态及变化趋势，将很难推进思政教育教学工作，且对后续的专业精神的培养带来较大影响。

三是中医药文化思政元素的挖掘不足。由于未能深入挖掘和弘扬中医药传统文化蕴含的思想观念、人文精神和道德规范，造成思政教育难以与专业课内容相互融合，思政教学缺乏趣味性，无法吸引学生的注意和引起思想上的共鸣。对此，有学者分析其主要原因还在于思政与中医药教育的专业差异，两者分属不同学科，历史沿革、专业内涵以及实践领域迥异，最终导致中药类课程专业和思政教学均乏善可陈，难以形成良好的教学效果。②

二、中药学课程探索和实施"课程思政"的必要性

大学是人才培养的最关键阶段，大学生的世界观、人生观和价值观尚未定型，可塑性较大，思想政治教育不可或缺，尤其在我国经济飞速发展以及国际化和文化多元化背景下，可谓任重而道远。③ 不言而喻，思政教育教学是高校落实立德树人根本任务的重要手段。中药学课程思政教学改革是顺应新时期国家教育改革的战略需求，也是专业课程改革的必然趋势。通过以上分析可见，现阶段该课程思政教育教学还存在许多的漏洞和不足，相关的理论和实践研究亟待进行。

作为一门医药学类专业课程，中药学课程具有自然科学、医学和人文学科多学科交叉融合的特点，既有中药的基源鉴定、炮制加工、性味功效等的

---

① 程赛杰、龙苏兰、孙志强：《三全育人视域下中医药院校课程思政教学改革探索》，载《光明中医》2021年第24期，第4271~4273页。

② 杜鸿志、刘义梅、张秀桥等：《"课程思政"背景下的中药学类课程教学改革探讨》，载《时珍国医国药》2020年第7期，第1736~1738页；黄海鹏、门瑞雪：《中医药院校"课程思政"教学模式的构建策略》，载《学校党建与思想教育》2020年第16期，第45~47页；冯秀芝、任艳玲、刘立萍等：《中药学课程思政教育资源的挖掘与实施途径研究》，载《卫生职业教育》2020年第11期，第27~28页。

③ 杜鸿志、刘义梅、张秀桥等：《"课程思政"背景下的中药学类课程教学改革探讨》，载《时珍国医国药》2020年第7期，第1736~1738页。

现代研究和诠释，又有功效和应用等临床实践和传承，内容丰富，学习难度较大，如不进行教学改革，极易导致教与学相互剥离，教学效果不佳。从专业课的角度而言，中药学不仅仅是一门自然科学，还需要有意识地培养和提高学生的职业道德素质和医德精神，确保为社会输出德才兼备的复合型人才；同时，学生在学习中药专业知识的同时，通过一系列具体案例接受思政教育，避免了空洞的说教，且能"一石二鸟"，满足本科培养精简整合现有课程、避免"攒"学分的内涵式发展目标。而从思政教育的角度来看，将思政课程有机地融入中药学专业课堂，可使同学们在学习中药学专业知识的同时，感悟中医药的魅力和智慧，树立中医药的文化自信，增强中医药的认同感和专业自信；同时，许多"思政元素"本身就是专业知识，挖掘并引入"思政元素"，可避免单纯"硬知识"的讲授，让课堂变得更有温度和"获得感"，教师教学不再枯燥，学生学习也能轻松自如，学习兴趣提高，也提升了对中医药文化精髓和科学内涵的探索热情。这些特点和优势无疑对提高本课程乃至中药学类其他课程教育教学质量具有重要意义。

许多综合性"双一流"建设大学中思政与专业教学虽呈平行化现象，但也具有先天优势，如通识课和公选课种类多样，各专业学生选课的范围和自由度较大，有利于各类专业课程与思政课同向同行，形成协同效应；如果能把两者有机结合，也将促进高等教育由单一化思政课程向系统化课程思政的转化。① 作为我校药学院大药学类主要选修课程之一，中药学面向本院所有本科生，其次，本课程属于药学本科专业中药与天然药物学方向前后衔接的主干课程之一，主要教学时段为第二学年第一学期，具有承上启下的作用，本课程思政教学项目实施将对中药学专业人才培养具有较大促进作用。

此外，据检索中国知网，自 2020 年以来"课程思政"的教学论文数量呈井喷式的递增，2021 年甚至达到了约 1.46 万篇。由此可见，课程思政教育教学既符合新时期高等教育内涵式发展的需要，又符合当下高校教育综合改革的大方向。在"双一流"建设背景下，探索和实施中药学课程思政教育和教学新方法和新途径是很有必要的。

---

① 黄海鹏、门瑞雪：《中医药院校"课程思政"教学模式的构建策略》，载《学校党建与思想教育》2020 年第 16 期，第 45~47 页。

三、中药学课程中"思政元素"的挖掘与应用

中药学课程是中医学、中药学及相关专业学生的必修基础课程。[①] 从课程特色来看，中药学不仅仅限于专业知识的讲解和学习，还涉及中医药传统文化及其所承载的自然智慧、处世哲学等，其中蕴含着丰富的"思政元素"，非常值得挖掘。[②] 迄今已有许多学者从不同角度对该课程的'思政元素'进行了探讨和分析，[③] 概括而言，中医药文化自信、守正与创新、治学与人文素养、工匠精神等内容最值得探究，以下分别进行阐述。

1. 中医药文化自信

中医药是中华文明的瑰宝，也是现代大健康产业的主力军。习近平总书记曾指出，"中医药学包含着中华民族几千年的健康养生理念及其实践经验，是中华文明的一个瑰宝，凝聚着中国人民和中华民族的博大智慧"。[④]可以说，长久以来中医药实践为中华民族的繁荣昌盛和人类的健康作出了不可磨灭的贡献，同时，中医药也是中华文化的一个缩影，其发展历史源远流长，凝聚和承载着中国优秀的文化传统。虽然 20 世纪"西学东渐"以来，基于近代科学技术发展起来的现代医学占据了主流，传统中医药遭受

---

① 冯秀芝、任艳玲、刘立萍等：《中药学课程思政教育资源的挖掘与实施途径研究》，载《卫生职业教育》2020 年第 11 期，第 27~28 页。

② 杜鸿志、刘义梅、张秀桥等：《"课程思政"背景下的中药学类课程教学改革探讨》，载《时珍国医国药》2020 年第 7 期，第 1736~1738 页。

③ 孙梦、吴宪：《中医药院校思政课创新"思政+中医药"模式的探索》，载《高教学刊》2021 年第 18 期，第 33~37 页；程赛杰、龙苏兰、孙志强：《三全育人视域下中医药院校课程思政教学改革探索》，载《光明中医》2021 年第 24 期，第 4271~4273 页；杜鸿志、刘义梅、张秀桥等：《"课程思政"背景下的中药学类课程教学改革探讨》，载《时珍国医国药》2020 年第 7 期，第 1736~1738 页；黄海鹏、门瑞雪：《中医药院校"课程思政"教学模式的构建策略》，载《学校党建与思想教育》2020 年第 16 期，第 45~47 页；冯秀芝、任艳玲、刘立萍等：《中药学课程思政教育资源的挖掘与实施途径研究》，载《卫生职业教育》2020 年第 11 期，第 27~28 页；覃骊兰、李海秀、薛中峰：《〈中药学〉课程"五维一体"思政教学模式的探索与实践》，载《时珍国医国药》2022 年第 1 期，第 225~227 页。

④ 吴勉华、黄亚博、文庠等：《学习总书记重要论述坚定中医药发展自信》，载《江苏中医药》2019 年第 7 期，第 1~9 页。

旁落甚至认知怀疑，① 但近几十年来中医药学借助现代科技得以迅猛发展，中医药的影响力不仅没有缩小，而其注重整体观和个体化医疗的特性却为西医西药所认可和借鉴，尤其在"一带一路"背景下"东学西渐"已逐步成为现实。② 这些元素无疑可以激发学生的民族自豪感，增强文化自信。③ 在授课中将中药所蕴含的文化要素与药物性能、功效、应用巧妙地结合，对培养学生崇高的家国情怀可起到潜移默化的作用。其次，通过实际案例教学更为直观而具体，更能激发学生主动思考，比如 2011 年 5 月在英国曼彻斯特召开的联合国教科文组织世界记忆工程国际咨询委员会（IAC）第十次会议上，《本草纲目》和《黄帝内经》一起成功入选《世界记忆名录》，这是到目前为止仅有的两部来自中国的医药著作。该事件说明中医药文化价值得到了国际社会的广泛认同，中医药正昂首阔步走向世界医药之林。此后，2015 年 10 月中国科学家屠呦呦因发现中药抗疟药物青蒿素，获得诺贝尔生理学或医学奖；2019 年 1 月，西方主流媒体《美国国家地理杂志》刊发长文"传统疗法如何正在改变现代医药——长期被西方科学所忽视的传统中医药正在产生尖端疗法"，力挺中国传统中医瑰宝等。此外，教科书上的例子亦比比皆是，如人参与西洋参均为中药补气药，而其原产地一个中国一个北美。西洋参可谓人参的"洋兄弟"，其发现与利用的历史较短，却承载着一段中西方文化交流与中医药贸易的历史佳话。两味药在现代医学中都大放异彩，应用于抗肿瘤等临床治疗。这些案例既是专业知识，也是"思政元素"；既进行了专业自信教育，树立了对中医药专业的自信和认可，还开展了爱国主义教育，培养了家国情怀。

2. 守正与创新

守正创新是习近平新时代中国特色社会主义思想的一个重要内容。④ "守正"意味着坚守正道，坚持按事物的本质要求和发展规律办事。守正中医药，

---

① 孙梦、吴宪：《中医药院校思政课创新"思政＋中医药"模式的探索》，载《高教学刊》2021 年第 18 期，第 33~37 页。

② 王亚丽、陈雨菡：《从中医西传看中西文化交流》，载《中国中医基础医学杂志》2018 年第 4 期，第 477~478 页。

③ 冯秀芝、任艳玲、刘立萍等：《中药学课程思政教育资源的挖掘与实施途径研究》，载《卫生职业教育》2020 年第 11 期，第 27~28 页。

④ 李红玉：《习近平关于守正创新重要论述的内在意蕴》，载《思想理论教育导刊》2022 年第 4 期，第 24~31 页。

其一是坚持中医临床思维，传承中医药精华，做到"观其脉证，知犯何逆，随证治之"；① 其二是坚持发展中医药，使中医药在当代社会中能发挥积极有益的作用。"创新"则决定了中医药发展的未来。"知常明变者赢，守正出新者进"，发展中医药，不仅要守正，还需要打破学科框架，发挥现代科学技术的作用，不断将中医药学与现代科学手段相结合，推陈出新。

中医药的发展史也表明，开放包容、探索创新、追求真理，是中药学作为自然科学属性的本质要求。中医药临床思维包括了"整体观"和"辨证论治"，其本身符合现代唯物辩证法思想和方法论原理，因此，在中药学课程教学中，可以很好地利用和贯彻这一指导思想。首先，在总论部分教学中，药性理论是以阴阳、脏腑、经络学说为依据的，其中包括了"四气五味""升降浮沉""归经"和"中药毒性"等内容，这些性质和特征无一不浸透着辩证统一的唯物主义哲学思想。例如，"归经"理论认为经络能沟通人体内外表里，体表病变可以反映内在脏腑病变，机体发病所在脏腑及经络循行部位不同，临床表现的症状也不同，这与"头痛医头，脚痛医脚"的形而上用药方式完全不同；再则，通过对"中药毒性"的讲授，可以了解古人对"毒药"的理解，即为药物的偏性，而非单纯的药物不良作用，由此解读其用毒药治病的方法即"……先起如黍粟，病去即止，不去倍之，不去十之，取去为度"，以区分与现代药物毒性的异同，明白"是药三分毒"的道理。其次，在讲授单味药时可以穿插补充中医药的科研成果与突破以及近年来临床应用方面的成功案例。例如：麻黄是一味发汗解表药，有宣肺平喘、利水消肿之功，现在已知麻黄碱是其有效成分，而最早发现了麻黄碱的作用是一位中国科学家陈克恢教授，他被誉为现代中药药理学研究的创始人，为麻黄碱的临床应用作出了突出贡献。再则，青蒿素的发现已是家喻户晓，但其背后的故事即屠呦呦如何受到晋代葛洪《肘后备急方》的启发进而发现青蒿素的心路历程仍有一番讲述。此外，中药的现代研究包括在中药炮制、中药鉴定、中药化学、中药制剂以及中药方剂等方面均有长足的发展，其中也涉及许多中医药科学家（如徐国钧、楼之岑）和国医大师（如邓铁涛）以及著名中医药企业（如同仁堂）等，其中也有不少精彩的故事，可以信手拈来用于课堂教学中。

---

① 谭可欣、蒋志诚：《"观其脉证，知犯何逆，随证治之"——中医经典临床思维特色和方法浅析》，载《中医药导报》2017年第11期，第18~24页。

3. 治学与人文素养

中医药是以治"病的人"作为其医疗活动的中心，从而决定了其独特的人文属性。深入挖掘中医药"以人为本"的精神内涵，融入"大医精诚""仁心仁术"的医德药德修养教育，弘扬历代医家的高超医术和高尚品德，都是不可多得的课程思政元素。如课程在开篇中药学的发展史中，包含了历代本草著作的作者、成书年代、药物收载种类以及编写体例等内容，可以结合具体案例进行讲述。譬如，我国伟大的医药学家李时珍与《本草纲目》的故事。李时珍年轻时随父学医，颇有医名，曾立志写出一本能真正治病救人且惠及广大百姓的医书，以实现其心中"天下医书，利益天下"的理想；历经三十多年的呕心沥血，稿凡三易，终于完成了《本草纲目》这本医药巨著。后来为了能使该书顺利刊印出版，李时珍不远千里两次恳请一代文豪王世贞为其书作序，其中历程亦可谓千辛万苦，直到去世后不久该书终得以刊刻出版。整个过程正如李时珍在早年对父言诗明志"身如逆流船，心比铁石坚，望父全儿志，至死不怕难"的真实写照。这则案例可让学生感受古代医药学家的智慧和专注，以及穷其一生只为一事(书)坚持不懈的精神。① 更为重要的是，在《本草纲目》这本书中，李时珍曾言道"医之为道，若子用之以卫生，而推之以济世，故称仁术"，彰显了其高尚的医德医风。

而在更远的唐代，药王孙思邈所著《备急千金要方》第一卷曾论到"大医精诚"的观点，提出了医者"心怀仁爱、济世救人"的道德准则。如此种种，都体现了中医药学的人文精神。"医乃仁术"是其基本价值定位，体现了传统伦理的仁爱、仁慈、仁义观；"悬壶济世"是其道德理想信念，认为治病、救人、济世三位一体，不可分割。此外，在各论讲述中也不乏这样的例子与"思政元素"。例如，"苦杏仁"是一味常用的止咳平喘中药，始载于《神农本草经》，来源于杏等多种杏属植物。前述抗新冠肺炎病毒的"三方"之一"清肺排毒汤"即含有此药。不仅如此，从该药还可以引申出一段典故，还有我们所熟知的杏林和杏林文化。相传三国时期闽籍名医董奉医术高明，且不计报酬，但尤喜栽杏树。人们用"杏林"称颂医生；医家也每每以"杏林中人"自居。后世遂

---

① 杨宜花、刘端勇、赵永红等：《中医专业教学中融入中医文化思政德育的探讨》，载《光明中医》2019 年第 9 期，第 1454~1456 页。

以"杏林春暖""誉满杏林""杏林圣手"等来称颂医家的高尚品质和精良医术。① 在老百姓口口相授的故事里，在医界代代相承的效仿中，杏林文化形成了广泛的价值认同，杏林也成为医学界的代名词。从这些典故和传说中可以使学生体会到根植大众心中对医德、医技的寄托与追求，也是中华传统文化中真、善、美理想元素的一种表达。对这些元素的提取和应用，无疑对培养学生们严谨求实、诚实守信、刻苦钻研、锲而不舍的求学和治学态度极为重要。

4. 工匠精神

工匠精神是中华优秀传统文化的重要组成部分，也是当代社会主义核心价值观的主要内容之一。自古以来，"医"属于"工"的一种，两者在历史沿革上同根同源，在精神内涵上高度契合。② 狭义而言，工匠精神包含了工匠对自己的产品精雕细琢、精益求精、追求完美的精神理念；③ 广义而言，工匠精神体现了一种对本行业的不懈坚守、对产品和服务品质的极致追求以及医技与医德的结合。后者是《庄子》所言"由技进道"的基础，而"大医精诚"则是工匠精神在中医药领域最直接的体现和升华。④ 挖掘其中的思政元素，一方面可以提高对工匠精神的认识，倡导工匠精神，不仅让这种精神赋予药学专业教师应具备的大医精诚和工匠精神，也让学生感受中医药人才应当具备的实践精神以及药学职业道德与责任的特殊性和重要性；⑤ 另一方面可以明确工匠精神在教与学中的定位，秉承"以人为本，以德立教"的原则，着力将工匠精神融入中医药教育教学当中。

与前述一些思政要素不同，工匠精神更侧重于内涵修养、产品输出和学生培养。因此，在教学内容设计上，可以结合文化自信、治学以及人文素养

---

① 刘玥：《论杏林文化的继承与创新》，载《新西部（理论版）》2016 年第 12 期，第 79~80 页。

② 黄畅、田阳春、和蕊等：《将工匠精神融入中医药教育的历史、内涵和路径》，载《中医教育》2022 年第 3 期，第 42~45 页。

③ 杜鸿志、刘义梅、张秀桥等：《"课程思政"背景下的中药学类课程教学改革探讨》，载《时珍国医国药》2020 年第 7 期，第 1736~1738 页。

④ 黄畅、田阳春、和蕊等：《将工匠精神融入中医药教育的历史、内涵和路径》，载《中医教育》2022 年第 3 期，第 42~45 页。

⑤ 周贤、刘毅、汤钰文等：《谈"工匠精神"与"大医精诚"——试论中医药高校专业教师职业道德与责任的特殊性》，载《教育教学论坛》2020 年第 44 期，第 56~57 页。

等元素，围绕中医药传统制法以及"大国工匠"的案例，努力发掘和宣扬中药类课程所蕴含的"工匠精神"。如在"中药的炮制"这一章讲述中，可以从中药炮制在中药学中的核心地位说起。中药炮制技术是我国真正具有自主知识产权的技术之一，被列为国家级非物质文化遗产。其次，中药炮制不仅是一项技术、一门学科，更是一种文化。从中药的加工炮制技艺中可以挖掘和体会到老药工们"炮制虽繁必不敢省人工，品味虽贵必不敢减物力"的工匠精神。例如，药材修治中的"切制"方法，樟帮有"白芍飞上天"的切制技艺，一寸厚的白芍可以切300多片，这不仅体现了精益求精的敬业精神，也是对"至精至微""止于至善"精神的极致追求。对毒性中药的炮制也是中药炮制的一大亮点。许多有毒中药如乌头、马钱子、何首乌等，借助中药炮制从"毒药"变为"良药"，但其中过程却不容等闲，有些制法虽费时费力，却非常有效，一旦疏忽大意则可能造成生命危险。例如，频频发生的乌头中毒案例，许多是因为炮制不当造成的结果。无独有偶，何首乌临床上多用制首乌，如果炮制不到位，也可能引发肝毒性；制首乌的形成须经过"九蒸九制"，即将生首乌与黑豆汁通过反复蒸晒，才可能使其中的有毒成分发生转化，从而降低毒性。此外，在中药的采集、贮藏和鉴定等许多环节也在不同程度上反映出中药真伪鉴别、中药质量控制等的艰巨性、复杂性，由此也可引申工匠精神。例如，艾叶、陈皮和肉桂等药材需要储存数年方可入药，中药材的形态鉴别需要经年累月见多识广方能领悟以及以"板凳要坐十年冷"的决心和毅力掌握显微鉴别技能等。[1] 从这些大大小小的案例中提炼出思政元素，并适时融入教学中，不仅可以引导学生认识中药炮制规范及炮制得当的重要性，感悟中医药文化的博大精深，而且有助于培养学生勇于攻坚克难创新创造、以匠人之心追求极致，塑造热爱本职、敬业奉献的精神。[2]

---

[1] 杜鸿志、刘义梅、张秀桥等：《"课程思政"背景下的中药学类课程教学改革探讨》，载《时珍国医国药》2020年第7期，第1736~1738页。

[2] 汪小莉、黄琪、梁益敏等：《中药炮制学课程思政探索与思考》，载《卫生职业教育》2022年第2期，第15~16页；赵重博、年婧、王晶等：《中药炮制学课程思政教学改革探讨》，载《陕西中医药大学学报》2022年第3期，第110~113页；潘颖洁、金策、黄真等：《融入中医药文化和工匠精神的中药炮制学课程思政教育的探索和实践》，载《中医教育》2020年第2期，第24~31页。

四、结语

课程思政教育教学是顺应新时期国家教育改革的战略需求，不仅是建立健全"立德树人"培养目标的重要途径，也是专业课程改革的必然趋势。中药学的课程思政以中医药文化传承为核心，以"守正创新"为导向，不断挖掘和强化职业认同感与使命感、工匠精神等德育元素，打造有温度的课堂，发挥中医药文化的价值引领作用，实现课程育人，构建综合性"双一流"建设高校中药学课程思政教学的有效模式，从而推进"三全育人"一体化育人体系的建设。

中医药作为"中华文明的瑰宝"和现代大健康产业的主力军，为加强中医药文化自信和夯实"四个自信"（中国特色社会主义道路自信、理论自信、制度自信、文化自信），在新时期"双一流"建设背景下，着力挖掘思政元素、讲好中医药故事，让学生感悟传统中医药的魅力和智慧、树立中医药文化自信以及重拾中医药的话语权等极为迫切和重要。中药学作为中医药专业的核心课程之一，专业知识涉及了文、理、医、哲学等多个学科，兼有"药"和"医"的双重特征，含有较多的思政元素，无疑具有进行课程思政教育教学的诸多优势。以上笔者初步挖掘和整理了中医药文化自信、守正与创新、工匠精神、治学与人文素养等几大方面的思政元素。通过思政教学，使得学生们能够明白中医药在当代社会所具有的重要作用，对于人类健康而言，是对抗疾病的好帮手，甚至能解决某些西药所不能解决的问题。当然，这些元素可能比较粗略，还有许多细微之处值得推敲和挖掘，包括如中医药的"天人合一""调和致中""灵活变通"等思维方式或价值取向，都可以从中获取不少有益的素材。

从应用层面而言，如何将思政元素以"润物细无声"的方式融入课程教学中也值得思考。笔者认为，一方面应遵循"课程思政"的隐性教育特点，另一方面力争与其他同类教学课程同向同行、形成协同效应。具体措施包括从以上提取获得的思政元素为基础，采用多种教学方法（如互动式、案例式、启发式、问题式等），通过课堂讨论、案例分析、典籍品读以及线上线下相结合等辅助手段，将专业知识与价值观教育自然融合，避免刻板说教式的思想政治教育，使学生在学习专业的同时不知不觉地受到主流价值的引导。

　　值得一提的是，根据思政教育教学的特点，教师自身也应该以身作则，从我做起，不断学习和提升自身道德修养，不断增强育人意识和执教能力，以人格魅力感染学生，从而使学生能够真正"亲其师，信其道"。

课程思政融入医学教学的创新与实践

——论"病理生理学"课程思政建设

张德玲 何小华 刘永明 韩 松 魏 蕾

(武汉大学 泰康医学院(基础医学院),湖北 武汉 430071)

摘 要: 立足新医科时代"五术"医学人才培养目标,武汉大学泰康医学院(基础医学院)"病理生理学"课程团队深入推进国家课程思政示范课程建设,创新课程思政教学与医学专业知识教学的深度融合,在实践过程中,形成"授之以渔、立之以信"的课程思政建设理念,创建"四课堂、三闯关""十角色、三矛盾"的思政教学实施路径、重塑教与学评价体系,在培养医学生综合能力和创新意识的同时,实现知识能力培养与"立德树人"同向而行,培养符合社会需求的优秀医学人才。

关键词: 课程思政;教学创新;病理生理学;医者精神

近年来,我国对医学教育创新发展的改革需求不断提升。2019年,国务院办公厅在"关于加快医学教育创新发展的指导意见"中指出要全面推进医学教育创新发展,建设一流医学课程,培养立足于新时代的"五术"医学人才。[①] 2020年教育部在《高等学校课程思政建设指导纲要》中明确提出"把思想政治教育贯穿人才培养体系,全面推进高校课程思政建设,发挥好每门课程的育人作用,提高高校人才培养质量"的建设要求。

病理生理学是研究疾病发生发展过程中功能和代谢变化机制及规律的医学基础学科,是各医学专业必修的核心课程,也是贯通基础医学与临床医学知识的桥梁课程,更是完整培育学生建立医学思维和人文素养的枢纽环节。[②]

---

① 国务院办公厅:《国务院办公厅关于加快医学教育创新发展的指导意见》,2019年9月17日。

② 柴高尚、聂运娟、吴亚先等:《以培养临床思维为导向的病理生理学综合教学模式探讨》,载《中国高等医学教育》2020年第9期,第79~80页。

我院"病理生理学"课程组紧扣新医科时代的"五术"（救死扶伤的道术、心中有爱的仁术、知识扎实的学术、本领过硬的技术、方法科学的艺术）医学人才培养目标，认真梳理课程思政痛点、锁定建设重点、精选设计教学策略和方案、重构教学内容、探索评价方法，从 2019 年开始开展一系列线上线下混合式教学方法改革，创新建立"授之以渔、立之以信"的课程思政建设理念，坚持知识传授、能力培养与价值引领相结合，"润物细无声"地融入课程思政，以激发医学生为人类健康奋斗终身的信念、职业使命感、奋发创新的信念，充分发挥课程思政在我校医学生价值培养、人格塑造中的起承转合作用，以期培养出更多符合社会需求的高素质医学人才。

一、课程思政建设总体设计

1. 思政痛点

"病理生理学"课程面向的是大学二、三年级医学各专业学生。学生们已完成一部分基础医学前导课程学习，知识储备呈现碎片化特征，[1] 单线程的简单思维不足以在面对复杂多样的疾病及临床表现时作出正确判断，学生表现出一定的畏难情绪，自主学习意识、迎难而上的奋斗精神尚未建立。

同时，"00 后"学生的成长经历决定了他们大多以自我为中心，追求个人努力和价值实现，尚未建立具备"医者精神"的医学职业素养和社会责任感。如何将"病理生理学"课程中的思政元素和课程内容有效融合形成"知识传授—价值引领"的协同育人体系，增强该课程的育人功能？这是在教学过程中急需解决的思政痛点。

2. 课程思政建设思路

立足专业人才培养目标和医学课程特点，在"病理生理学"课程线上线下混合式教学方法创新基础上，凝练"授之以渔、立之以信"的课程思政建设理念，从提升医学生理想信念、职业素养、个人修养这三个层面展开，确立课程思政教学目标。牢牢把握"深入挖掘课程所蕴含的思想政治教育元素"和"有机融入教学"这两个课程思政建设的关键点，[2] 借助线上线下混合式教学的优

---

① 李从德：《浅析"碎片化"学习对现代医学教育的影响》，载《现代交际》2016 年第 11 期，第 159~160 页。

② 韩宪洲：《课程思政方法论探析——以北京联合大学为例》，载《北京联合大学学报（人文社会科学版）》2020 年第 2 期，第 1~6 页。

势和实践经验，加大挖掘思政素材的深度和广度，探索课程思政教学的实施路径、创新课程思政融入专业教学的新方法，充分发挥课程思政在我校医学生价值培养、人格塑造中的作用。

二、课程思政教学实践情况

1. 课程思政建设的设计方案

"病理生理学"课程团队利用线上国家级一流课程建设优势，开展线上线下混合式教学方法的创新，[①] 以此为载体，围绕学科育人示范课程的引领作用，[②] 课程提出"授之以渔、立之以信"的课程思政建设理念，创设了"四课堂、三闯关""十角色、三矛盾"的课程思政教学改革总体方案(见图1)，铺设出课程思政教学创新的底层架构，指引并开展"建设课程思政资源、重构课程体系、优化教学内容、创新教学方法、创设模拟场景、根植医者精神、分析教学对象、优化评测指标、积累分析数据、交流研讨反馈"等一系列课程思政教学改革与实践。

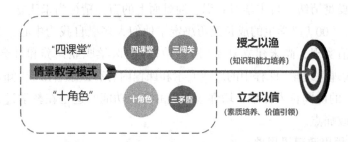

图 1　"四课堂、三闯关""十角色、三矛盾"课程思政改革总体方案

2. 课程思政资源建设

"教育者先受教育"，新时代教师作为课程思政建设的重要主体，需不断提升教师自身的思想水平、业务能力，才能增强育人本领。近年来，本课程

---

① 张策、徐晓飞、张龙等：《利用 MOOC 优势重塑教学实现线上线下混合式教学新模式》，载《中国大学教学》2018 年第 5 期，第 37~41 页。

② 刘鹤、石瑛、金祥雷：《课程思政建设的理性内涵与实施路径》，载《中国大学教学》2019 年第 3 期，第 59~62 页。

组教师认真学习习近平关于立德树人的重要论述及全国高校思政教育工作讲话精神、习近平新时代中国特色社会主义思想，结合医学专业的核心价值培养目标，找准育人角度和深度，"立之以信"，从提升医学生理想信念、职业素养、个人修养这三个中心展开，明确设立"病理生理学"课程思政的三个教学目标：社会主义核心价值观与社会责任感、医学生职业素养、创新意识与科学精神。

依照课程思政教学目标，深度挖掘理论内容、实践等教学环节中蕴含的思想政治教育元素。我们选用身边的医学人文故事、医疗救治中的真实案例，引用医学领域的榜样事迹、巧用医学史上的重要医学发现、善用社会新闻和医疗热点，建立课程思政资源，形成与全部理论教学对应的课程思政地图，将思政教育与专业教学内容密切联系。比如，课程思政的第一个教学目标，社会主义核心价值观与社会责任感具体对应教材的"疾病概论""缺氧"和"呼吸功能不全"三个章节，主要涉及"健康中国战略""登山队员完成人类首次北坡登顶珠峰的故事"等思政资源(见图2)。

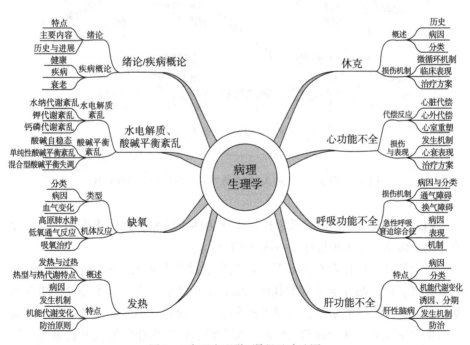

图2 "病理生理学"课程思政地图

课程组通过集体备课、试讲、讨论，反复打磨思政元素"嵌合"入专业知识的呈现方式，以确保课程思政有机融入教学的精度和效度。并且，教学团队结合混合式教学创新设计，修订了高度体现课程思政的全新教学大纲、课件和教案等教学资源。

3. 创新教学设计，实现课程思政与"四课堂、三闯关"情景教学模式深度融合

课程组利用建设的国家级线上一流课程以及丰富优质的课程思政资源、教辅资料和数字化教材，开展基于 MOOC/SPOC 的线上线下混合式教学，创设"四课堂、三闯关"情景教学模式。思政资源通过多种形式隐性地融入各个环节，激发学生的学习兴趣及满足其个性化学习需求，有效提升育人效果(见图3)。

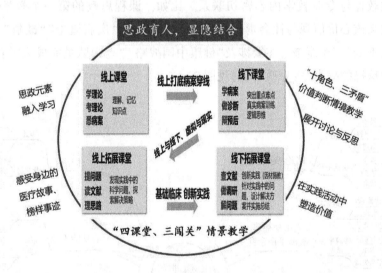

图3 "四课堂、三闯关"情景教学模式深度融合课程思政

(1)"四课堂"。该情景教学模式细化为四个课堂，实施流程是：线上课堂→线下课堂→线上拓展课堂→线下拓展课堂。

线上课堂：将包含有思政目标的病例、故事等思政元素融入慕课视频、病案资料、讨论题等电子资源载体，潜移默化之中，启迪学生心灵；线下课堂：根据 BOPPPS 教学法，巧用思政元素嵌合的病案贯穿课堂教学主线，通过师生讨论互动、翻转课堂、情境模拟、课后讨论作业等方式开展思考与反思，达到"润物细无声"的思政育人效果。线上拓展课堂：开设与课程内容相关的行业专家访谈、医患互动、医学科普知识、最新研究进展等主题板块，使学生们感受行业榜样力量，提升医学生职业素养。线下拓展课堂：提供学生们与科研大咖、临床专家面对面的交流平台，建立碰撞"发现科学问题、解决科学问题"思想火花的常规路径，激发同学们探索医学奥秘的信念、开拓创新的精神。

（2）"三闯关"。四个课堂均设置三项闯关环节，密切呼应课程的知识、能力和思政目标。我们带领学生"爬楼梯"式地逐级闯关，在丰富有趣、有挑战度的闯关活动中实现知识传授、能力培养与价值塑造"三位一体"。比如，在线下拓展课堂中，我们将最新研究成果和教学内容有机融合，引导学生查找最新文献（查文献），启发科学思维；组织学生深入科研平台、临床科室、检测中心、科技公司等平台观摩学习、与专家面对面交流（做调研），激发科研热情和创新意识；引导学有余力的学生参加大创项目、创新比赛等研究活动，在实践探索中解决科学问题（解问题），培养科学精神。

4. 创新教学方法，建立课程思政融入专业教学新途径

探索课程思政融入专业教学的新方法，是课程思政建设的重点内容之一。面对真实世界中，新疾病不断出现、患者个性化治疗等与时俱进的时代需求，课程组精选临床真实案例，模拟与临床诊疗密切相关的医生、患者、家属、律师等十个主要角色，围绕"治疗和疾病""费用和疗效""现实和期许"三类主要矛盾，创设"十角色、三矛盾"价值判断情境教学（见图4）。让学生从不同身份、多角度地分析社会、人文、政策等因素对疾病发生、发展过程的影响，激发医学生建立"抗击疾病"的使命感、"救死扶伤"的医者精神、有医学人文情怀的职业素养，并点燃学生"自主学习""奋发求知"的热情，实现价值塑造。

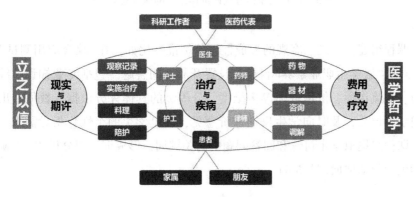

图4　围绕"十角色、三矛盾"医学哲学问题创设教学情境

三、课程思政评价

将学习评价与教学活动有机融合，课程组建立多元化、全程化的课程考核评价体系，包括理解分析测试、理论测试、综合应用测试、学习行为过程性评价、素质和科研设计能力评价、实践项目表现性评价等六个环节，课程思政目标达成度即学生素质培育效果评价按照心理-行为学评测原理贯穿于各个环节，全程评价思政教学活动中作用，客观体现思政培育需求导向，引导学生的学习行为转变的程度(见图5)。

考核环节	成绩权重	对应课程思政教学目标
理解分析测试	5%	医学生职业素养
理论测试	20%	
综合应用测试	60%	创新意识 医学生职业素养
学习行为过程性评价	5%	
素质和科研设计能力评价	5%	医学生职业素养 社会主义核心价值观与社会责任感
实践项目表现性评价	5%	创新意识 科学精神

图5 多元化课程考核评价体系中的课程思政评价

课程组建立详细、客观的形成性评价标准，比如，在"综合应用测试"部分，对应"医学生职业素养"目标，设置开放性问答题，包括专业知识、综合运用、交流沟通、价值取向等多维度、分等级的具体评分依据，教师做出文字记录和评分，及时向学生反馈评价意见，满足学生的个性化指导需求。同时，课程组提取学生讨论和回答问题中的关键词，形成词云图分析，① 准确评价学生的价值取向(见图6)。

---

① 王郢，方葵椒：《基于词云分析技术的课程思政评价探索》，载《教育信息化论坛》2022年第4期，第99~101页。

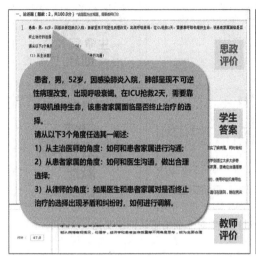

图 6 "综合应用测试"部分中的素质评测策略和形成性评价标准

四、课程思政改革成效

1. 育人教育成效显著

自 2019 年实行教学创新实践以来，学生对课程包括教师教学能力的整体满意度显著增强，学生对线上、线下学习的热情高涨，课程成绩不断提升，各项评价反映学生的综合能力普遍增强。[①]

词云图分析显示，学生在课程学习中表现出从"专业知识认同""专业情感认同"到"专业行为倾向"的转变（见图 7），并将行动从课内延伸到课外。

学生们积极参加医学绘图大赛、病例分析大赛、科研实践等线下拓展课堂活动，实践创新能力持续提高。近五年来，课程组指导本科生获大学生创新实践项目 20 余项，发表论文 20 余篇。课程组带领本科生参加全国及省级

---

① Deling Zhang, Ke Li, Yongming Liu, Yuchen Xia, Qi Jiang, Fangfang Chen, Pengfei Xu, Heng Sun, Jun Li, Xiaohua He, Lei Wei * : "Comparison between the blended teaching practice and traditional teaching of Pathophysiology based on the cultivation of medical thinking ability", *Creative Education*, 2022: 13, 3182-3190.

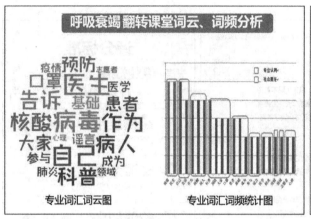

图7　课程思政教学促进医学生对专业情感认同的变化

创新创业竞赛获奖 10 余项，以赛促学、德技并修。2019 年，在第五届中国"互联网+"大学生创新创业大赛中斩获金奖。本课程组指导的长学制本科生陆续在随后的研究生学习、工作中展现出强劲的发展潜力。

同时，据问卷调查反映，课余参加本校"救护之翼"公益救护组织、医院和社区志愿者服务、服务于医学公众号的同学人数越来越多，表明学生们在个人修养、职业素质、理想信念上得到大幅度提升。

2. 教学创新收硕果，课程思政建设显成效

"病理生理学"课程在线上线下混合式教学创新的道路上勇于探索，迭代更新，2020 年建成首批国家级一流本科课程(线上)，2021 年荣获第三届全国高校混合式教学设计创新大赛二等奖，2022 年获第二届全国高校教学创新大赛三等奖、湖北省级教学创新大赛一等奖。

本课程注重知识传授与协同育人同向而行。2021 年"病理生理学"与同学期《病理学》《治疗学 I》整合课程共建成首批国家级思政示范课程。"病理生理学"教学团队于 2021 年获本学院"立德树人先进教学团队"称号(见图8)。

课程组教师充分发挥言传身教、示范引领的育人作用，团队多名教师获国家级及校级青年教师讲课竞赛大奖，武汉大学优秀教学业绩奖；多名教师荣获"我最喜爱的十佳优秀教师""教书育人先进个人""武汉大学朱裕璧医学奖""我心目中的好导师"等教学荣誉。

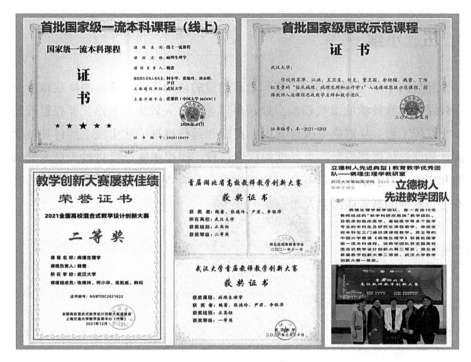

图 8 课程建设和教学创新成果

3. 示范辐射，联合创新

"病理生理学"课程思政整体教学设计、教案、素材库，在本院医学类专业的其他课程思政教学改革中推广，比如面向"病理学""法医学"等课程组开展多次示范培训。

联合本课程组团队教师牵头的其他课程，实现多课程共建、联合创新。比如，与通识课程"医学史"共同开发课程思政元素资源库；与医学生必修实践课程"早期接触临床"共同开发体现医学生职业素养、价值塑造的创意课堂等教学活动形式，联通前后期医学课程，持续培养医学生职业认同感。以上举措有利于本课程思政建设的持续创新发展，有利于深度渗入医学教育，协同育人。

2021 年，本教学团队牵头，与东部、西部和中部地区的其他 5 所高校共同建设虚拟教研室，共同编撰教材、指导进行线上、线下混合式教学改革，共同发表教学论文，教学创新经验在全国教学公众号推广、交流，引起广泛关注。

五、小结

经过四年来"病理生理学"课程思政建设的创新实践，课程团队获得了一系列课程思政教学的宝贵经验，展示出显著的育人效果。当然，课程思政是一个系统工程，从理论上探讨其内在逻辑和运行机理，从实践上探讨其教学设计和课外拓展都需要一个长期的探索过程。课程团队今后将投入更多的研究和实践，力求培养出具有良好思想素质和社会责任感、职业素养高尚、具有创新精神的高素质医学人才。

整形外科学临床教学"课程思政"的设计与实践

陈丹洋　郭　亮

（武汉大学　第二临床学院，湖北　武汉　430072）

摘　要："课程思政"是高校教师贯彻落实教育"立德树人"根本任务的重要途径。本文基于整形外科学实践性强、涉及面广，医学、美学、哲学相互融合等特点，深入挖掘课程相关思政元素。通过线上平台和多种教学模式联合应用，将思政元素与整形外科学教学有机融合，以"润物细无声"的方式对学生进行"知识传授"和"价值引领"。

关键词：整形外科学；课程思政；教学设计

习近平总书记在 2016 年 12 月 8 日在全国高校思想政治工作会议上指出："思想政治工作从根本上说是做人的工作，必须围绕学生、关照学生、服务学生，不断提高学生思想水平、政治觉悟、道德品质、文化素养，让学生成为德才兼备、全面发展的人才。"为了实现高校教师"立德树人"根本任务，"课程思政"成为线上临床教学必不可少的内容。教师在原有专业知识的基础上，探索其中潜在的思想政治元素，将其与课程内容有机结合，潜移默化中培养医学生的民族情怀、科学探索精神和职业道德素养等，使其成为德才兼备的社会主义接班人。整形美容科整形外科是研究防治人类创伤、疾病所致先天和后天缺损、功能障碍、畸形，满足美丽、内在情感渴望、社会需求和愉悦的医学科学。整形外科的医疗目的是：救死扶伤，使伤者不残、残者不废，使人英俊、美丽、年轻、愉悦，提高人类对健康、美丽的认知。① 整形外科学的教学中蕴含诸多的思政元素，适合实施课程思政，为培养高素质、高能力

---

① 王炜：《中国整形外科学》，浙江科学技术出版社 2019 年版。

的整形外科人才奠定基础。

一、整形美容科开展临床教学"课程思政"的必要性

1. 医学临床教育开展"课程思政"的必要性

2016 年，习近平总书记首次提出"课程思政"的概念，强调把思想政治工作贯穿教育教学全过程。① 高等医学院校作为培养高水平医学专业人才的基地，其学生的综合素质与职业素养与人民的生命安全息息相关，对于医学生的思政教育十分关键。但目前对于医学生思想政治教育的任务主要由思政课程教师承担，专业课程教师重视程度不够。因此，专业课程教学过程中实施"课程思政"势在必行。

2. 整形外科教学开展"课程思政"的必要性

整形修复外科是外科医学的重要组成部分，涉及知识面广、内容涵盖多个交叉学科，是实践性、操作性、综合性较强的专业性学科，对整个医学团队的协作能力也具有较高的要求。② 我校现阶段临床实习生的学习安排中，大部分时间与精力均安排在大内科、大外科的轮转当中，整形美容科停留时间较短，而在有限的时间内尽可能地帮助学生充分掌握科室的基本内容与操作技能是制定教学内容与目标的基础。③ 课程中几乎没有融入课程思政的理念和元素，缺乏吸引力。总结前期实践，主要存在以下几个问题：首先，教学手段单一，不能调动学生主动学习的意愿；其次，理论知识与临床实践难以结合。再次，教师缺乏"课程思政"理念，思政内容很少融入临床带教。因此，本文作者将深入探讨研究整形美容将临床教学融入"课程思政"的教学改革。

3. 整形外科"课程思政"可行性和价值

德国现代教育学之父赫尔巴特在教育专著《普通教育学》中指出，"教学如果没有进行道德的教育，只是一种没有目的的手段。道德教育如果没有教学，

① 吕明华、姜凤良、姜朋涛等：《医学免疫学"课程思政"设计与实践》，载《中国免疫学杂志》2022 年第 2 期，第 223~226 页。

② 边永钎、李跃军、李靖等：《多元化教学模式在整形外科临床教学中的应用探讨》，载《中国医药导报》2020 年第 25 期，第 57~60 页。

③ 张丽霞、梁黎明、陈敏亮：《整形修复外科临床医学专业实习生带教经验总结与探讨》，载《医学美学美容》2021 年第 24 期，第 106~107 页。

则是一种失去了手段的目的"。赫尔巴特认为，教学就是造就学生的道德品质，他的"教育性教学原则"与课程思政理念不谋而合，给医学专业课程育人提供了理论支撑。[①] 课程思政即课程德育，以整形外科学为载体，充分挖掘专业知识中的思政元素，强调价值引领与知识传授相结合，将德育贯穿教学全过程，以达到立德树人、全面发展之根本目标。整形外科近几十年来发展迅速，市场宣传使其具有极大的吸引力优势。

整形外科课程思政是对思想政治教育体系的充实和丰富，相对于传统思政教育来说，实现了理念上的补充、渠道上的拓展和方法上的创新，进一步破解思想政治理论课"单一化"的窘境，使专业课紧紧围绕立德树人目标与思政课程形成育人合力，有助于改善医学生对专业教育和思政教育的理解，有助于丰富医学生专业课内容和思政内容，加强了专业教育和思政教育的实效，有利于医学院校培养时代所需的高素质、高水平医疗卫生人才。

整形外科重在修复重建，而修复重建是"救人一命，胜造七级浮屠"。满足求美者的医疗需求，是融入市场的一种医疗服务，生命攸关。整形外科医生的每一次医疗和手术，都是将他的最佳艺术、技术造诣、人品和您的姓名雕刻在受医者的身上。无为固然遗憾，但是不良医疗和无知给就医者造成的损害，是医师人性的缺陷，也正是医学教育思政的价值所在。

二、整形外科课程思政元素的收集

整形外科课程思政素材主要从以下三个方面收集。

1. 社会新闻事件

随着整形美容行业商业化的不断发展，关于整形相关的负面新闻层出不穷，违背了整形医学的医疗本质。通过一些负面新闻的警示作用与整形外科相关教材有机融合，作为"课程思政"的一部分素材。

2. 整形美容科发展史

通过学习整形外科发展史，收集对整形外科作出突出贡献的国内外专家，将历史背景与他们的科学研究整理成一个个故事。并收集他们在疾病诊断、

---

① 刘友昊、郝敏杰：《医学影像专业课程思政育人的思考》，载《现代商贸工业》2022年第9期，第178~179页。

治疗及发病机制、手术治疗中的重要贡献。通过这些事迹培养学生的爱国意识、逻辑思维能力和科学探索精神等。

3. 国内外著名整形外科专家的故事

收集国内外著名整形外科专家、医学专家为医学事业奋斗终生，挽救无数个生命的感人事迹，增强医学生的责任感和职业认同感。例如，抗美援朝战争中，全国各地组成多支医疗队，黄家驷、张涤生、宋儒耀、王翰章、倪葆春等一批批医学专家组成援朝整形外科手术医疗队，开赴前线最近的后方战地医院驻地救死扶伤。王翰章老前辈曾经说过："颌面外科医生的那把手术刀，在帮助病人消除瘢痕的同时，夺回的更是对生活的信心。"这也是中国第一代整形专家的共同愿望。通过对整形外科前辈在战争年代的事迹的学习，能培养学生的思想水平、政治觉悟。

三、整形外科课程思政实践与效果

1. "课程思政"载体途径与教学设计

"课程思政"与整形外科教学密切结合，在教学活动中侧重学生参与式互动教学模式，通过引导学生参与和体验，促进学生的主动学习。实现教师在传授知识、培养能力的同时，通过"润物细无声"的方式对学生的价值引领。采用案例教学、费曼学习法、角色扮演等多载体模式进行临床实习的思政教学。在整形外科学教学过程中，除了传统的教师主讲式、临床带教式，我们尝试了多种学生参与式教学模式，如病例引入式、翻转课堂和角色扮演等。应用病例引入教学模式使课程思政教学内容更为生动形象。整形外科的临床教学实践性很强，传统教学方法存在理论知识和临床实践分离的现象。针对这种情况，整形外科课程部分章节采用 CBL（Case Study Based Learning）教学模式。例如，皮瓣移植的章节，一个 60 岁男性病例，额部出现鳞癌需要采用前臂游离皮瓣进行修复，这种模式将临床病例引入到课堂教学中，使学生"身临其境"参与到临床疾病诊疗过程中，充分调动学生学习的热情。术前与学生进行术前讨论，收集资料，跟本章节相关知识点相结合，制作思维导图进行总结。同时将不同皮瓣的发明者进行简要介绍，如本案例涉及的我国著名整形外科专家宋儒耀、张涤生、杨果凡等，在皮瓣研究领域做出了巨大贡献，鼓励学生学习他们的科学探索精神和敬业精神。

2. 应用翻转课堂教学模式

此模式使学生参与课程思政教学更为积极主动。整形外科学部分章节尝试使用了翻转课堂教学模式,学生学习一般分为 2 个阶段:信息传递和吸收内化。传统临床教学是学生在临床摸索实践中完成知识的吸收内化。翻转课堂通过课前给学生发放相应章节的自主学习任务单,如针对整形外科学相应章节不同知识点的小视频及课程思政相关视频,让学生课前自学相应的内容。此过程完成了学生学习中的第一个阶段——"信息传递"。第二个阶段——"吸收内化"则在临床实习过程中由带教老师和学生通过互动、讨论一起完成。这种模式下,教师可以提早发现学生存在的问题,在课堂上有针对性地辅导学生。教师和同学之间的交流以及对于课程思政素材的剖析更有助于促进学生对知识的吸收内化以及对其爱国情怀、社会责任心或职业素养等的培养。

3. 应用角色扮演教学模式

此模式使课程思政教学学习更为真实深刻,角色扮演教学模式对于医学生而言意义非凡。知识融入情境中才容易被学生理解、消化和吸收。在整形外科学部分章节的课堂教学中尝试引入此种模式,让学生参与互动。例如,以增生性瘢痕的诊疗为例,2 名学生为 1 组,一个扮演医生,一个扮演患者,其他同学扮演观察者。教师提前 1~2 天给学生分配任务。要求扮演医生和患者的同学要了解瘢痕畸形、临床症状、诊断标准和治疗方法,并了解相关疾病问诊注意事项。扮演患者的同学在课前要熟悉该种疾病的常见临床症状和发病机制。观察者不仅要观察医生问诊的内容及其与患者的沟通方式,也要注意观察患者的临床表现和情绪变化。通过此种方式,让学生亲身体验诊疗过程中医生所要掌握的各种技能,如专业知识技能,临床实践技能和沟通技能等,激发学生学习的热情,培养学生的人文素养和职业素养。

4. 通过"学习通""腾讯课堂"等多个网络平台进行线上课堂思政教学

整形美容学线上教学可通过"学习通""对分易"或"雨课堂"等平台实施。根据每次线下课程具体内容,选择相关的国内外整形外科前辈在战争年代帮助负伤战士重获新生的希望感人故事。

5. 课程思政教学效果评价

根据整形外科学"课程思政"教学设计和实践设计了调查问卷,通过问卷星在线实施。调查结果显示,71.9%的学生认为整形外科学临床教学开展课程思政对其个人成长有积极的思想指导作用。70.2%的学生对于整形外科学课程思政内容感兴趣，其中16.5%的学生表达出极大兴趣。对于教师在整形外科学教学中所融入的思政元素是否与理论知识有机融合，56.5%的学生表示非常符合，33.2%的学生认为符合，不存在思想政治教育硬搬硬套的情况。同时，学生对于 CBL、翻转课堂、角色扮演、在线平台教学以及教师主讲等教学模式融入思政内容都给予了不同程度的肯定，其中最受欢迎的是 CBL 式教学方法。

整形外科学"课程思政"不仅激发了学生学习的热情，并从文化自信、职业素养、社会公德、科学探索精神和爱国情怀等多方面实现了对学生的思想政治教育。但也存在一些问题，如2.2%的学生对于整形外科学"课程思政"对自己是否有用并不清楚，27.8%的学生对思政内容兴趣一般，7.6%的学生反映教师融入的思政元素与理论知识比较符合。以上问题提醒教师团队还需进一步探索整形外科学"课程思政"，不断积累经验，从而形成全员、全方位、全过程育人的教学体系。通过多网络平台进行医学整形外科线上课堂思政教学，学生学习素材后撰写心得体会，从中可以看到学生对于生命的尊重以及生命的意义重新思考，对于自身专业素养和个人道德素养提高的积极响应。同时，学生明确了作为一名医学生未来所要承担的职责和义务，以及将来成为一名医者所应具备的胸怀和担当。整形外科前辈在战争年代的事迹极大地增强了学生的民族自豪感和学习整形外科的决心。很多同学在心得体会中提到在如今的和平年代，当我们面对当代整形美容行业的各种乱象时，每一个整形外科医生和从业者都应该牢记行业先驱们的精神，并且深刻认识到——我们必须要更加重视专业技术，回归医疗，因为整形美容是一个让人民生活更美好的行业。学生的这些感受和思考肯定了整形外科课程思政的效果，增强了老师们育德育人的信心。

本文对整形外科学"课程思政"进行了初步的探索和实践，将其与临床实践教学有机融合。坚持"传授知识"和"立德树人"同行并重，实现高校教师全员、全程、全方位育人的目标，为培养德才兼备的医学生打下牢固基础。但"课程思政"融入整形外科学课程仍需不断完善，教师和学生也需要不断调整和适应"课程思政"教学改革。在教学相长中摸索出适合我校医学生的整形外科学"课程思政"教育教学体系。

EIP-PDCA 模式下建立耳鼻咽喉-头颈外科思政教育 SOP 探讨

张 亚[1] 孙开宇[1] 宋 鹏[1] 陈 雄[1,2]

(1. 武汉大学中南医院，耳鼻咽喉头颈外科，

2. 武汉大学中南医院，睡眠医学中心，湖北 武汉 430071)

摘 要： 通过对耳鼻咽喉头颈外科 21 名四证合一硕士研究生、临床型博士研究生和住培医师进行问卷调查，了解学生对思政教育的需求。按照 EIP (即道德教育、诚信教育、职业素养) 原则挖掘思政元素，制定耳鼻咽喉头颈外科思政教育 SOP。并运用 PDCA 循环模式不断提升耳鼻咽喉-头颈外科思政教育能力。

关键词： 本科生；研究生；住培医师；思政教育；思政素材库

2005 年全国加强和改进大学生思想政治教育工作会议明确指出："培养什么人，如何培养人，是中国社会主义事业发展中必须解决的根本问题"①。2016 年，习近平总书记在全国高校思想政治工作会议上强调，"要坚持把立德树人作为中心环节，思想政治工作应贯穿教育教学全过程"。人无德不立，育人的根本在于立德。课程思政教育不仅培养学生的思想政治素养，还可以提高学生的专业认同感，并且减少学生的学习倦怠感。②

以耳鼻咽喉头颈外科目前承担的本科生必修课"耳鼻咽喉科学"、研究生选修课"睡眠医学检测技术"、住院医师规范化培训为例，依据 EIP 原则，即：

---

① 中共中央、国务院：《关于进一步加强和改进大学生思想政治教育的意见》，载中华人民共和国官网，www. moe. gov. cn/jyb_xwfb/gzdt_gzdt/moe_1485/tnull_3939. html，2022 年 10 月 11 日访问。

② 李慧、钟延美、郝晓燕、战同霞：《基于 PDCA 循环健康评估课程思政路径的构建及应用研究》，载《卫生职业教育》2022 年第 10 期，第 71~73 页。

职业道德(ethics)、诚信(integrity)、职业素质(professionalism)，挖掘耳鼻咽喉头颈外科思政教育素材，制定耳鼻咽喉头颈外科思政教育 SOP，并在教学实施过程中按照 PDCA 循环模式，不断更新、完善思政教育素材库和 SOP，使耳鼻咽喉头颈外科思政教育能力持续改进，不断提升(见图1)。

一、思政教育需求调查

问卷调查我科 21 名四证合一研究生、临床型博士研究生、住培医师，其中第一年 7 名，第二年 5 名，第三年 4 名，已结业 5 名。21 名医师中，10 名认为比较了解思政教育内容，10 名了解一点，1 名完全不了解。对思政教育的需求随着年级增长降低，但是已结业住培医师思政教育需求再次增加(见图1)，这可能是由于随着住培年级增长，住培医师认为自己已经对思政内容有足够了解。通过对已结业住培医师的谈话交流，发现住培医师结业后进入工作岗位，独立接诊患者，自己在职业素养、沟通技巧等方面需要进一步提高。因此，耳鼻咽喉-头颈外科思政教育的责任任重道远。

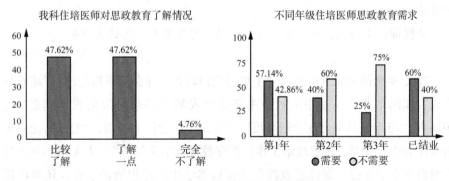

图1　我科住培医师思政教育需求情况

二、EIP-PDCA 模式下耳鼻咽喉头颈外科课程思政教育

(一)EIP 指导下建立耳鼻咽喉头颈外科思政教育素材库和思政教育 SOP

1. EIP 教学目标

思政教育是将思政课程和课程思政的有效结合，目的是在培养专业能力

的同时提高学生的思想政治素养。① 教师实施思政教育要清楚课程思政和思政课程的区别，前者是在专业教学过程中融入思政内容，后者是以思想政治内容为主的课程。所以在实施思政教育的过程中要把握以下原则：以专业课或临床教学为主，思政教育的实施过程应当是在不影响学生专业课学习的前提下自然地融入，切忌将思政内容程式化生硬插入，影响授课效果。

EIP 主要指学生的个人道德和职业道德(E)，个人诚信和科研诚信(I)，临床综合能力(P)。EIP 原则在不同专业领域用于培养具有较高职业素养的专业人才。在 EIP 原则指导下挖掘思政元素，并应用于医学教育过程中，培养具备较高的临床综合能力的医学人才是医学教学的重要任务。耳鼻咽喉–头颈外科思政教育的教学目标是培养具有爱国、爱党情怀，拥有正确的人生观、价值观，对患者和社会具有高度的责任感，注重个人诚信，具备严谨、客观的科学研究态度，爱岗、敬业的综合能力的医学人才(见图 2)。

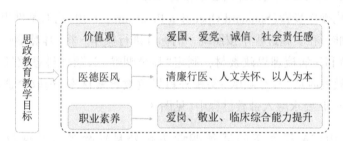

图 2　耳鼻咽喉–头颈外科思政教育教学目标

2. 建立耳鼻咽喉头颈外科思政教育素材库

在 EIP 原则指导下挖掘思政元素，并建立思政元素数据库，逐步完善耳鼻咽喉–头颈外科思政教育体系。教学过程中注重培养学生正确的价值观，良好的医德医风，高尚的职业素养，为社会培养"明大德，守公德，严私德"的专业人才。

教学设计中思政元素要充分体现出专业课程思政的育人价值。思政元素要与专业知识密切相关，如果插入的思政内容过于普适性，容易导致学生产生生硬插入的印象，而且过于普适性的思政内容可能也被用于其他课程教学中，容易导致学生认知疲劳，影响授课效果。思政元素的融入要自然，生搬

---

① 张利娟、薄惠、信建豪、解岩：《EIP-CDIO 项目教学法在医学教育中的应用》，载《实验室研究与探索》2018 年第 1 期，第 177~180 页。

硬套会分散学生的注意力，影响专业课程的教学效果，甚至可能导致学生的抵触情绪。

科室教学小组按疾病分类建立"耳鼻咽喉－头颈外科思政教育素材库"。以鼻部疾病、咽喉疾病为例，教学过程中可以加入"新冠病毒鼻咽拭子、口咽拭子核酸敏感性的比较高，思政内容扩展到我国防疫工作反应迅速，对新冠疫情的迅速发现、有效防控"，"作为耳鼻喉科医生发现流行病的敏感性，对流行病监控的责任感"，同时介绍"我国近些年防疫工作的成就"等相关内容。以耳部疾病中感音神经性耳聋和传导性耳聋为例，可以融入"国家对人工耳蜗、助听器的免费资助项目及公益活动"等思政元素（见图3）。临床操作时强调对患者的人文关怀，以及与患者的沟通技巧。通过加入思政元素，促进医德医风建设，培养学生的民族自信心和社会责任感。把知识的传授和社会主义核心价值观的引导融合在一起。

3. 制定耳鼻咽喉头颈外科思政教育 SOP

标准化操作步骤（Standard Operation Procedure，SOP）指对某件事的操作制定操作标准，在实施过程中按照统一的标准进行操作。将"耳鼻咽喉头颈外科学"按章节和疾病梳理思政素材，制定"耳鼻咽喉－头颈外科思政教育 SOP"。教师书写教案时从"耳鼻咽喉－头颈外科思政教育素材库"选取合适的思政素材，按照 SOP 要求融入带教过程中（见图3）。

（二）PDCA 模式下的耳鼻咽喉头颈外科思政教育及评价体系

PDCA 循环是用于质量管理的科学循环体系，目前广泛应用于临床过程管理和临床教学管理。PDCA 将思政教育质量管理分为四个阶段，即 Plan（计划）、Do（实施）、Check（检验实施的效果，找出问题）和 Act（选择成功的方法作为标准，不成功的问题要分析原因，暂时不能解决的问题进入下一个 PDCA 循环继续寻找解决办法）。冯利等发现思政教育结合 PDCA 循环用于高职院校医学生的教学后，医学生的医学理论知识、思想政治和综合考试成绩均有明显提高。[①] 李慧等提出将 PDCA 循环用于健康评估课程思政，取得良好的效果。但目前的 PDCA 与思政教育结合主要是把思政教育加入专业授课的 PDCA 循环中，并不是对思政教育的 PDCA 循环。我们提出的思政教育 PDCA 循环主要是针对思政教育的循环，是通过对思政教育的不断改善，提高耳鼻咽喉

---

① 冯利、苏伟英、李晓峰：《课程思政联合 PDCA 循环理论在教学中的效果分析》，载《中国继续医学教育》2021 年第 34 期，第 70~74 页。

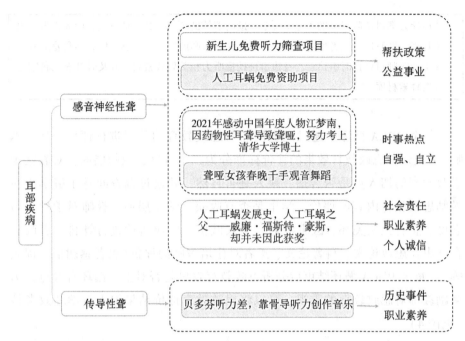

图 3　耳鼻咽喉–头颈外科思政元素数据库(以部分耳部疾病为例)

头颈外科思政教育的能力。在 EIP 原则下建立耳鼻咽喉头颈外科思政元素数据库，并建立思政教育 SOP，每个学期一个 PDCA 循环，在 PDCA 循环过程中不断发现问题，并更新、完善思政元素数据库，修改 SOP(见表 1)。

表 1　思政教育 SOP(以特发性突聋教学查房为例)

1. 会议室准备阶段 医师根据教学查房流程进行
2. 临床信息采集阶段 ①教师关注住培医师对患者的人文关怀：交流中对患者的尊重、耐心、安抚，根据患者听力情况，必要时借助书写、手势交流 ②体格检查尽量避免操作不熟练给患者带来额外痛苦，并保护患者隐私 ③体格检查结束送患者返回病房
3. 会议室讨论阶段 主持医师在以下环节根据情况选择插入 1~2 条思政素材，注意融入要自然： ①听力学检查　融入贝多芬依靠骨导听力创作钢琴曲，引导学生自尊、自强、奋斗不息的奋斗精神

②治疗方案讨论阶段可融入电子耳蜗、助听器辅助项目，其申请方式、面向人群。电子耳蜗、助听器对患者生活的改善，提高住培医师的职业自豪感、使命感及爱国情操
③主持医师可根据时事热点、身边事迹挖掘听力相关思政素材，并及时补充入科室思政教育素材库

　　每个 PDCA 循环中通过调查问卷对思政教育的效果进行评价。耳鼻咽喉–头颈外科思政教育效果的评价标准分为三个维度，教师层面：对教案中思政元素的切入点是否合适，融入是否自然，并通过调查问卷了解学生对教师思政教育内容的评价，学生是否有收获。学生层面：教师对学生学习态度、患者人文关怀、医患沟通、个人诚信、职业道德进行评价。思政教育产出：思政论文、科普论文、患者对住培医师的评价（患者感谢信、锦旗等）。每个 PDCA 循环结束后分析思政教育效果是否对上一循环有改进。为激励教师对思政教育的重视，可以将思政教育评价结果纳入教学绩效考核（见图 4）。

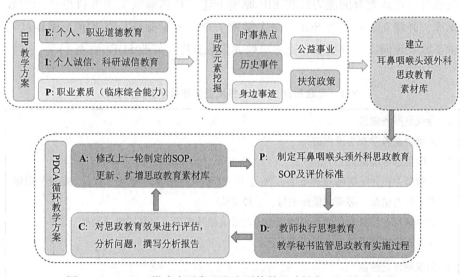

图 4　EIP-PDCA 模式在耳鼻咽喉头颈外科思政教育 SOP 中的应用

三、小结

在 EIP 原则指导下建立耳鼻咽喉–头颈外科思政教学素材库和 SOP，同时获得住培医师的评价和需求反馈，并通过 PDCA 循环不断更新、完善思政教育数据库和 SOP，是促进耳鼻咽喉–头颈外科思政教育质量提高的重要改革尝试，是培养具备较高职业素养、道德情操、个人诚信的耳鼻喉科医师的必要举措。

课程思政在诊断学技能操作中的思考及初探①

杨杪 徐敏 雷红

（武汉大学 第二临床学院，湖北 武汉 430071）

摘 要：全面落实高校课程思政建设，实现对学生进行思想教育与知识传授的有机结合是目前教育改革的重中之重。通过分析在临床医学本科生中实施诊断学技能操作的课程特点，具体以胸腔穿刺术示范课为例，概述如何进行该课程的思政教学设计。采用"医学人文历史、当代中国精神、自身从医体验、人文关怀教育"等作为思政元素，将其与胸穿重难点密切结合，在教与学的过程中内化思政元素，力争实现"润物细无声"。探讨其中蕴含的教学理念及预期教学效果，并进行一定的教学反思，对于医学院校做好课程思政建设具有借鉴意义。

关键词：课程思政；教学设计；教学理念；协同育人

"课程思政"即指将思想政治教育理念贯彻到专业知识传授的教育过程中去，根据专业课程特点实施合理的思政教育内容，从而实现对学生进行思想教育与知识传授的有机结合。② 全面落实课程思政是落实高校立德树人，解决"培养什么人、怎样培养人、为谁培养人"这一根本问题的有效手段。③ 本文将结合在临床医学五年制本科生中实施诊断学穿刺操作的技能课程特点，具体以胸腔穿刺术示范课为例，概述如何进行该课程的思政教学设计，从而做

① 基金项目：武汉大学第二临床学院本科生临床实践教学资源建设项目（2022071814）；武汉大学医学部教学改革研究项目（2021044）；湖北省高等教育学会项目（2023XC072）；2023年武汉大学自由选题建设项目：临床学院督导体系建设与实践（2023-26-9）。

② 龚一鸣：《课程思政的知与行》，载《中国大学教学》2021年第5期，第77~84页。
③ 袁娇、张运超：《习近平党史观融入高职院校课程思政育人体系：价值意蕴与困境破解》，载《继续教育研究》2021年第12期，第78~81页。

好学生的"育人"工作，对于医学院校进一步有效开展课程思政建设具有一定的借鉴意义。

一、诊断学课程思政建设的意义

在传统医学院校的教育理念中，教师可能更着重将医学课程的理论知识以及相应的技能操作传授给学生，强调培养医学生的专业知识技能。但在这种模式的课程规划中，学生可能未接收到更贴近实际的思想政治教育的相关内容，甚至有可能存在"两张皮"的现象，即专业课程与思政教育未恰当融合。① 因此，进一步加强并完善医学教育中的课程思政建设迫在眉睫。

诊断学是基础与临床课程承上启下的重要桥梁学科，其中诊断学实验课程所包含的穿刺操作，即胸膜腔穿刺术（简称"胸穿"）、腹腔穿刺术（简称"腹穿"）、骨髓穿刺术（简称"骨穿"），以及腰椎穿刺术（简称"腰穿"）等，也是临床医生必备基本技能之一。该课程的受众是临床医学本科三年级的学生，他们通过先导课程（解剖学、病理生理学）和平行课程（实验诊断学）的学习，对于上述穿刺操作的意义和目的已经有了初步认识，这是本次课程的先导知识和学习基础。但学生对于这些穿刺操作的适应证及禁忌证、操作步骤、无菌观念以及人文关怀这些重难点内容尚缺乏清晰认知，这也是本次课程的主要教学任务。大三学生正处于从医学生预备成为临床实习医生的阶段，是立德树人、协同育人的关键时期，让他们学会如何接触患者，做好医患沟通，掌握体检、诊断疾病的基本方法和应用技巧，为其他临床医学课程的学习，乃至今后的临床工作打下坚实基础。再者，当下的学生社会经验、生活经验较少，日常生活动手机会缺乏，自持理解能力、接收知识能力强，有可能存在重理论轻操作的倾向。并且，既往学生反复练习不足，学生上课将模拟人作为器具而未视作具有生命力的患者，容易忽视医患沟通和基本无菌原则。此次技能操作课，采用小班教学方式，提供了充裕的时间、模型台套数及模拟临床的空间，使每位学生均有自己动手练

---

① 韩宪洲：《课程思政方法论探析——以北京联合大学为例》，载《北京联合大学学报（人文社会科学版）》2020 年第 2 期，第 1~6 页；杨雯乐、卢研宇、谢俊秋等：《病理生理学实验"课程思政"的探索与实践》，载《医学教育研究与实践》2022 年第 1 期，第 50~53 页。

习的实操机会，将更加有利于教师与学生之间充分互动，也为思政教育的顺利开展提供了便利条件。

二、在专业课程中有效融入思想政治教育

本课程拟以胸穿操作为例，在医学基本技能教学中融入医德医风、医学人文及与医学相关的优秀传统文化等教育。培养学生"敬佑生命、救死扶伤、甘于奉献、大爱无疆"的医者精神，引导学生提升综合素质和人文修养，以培养其成为党和人民信赖的好医生为最终目的。采用"医学人文历史、当代中国精神、自身从医体验、人文关怀教育"等作为思政元素，将其与专业课程重难点密切结合，在教与学的过程中内化思政元素，起到"润物细无声"的效果。①主要思政元素挖掘与教学设计详见表1。

表1　胸穿的思政元素挖掘与教学设计

教学内容	教学目标	思政元素	思政融入点
无菌观念	①能够充分理解无菌观念的意义和内涵	医学人文历史	白大衣起源的历史故事
	②能够在胸穿过程中全程贯彻无菌理念		
操作步骤	①能够完整叙述胸穿操作流程	当代中国精神	奥运冠军全红婵的事迹
	②能够在模拟人上规范实施胸穿操作并穿刺成功		
	③能够熟练进行胸穿操作		
	④学会临床基本技能练习方法，克服惰性、反复练习，精益求精		

---

① 舒静、王琳、晋永等：《基于课程思政理念的专业课程教学设计》，载《中华医学教育杂志》2020年第1期，第1~3页；石坚、王欣：《立德树人润物细无声：课程思政的内涵建设》，载《外语电化教学》2020年第6期，第43~45页。

教学内容	教学目标	思政元素	思政融入点
适应证与禁忌证	①能够阐述并分析胸穿操作的适应证及禁忌证	自身从医体验	教师即临床医生的自身从医体验
	②能够学会理论联系实践		
人文关怀精神	①能够充分体现胸穿操作中的人文关怀，爱伤意识	人文关怀教育	人文关怀需贯穿操作全程始终，向学生演示医患沟通技巧
	②体现医学人文价值，关爱患者，传递"医者仁心"的正能量		

1. 将医学人文历史引用至专业课程中

医学不是简单纯粹的自然科学，其心理因素、社会因素的重要地位也正日益凸显。① 基于此种学科特点，医学生应当学会从人文历史、社会文化、乃至认识论等角度审视、反思现代医学。结合医学史中重要的里程碑事件并将其引用至专业课堂中，传递文化信息，启发学生发散思维，或可有助于提高学生认知能力及思辨能力。比如，可以通过医学人文历史中白大衣起源的介绍，引入巴氏消毒法及外科消毒手术之父李斯特的故事。李斯特医生作为白大衣的发明者，其更重要的成就在于外科手术中引入了消毒的理念，使当时病房里的术后死亡率显著降低，由原来的45%降低至15%。② 同时他改良了医生的工作服，由原先的黑色变成了干净的白色，这也更有利于及时识别血迹及污染，及时更换。该示例也从一定角度印证了临床操作中贯彻无菌观念的重要性。进而教师对学生可以再次提出设问，反思我国传统文化中是否同样存在类似无菌观念的历史典故，引导学生在课后发散思维，主动寻找相应答案。此思政案例与胸穿操作中无菌理念这一重点内容相结合，促使学生在学习无菌观念专业知识的同时，也进一步加强了医学文化素养的熏陶，力争

---

① 施欣怡、赵琳琳：《德国乌尔姆大学"医学历史、理论与伦理"人文教育的启示》，载《中国医学伦理学》2021年第5期，第650~656页；黄温勉、朱霞艳、陈至立：《人文素养视角下医学生社会实践的剖析与探索》，载《教育教学论坛》2021年第15期，第181~184页。

② 黄风：《外科消毒法之父——李斯特》，载《科技文萃》1999年第8期，第139页。

培养其知识与文化并重。①

2. 将当代中国精神渗透到专业课程中

当代中国精神的实践诉求就是实现中国梦，具体言之即是要凝聚中华民族团结奋斗的磅礴力量、展现全体人民一往无前的奋斗姿态、激发争前恐后的创造热情，向着中华民族伟大复兴的光辉前景不懈奋进，让中国精神成为中国人民强大的精神动力。② 从本质特征上来看，当代中国精神也是一种自信的伟大精神，体现了对国家富强，民族振兴的充分自信。若能将这种自信渗透至课堂之中，亦将对学生起到至关重要的精神引领作用。③ 胸穿操作熟练掌握的最根本解决方式即为不断练习，总结经验，熟能生巧。在诊断学穿刺操作步骤的学习方法中，引入奥运冠军全红婵"水花消失术"的秘诀："就是练"。因跳水运动与我们的穿刺操作有着异曲同工之妙，都需要对技能动作进行分解练习，并不断加以训练—总结—提高，方能精益求精。鼓励学生向奥运冠军学习，宣扬"更高、更快、更强"的体育精神，传递祖国日益强大，惊艳世界的完美表现，是当代中国精神的具体体现。④

3. 将自身从医体验辐射到专业课程中

高校教师如果能够在课堂上给学生讲述一些与教材知识相关的自身经历或是工作体验等，往往能够更好地吸引台下学生的注意力，触动其灵魂的心弦，既可丰富课程内容，又能活跃课堂气氛。⑤ 医学院校教师大都是临床医生出身，在课程思政建设中，可以结合自身从医体验对学生进行生动形象地展示及讲述。在介绍胸穿的适应证与禁忌证时，可与学生分享临床相关案例，

---

① 陈旻：《基于历史演变谈医学人文素质教育与大学人文素质教育的异同》，载《中国医学人文》2019年第12期，第10~14页；张蕾、姚勤：《中医院校大学生中国传统文化素养教育现状调查分析》，载《中国中医药现代远程教育》2021年第22期，第189~191页。

② 鲁力：《论社会主义核心价值观与当代中国精神的弘扬》，载《桂海论丛》2020年第5期，第40~45页。

③ 毛瑶、张利民：《新时代大学生中国精神的培育》，载《西南交通大学学报（社会科学版）》2021年第2期，第10~17页；张国彪：《人类命运共同体视域下大学生中国精神培育的价值意蕴》，载《太原城市职业技术学院学报》2021年第7期，第176~178页。

④ 于明礼：《东京奥运会：中国体育健儿呈现了一堂生动精彩的思政教育课堂》，载《越野世界》2022年第1期，第209~210页。

⑤ 范文明、龚荣康：《高校教师的授课引力探析》，载《湖北经济学院学报（人文社会科学版）》2020年第2期，第150~152，157页。

充分抓住其对未来道路的期盼向往，强化他们对专业重要性的认知，告知其行业最新动态，或可极大提高学生的学习兴趣。比如，教师第一次看到师姐穿刺成功的满心羡慕，第一次自己穿刺成功的无限喜悦，第一次看到患者缓解病痛的无比自豪，第一次胸穿成功取到胸水标本协助诊断等小故事，从理论联系实践的角度出发，可有效激发学生学习兴趣，促使其感同身受，提升其身为医者的成就感，帮助他们坚定其医学专业素养，同时也可理解并记忆胸穿操作适应证及禁忌证等切实需要解决的临床问题。学生通过该课程的学习，有助于提升共情沟通能力，学会在临床实践过程中有效换位思考，从而进一步加深对患者就医行为的充分理解，设身处地了解临床真实故事并循序展开其中蕴含的专业知识要点。此外，还可较好地提高学生的观察、感知、关怀等核心能力，继而优化诊疗措施及方案，更好地将自身专业知识应用至临床实践，促进学生综合素质的有效提升。

4. 将人文关怀教育贯彻至专业课程中

"育人为本，德育为先"，人文关怀教育是与思政教育结合最紧密的元素之一。医学院校不仅仅需要培养出优秀的"操作者"，更应当塑造有温度、有态度、兼具良好沟通能力与人文情怀的"人"。[1] "健康所系，生命相托"，这是每一位医学生入校时的庄严宣誓。作为临床学院的教师，需时刻引导学生铭记"以患者为中心"，坚持不忘初心、救死扶伤的原则，不仅要成为一名技艺高超的医生，更应当拥有一颗热情真挚的"医者仁心"。在授课过程中，教师需时刻提醒学生努力做到真正关爱患者，敬畏生命，维护健康。因此，人文关怀教育需贯穿胸穿操作全程始终，不断向学生演示医患沟通技巧，落实人文关怀实施办法。虽然此次操作是在模型上进行演练，但需告知学生不应仅仅认为是模型，而需将其视为一个有生命的个体，一位真正的临床患者进行良好的沟通交流，时刻注意对其进行切实有效的人文关怀。[2] 比如，教师需提醒学生注意对患者隐私保护、及时安抚患者、缓解紧张情绪、观察操作中病情变化、术后帮助整理衣物等细节，充分利用课堂教学的时间空间，在潜

---

① 廖伟聪、肖向东、卢艳红等：《"课程思政"视域下医学人文教育的改革逻辑与探索进路》，载《中国医学伦理学》2021年第10期，第1376~1379，1384页。

② 郭超、王习胜：《历史唯物主义视域下思想政治教育人文关怀的向度》，载《华北电力大学学报(社会科学版)》2021年第1期，第128~134页。

移默化之中开展人文关怀教育。学生通过这些医患沟通细节以及关爱患者举动的反复练习，或可更深入地了解人文关怀内涵，从而真正将人文关怀做到内化于心，而不仅仅是停留于口头叙述或浮于表面。这种内化对于其今后走向医疗工作岗位大有裨益。

三、教学理念及预期达成效果

本课程遵循以学生为中心、理论联系实践的教学理念，以期能够点燃学生的学习热情，倡导自主学习、研究性学习，加强团队合作交流，引导独立思考，积极动手实践。培养其严谨的科学态度，内化思政元素。在胸穿示范课的教学设计中，充分体现思政教育的育人功能，融知识传授、能力培养、思想引导于一体，呈现思政教育在教学过程的系统性、完整性和有效性，努力实现专业内容中重难点部分与思政元素巧妙整合，不生搬硬造，达到"润物细无声"的效果，既符合教学大纲要求，也贴近学生思想实际，体现立德树人、协同育人的思想引领，益于思政教育教学目标的充分实现。[①]

在教学过程的具体实施环节(见表2)，分别采用了视频预习、知识点讲授、板书梳理、教师模拟演示、学生操作、分组合作学习、教师巡视纠错互动、随堂测试、课程评价等一系列教学方法，力求让学生学会触类旁通、求同存异、举一反三，为后续课程的学习打下基础，帮助他们构建对临床基本操作的全面深入认知。以学生为主体，注重学法引领，侧重于启发性、实效性、协作性的教学方法呈现，体现自主、合作、探究的理念，注重价值引导、能力培训和素质提升。运用生动形象的话题讨论，激发学生情感共鸣，培养学生自我教育和自主学习的积极性。通过实时巡视纠错、随堂测试环节评价学生当堂操作练习的学习效果。批阅学生课后作业，通过课后作业的反馈，检验学生对本次课程内容的掌握程度，了解学生思考和分析临床问题的逻辑和思维方式。积极引导帮助学生进行自我反思，学会总结经验教训，促进主动学习，同时也可观测思政教育是否融入其日常行医行为中。自制问卷星二维码，邀请学生扫码对课程进行评价，并侧重评估学生对于思政教育的感受，

---

① 王新华、王娜：《论课程思政改革的价值引领》，载《学校党建与思想教育》2021年第2期，第52~54页。

考查学生是否理解、认同并接受所传递的思政元素，以期促进教学质量的进一步提高，推进课程思政建设的顺利发展。通过此次课程教学，努力实现学生知识、能力收获与文化、价值提升并重，传递大医精诚和医者仁心的正能量，帮助学生能够成长为党和人民期盼的好医生。

表2　胸穿技能操作课教学过程

教学环节	教学方法	教学时间
理论授课	①理论结合板书	20分钟
	②系统传授知识	
	③设问引导互动	
	④鼓励独立思考	
教师演示	①模拟临床场景	10分钟
	②实地操作演示	
	③讲解动作要领	
	④强调注意事项	
学生操作	①学生分组练习	90分钟
	②教师实时巡视	
	③及时发现问题	
	④积极纠正改进	
随堂测试	①抽查部分学生	15分钟
	②随堂就地测试	
	③给予反馈意见	
	④评估学习效果	

四、教学反思

课程思政的核心内容在于"育人"，而对于身为课程思政建设的主力军高校教师而言，应当做到"育人先育己"，这也是课程思政能否顺利推进的关键因素。① 教师需要进一步强化课程思政意识，提升自我，不断挖掘本专业蕴含的思政资源，通过教学方式方法的创新，努力构建符合"育人"理念的教学体系。在此次胸穿操作的示范课中，授课教师自己应首先明确教学目标的重难点内容，结合思政教育去处理重点和难点问题。如在解决无菌观念的重点问题上，教师要加强自身医学人文素养的熏陶和积累，理解无菌观念的相关历史，对学生进行文化输出。在解决适应证和禁忌证的重点问题上，教师通过自身的从医体验，讲述临床真实案例，使学生感同身受，提升其身为医者的成就感，培养学习兴趣，坚定医学专业素养。在解决操作熟练程度的难点问题上，教师要关注时事热点，通过奥运精神鼓励学生反复练习方可熟能生巧。在解决人文关怀的难点问题上，教师应以身作则，从讲解、演示、巡视、考核等多个环节贯彻人文关怀精神，为学生树立优秀榜样。只有通过不断深化教师育人的思想意识，提高教师职业道德修养，增强课程思政育人能力，将知识传授、能力培养和价值塑造融为一体，才能切实落实立德树人的"育人"目的。

五、结语

着力开展医学课程思政建设，将专业知识内容与思政教育实现有机结合，达成协同育人，培养具有医者仁心的好医生是目前医学院校的首要任务。鉴于上述诊断学课程中思政教育实施的必要性和重要性，结合学院诊断学课程的初步经验，提出这样的思考和建议：第一，课程思政建设应当是一个长期可持续发展的项目，诊断学作为医学生从基础过渡到临床的重要课程，它与之后的临床学科是存在着密切且持续递进关系的。相关教学管理部门应该定期对其进行督查反馈，力求使课程思政建设全面化、系统化、有效化。第二，必要时可继续加强相关配套设施及人力资源等投入，尽可能有效保障课程思政建设的充分实施。第三，思政育人工作任重而道远，继续探索课程思政教育改革、落实教师教学发展项目，注重师资培训建设，倡导育人先育己的教学管理理念，打造具有端正思想面貌以及过硬专业功底的本院师资团队，为

① 蒋占峰、刘宁：《高校教师提升课程思政育人能力的价值意蕴、现实挑战与逻辑进路》，载《中国大学教学》2022年第3期，第70~76页。

学院课程建设提供坚实后盾，拓展教学及临床影响力。

【利益冲突】所有作者均声明不存在利益冲突。

【作者贡献声明】杨杪：提出研究思路、实施项目及撰写论文；徐敏：课程项目实施、收集参考资料，论文润色修改；雷红：审订论文、研究经费支持。

卫生化学教学融入课程思政的思考①

黄贞贞　周兴艳

（武汉大学　公共卫生学院，湖北　武汉　430072）

摘　要：课程思政是一种新的教学理念、新的教学思维，是高校落实立德树人的关键环节，是完善"三全育人"的重要抓手。教师以基因植入式激活或植入思政元素，优化教学方法，让所有课程都上出思政味道，突出育人价值。卫生化学是一门预防医学专业学生必修的基础课程。本论文通过对卫生化学教学中蕴含的思政元素进行探索，并对开展符合新时代背景的卫生化学教学模式展开讨论，期望达到用课程思政教育理念指导卫生化学教学，以及努力提高学科教学质量与学生综合素养的目的。

关键词：课程思政；卫生化学；思政元素

一、前言

有研究指出，思政课程教学内容要以学生专业背景为基础，明确思政课程教育教学改革的重要性和必要性，要注重强化思政实践教学内容与专业实习相融合的理念。② 有学者撰文阐释，要在遵循思政课教学大纲的基础上，有机结合专业相关内容，在思政课中顺其自然地提及学生所学专业的行业。③ 这表明将学生专业课程学习和思政教育有机结合起来的想法已从萌发阶段逐渐

---

① 基金项目：本文为 2022 年武汉大学本科教育质量建设综合改革项目"公共卫生与预防医学《基础化学 D》教学改革与实践"的部分成果。

② 高原平：《高职院校不同专业学生思政课教学改革研究》，湖南大学硕士学位论文，2011 年。

③ 邹宏秋：《着眼教学实效探索高职思政课与专业教育融合新路径》，载《中国高等教育》2011 年第 22 期，第 38~39 页。

变得成熟。

2016年，习近平总书记指出，各类课程(专业课程)与思想政治课(思政课程)同向同行，形成协同效应。① 根据这一指示精神，思政课程和其他所有课程对于思想政治教育需要承担相同的责任。课程思政这一概念正式提出后，得到了全国高校的积极响应，并根据各高校自身的情况特点，形成了大思政理念。概括地说，课程思政的目的就是让教育者聚焦学生思想政治教育，围绕思政课程这一核心理念，在其他基础和专业课程的知识传授过程中，将立德树人通过润物细无声的方式植入学生心田。2020年，教育部出台的《高等学校课程思政建设指导纲要》指出，全面推进课程思政建设是落实立德树人根本任务的战略举措。② 卫生化学是高等医学教育预防医学专业学生必修的一门专业基础课，通过该课程的学习，可以使学生学习并掌握未来进一步深造或者实际卫生监管工作中所需要的分析科学基础理论、知识以及实际操作能力。将合适的思政元素，比如科学发展观、勇于创新、提高职业道德、关注人民健康等，融入本课程的教学实施过程，深度挖掘课程体系蕴含的隐性教育资源，提炼育人功能，可以促进学生科学精神、思想品德、实践能力、探索精神等的全面提升。将专业知识与课程思政结合做好学科建设，提高学科教学效果，打破思政课堂"单兵作战"的现状，协同培养学生专业技能及道德品质，实现德才兼备、全面发展的专业人才培养目标。

二、卫生化学教育中课程思政的重要性和目标

我国的公共卫生教育至今已有超过百年的发展历程。在各种传染性疾病持续威胁人们健康的今天，公共卫生教育的重要性不言而喻，同时也开启了蓬勃发展的新篇章。以习近平新时代中国特色社会主义思想为指导，将知识传授和价值引领相结合，通过能够培养学生理想信念、价值取向、政治信仰、社会责任的话题与内容，加强学生明辨是非、缘事析理的能力，使学生成为

---

① 习近平：《把思想政治工作贯穿教育教学全过程开创我国高等教育事业发展新局面》，载《光明日报》2016年12月9日，第1版。

② 教育部关于印发《高等学校课程思政建设指导纲要》的通知(教高〔2020〕3号)，载中华人民共和国教育部官网，http://www.moe.gov.cn/srcsite/A08/s7056/202006/t20200603_462437.html，2022年7月1日访问。

全面发展、德才兼备的人才是课程思政教育的最终目标。[①] 在新冠肺炎疫情防控工作中，虽然我们取得了重大的成果，但是回过头看，全社会对公共卫生基础建设和人才培养的重要性的领悟是逐渐提高的，公共卫生服务机构在应对突发事件中的能力和担当应当还不能完全满足人民群众的健康需求。建立健全我国的公共卫生体系，推进公共卫生安全和卫生健康事业高质量发展离不开预防医学专业人才队伍的培养。在此过程中，将思想政治理论及时、巧妙地植入预防医学基础课程，对大学生进行价值认识教育和引领，对提升公共卫生领域后备力量的新时代责任感和使命感意义重大。

卫生化学课程思政的目标可分为三个层面：(1)在知识层面上，卫生化学是一门实践性较强的学科，要求学生掌握各种分析样品的采集原则、处理方法，分析中的误差来源、分布规律，各种常见仪器的基本操作技术及原理。熟悉影响分析结果的因素，各种仪器的构造。了解色谱法的基本理论及其原理，电位分析法的基本原理等。(2)在能力层面上，通过学习卫生化学课程，学生能够了解卫生化学的重要性、特点和内容，卫生化学的手段和监测技术，对不同的样本能够选择正确的采样方法和适合的仪器，培养学生发现问题、分析问题、解决问题的能力，为后继专业课的学习和今后从事卫生事业打下良好的基础。(3)在素质层面上，卫生化学不仅仅是预防医学检验的重要方法，也是预防医学研究的重要手段，是预防医学专业的基础课程。通过学习卫生化学培养学生严谨的科学态度，实事求是的学风，以扎实的化学分析基本理论和操作技能为工具，养成实事求是的科学实验态度和追求真理的科研品质。以开阔的视野与格局放眼世界，不断增强自身的责任感，增强政治信念，提升自身的文化素养，逐渐升华自己的思想觉悟，使学生时刻谨记自己肩负的时代责任与历史使命。

三、卫生化学在课程思政纲领下的建设探索

(一)卫生化学课程中的思政元素

依据人民卫生出版社第 8 版《卫生化学》教材，按照卫生化学课程的基本

---

① 赵继伟：《课程思政建设的原则、目标与方法》，载《中南民族大学学报(人文社会科学版)》2022 年第 3 期，第 175~180，188 页。

知识框架，探索整理其中蕴含的思政元素如图1所示。

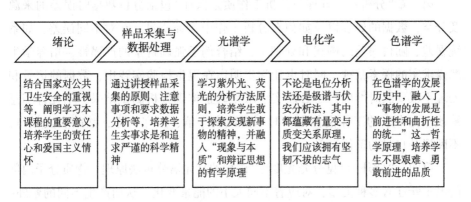

图1　根据卫生化学课程框架探索思政元素

　　第一章"绪论"讲授卫生化学的发展史以及其发展趋势，卫生化学的性质、任务和作用。自20世纪初，公共卫生体系建立初期，卫生化学已成为公共卫生发展体系中不可或缺的重要组成部分了。20世纪30年代、70年代至21世纪，卫生化学不断发展，研究内容和范围越来越广泛，从常量、微量到痕量等。让学生在感受到我国综合国力快速发展和科学技术水平不断飞跃的同时，明白学习卫生化学的意义以及身上肩负的责任感和使命感。此外，还要坚定学生科技强国的信心，培养他们批判和怀疑的科学精神，贴近以改革创新为核心的时代精神。当前备受关注的培养高级公共卫生人才需求作为课程育人目标激发学生学习动力，将近年来我国乃至世界公共卫生领域发生的重大突发事件，包括环境污染对人健康的危害和食品安全事件等作为切入点引导学生熟悉课程的内容，结合当前国家对公共卫生安全和食品安全的重视等，阐明学习卫生化学对培养高素质公共卫生人才的深远意义。

　　第二章"样品的采集与处理"。任何分析方法都无法测定待测对象的全部内容，所以只能通过对其中的代表性样本进行抽取检测。本章包括不同样品的采集原则、保存条件和样品的预处理，知识点较多，不同类型的样品的采样方法各异，例如，对于空气样品有直接采集法和浓缩采集法等。预处理方法也因样品种类的不同而存在差异，需要根据具体情况选择合适的方法。可以从这一角度，引导学生，凡事没有绝对，不论生活还是学习，没有最好的方式方法，我们需要不断地尝试去寻找属于自己的生活学习方向，并朝该方向不断努力。

第三章"分析数据处理与分析工作质量保证"包括分析数据时误差的来源及分类，数据的处理以及如何在分析工作中保证质量。在对不同误差，如系统误差、随机误差的阐述和处理中，结合例子强调科学的严谨性，培养学生严谨求实的探索精神，同时也让学生明白在卫生检验实践中，数据的记录和处理不仅要及时准确，还必须实事求是真正体现分析测试结果，不允许随意篡改。在未来的工作岗位上，时刻要诚实守信、坚守初心，踏踏实实做事，不断提升自身的道德素养。

第四章"紫外-可见分光光度法"讲授的是光谱分析法原理。物质分子内部的电子跃迁有多种类型，对应着不同大小的能量变化，从而产生不同的紫外-可见光吸收光谱，利用紫外-可见光光度计对光的强度进行测定，结合光的吸收定律可以获得物质的结构信息。一般地，分子结构中多种官能团的组合可以产生不同的吸收光谱。将科学规律运用于实际生活，在实验教学中我们可以告诉学生，只有团结协作才有利于圆满完成目标，就像不同的官能团互相作用才能生成每种物质特有的吸收光谱图。此外，也应借此机会培养学生的探究意识、解决和分析问题的能力、严谨的学习作风与团队合作精神。

第五章"分子荧光分析法"，从实际例子，例如食品中的维生素 B_2 的测定、油脂中苯并[a]芘的测定等引出荧光的概念，讲授荧光的发现史，培养学生敢于探索发现新事物的精神。在课堂上向大家提出夜明珠是如何发光的这一疑问，引出磷光的知识，继而讲授荧光与磷光的区别，弄明白夜明珠散发出的是磷光而不是荧光，并且以此带入"现象和本质"这一哲学观点，使同学们明白科学研究并不能局限于事物的表面，更要钻研内在本质，这也是创新实验设计的意义所在，即透过现象寻找出事物的本质。

第六、七、八章"原子吸收分光光度法""原子荧光光谱法""原子发射光谱法"，这几个章节主要讲授原子分析方法的原理和应用。在讲解时，通过对比原子吸收分光光度法与分子吸收光度法(紫外可见法)、原子荧光与分子荧光产生的异同点，可培养学生的辩证唯物主义思想，融入辩证唯物主义哲学原理。

第九、十、十一章"电位分析法""极谱与伏安分析法""其他电分析法"，这几章都是有关电化学的分析方法，通过测定不同的电化学参数来实现对物质的定性定量分析。无论是其中哪种方法，都是以电能和化学能的相互转化过程为核心，即需要满足两个基本要求。首先，在进行的化学反应中必须要有电子的转移，其次，该反应需要在电极上进行。电位分析法首先要形成电位，在电位形成过程中就会有电子的迁移，当迁移的电子达到一定数量后就形成了电位。在此过程中，可以为学生讲授量变与质变的关系原理，使同学们认识到成功不是一蹴而就的，也可能出现学习一段时间但仍然未获得成效的情况，但是经过长时间的积累最终可以达到一个质变的结果。因此，不论是在学习，还是生活中，当我们决定做某件事的时候，持之以恒，不断勤学苦练，最终总会取得比较理想的成绩。

第十二、十三、十四、十五、十六、十七章分别是关于"色谱分析法概论""气相色谱法""高效液相色谱法""离子色谱法""毛细管电泳法""质谱法及其联用技术"的主题。从 20 世纪初色谱法始创至今，不断发展，经历了薄层色谱法、纸质色谱法、气-液分配色谱法、气相色谱法、毛细管色谱法、色谱-质谱联用技术、超高效液相色谱法等的相继发展和变迁，正进一步走向智能化、自动化、微小化。色谱学的发展也恰好体现了思政教育理论中事物的发展是前进性和曲折性相统一这一哲学原理。在授课的时候要使学生明白未来是光明的，有前途的，但在前进的茫茫征途中势必会遇到很多困难挫折，我们要勇敢地接受挫折和考验，在重重阻碍中前进，最后抵达光明的未来。

此外，在这几个章节的学习和实践中同学们会使用到色谱仪，而目前我们常用的色谱仪器主要来自美国的安捷伦、戴安以及日本岛津等品牌。虽然近年来我国的色谱仪技术得到极大的提升，但在关键技术水平和其他方面仍与国际先进水平存在一定的差距，这也对我国色谱仪的生产企业和产品的市场占有率产生了较大的损失。[①] 因此，我们必须更加坚定科学技术是第一生产力这一基本原理。作为新时代高校学生，我们更要坚定实施创建创新型国家这一战略，勇于创新，开发出更多的自主创新产品，打破国外技术对我们的约束，激发广大学子的爱国主义情怀。

(二)卫生化学教学模式

随着时代的发展，科技的力量在我们学习生活中早已随处可见，学生获

---

① 殷德辉、张美荣：《卫生化学课程的教学改革及探索》，载《中国继续医学教育》2021 年第 31 期，第 6~9 页。

得知识的途径也不再是单纯地依靠课堂上的老师，而高校的教学模式也在随之改变，形成了目前的混合式教学，即指基于一定的网络学习环境，结合传统面授教学和现代网络学习的优势，针对不同的学习内容、教学情境和不同的学习者，为实现特定的教学目标而选择合适的教学手段的一种教学模式。①为了实现卫生化学与课程思政有机结合的教学目标，也需要对卫生化学的教学模式做进一步的改革。

1. 教学过程

卫生化学课程教学可以结合已有的网络教学资源，总结传统授课模式的经验，开展混合式教学模式(见图 2)。正式上课之前，教师可通过多种基于互联网发展起来的线上学习与沟通渠道，例如，MOOC、雨课堂、智慧树、珞

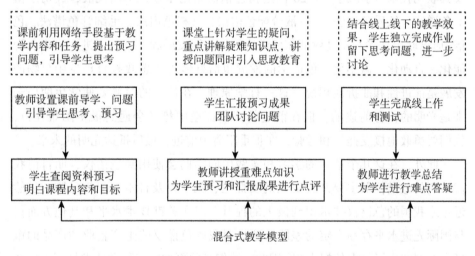

图 2　卫生化学混合式教学模式

珈在线等平台，精心选取并设置导学内容、提出一两个有深度的问题，科学地引导学生思考，让学生在课前查阅相关资料完成课程的预习问题，明确本课程的学习目标与内容。如在紫外-可见分光光度法这一章节中各色光的讲解时，可在线上利用有趣的短视频，为学生引入何为单色光，何为复色光，什么又叫作光的互补，促使学生思考物质对光吸收的条件，探讨朗伯-比尔定律

———————

① 赵美、郭栋梁：《混合式教学的内涵、模式、价值诉求及优化路向》，载《教学研究》2022 年第 3 期，第 69~74 页。

的推导。在课堂上，为同学们讲解疑难点，着重引导学生自主讨论，可分为小组进行相关问题的汇报，展示课前预习的成果，然后由教师进行点评。课后学生独立完成作业或在线测试，并通过网络手段与教师进行交流解惑以及复习。在混合教学模型的教学过程中，学生作为主体，而教师起到积极的引导作用，这样可以最大限度地激发学生的活力，加强学生基本素质与学习能力的培养。

2. 教学方法

在医学学习过程中，大多数的课程依赖的是教师口头讲述这一教学方法，但对于实践性较强的卫生化学来说，这种方法无法使学生对于卫生分析有比较深刻的认识和体验。Problem-based learning（PBL）教学方法以问题为基础，以学生为中心，旨在培养学生的自学能力，强调发展学生全方位、多角度的综合思考能力，最终以获得解决实际问题的能力为目标。[①] 在卫生化学的课堂上同样可以采取 PBL 教学法。例如，通过热点新闻等设置问题，引导学生思考，当前临床主要的检测方法是什么？是根据什么原理建立的分析方法？现有方法的优点和不足分别有哪些？这些方法的灵敏度和特异性是否能够满足筛查病人的需要？又是否会给社会带来较大的经济负担？接种疫苗后，如何在家就可以方便地知道我们的身体是否已产生足够浓度的抗体？有没有商品化的便携式快检试纸？这不仅可以使得学生积极主动思考这些贴近生活的问题，也会使得他们对本知识点有着更加深刻的认识。通过这种教学方法，引导大学生关心国家大事、心系民生福祉，提高新时代大学生的使命担当意识。

3. 教学评价方法

传统的教学考核主要以期末考试和平时考勤结合评价。在混合式教学下，为增强学生对本课程知识的理解与应用，可采用综合性多方面的考查方式[②]。在期末考试成绩的考查下，也注重线上学习的考核，比如在线学习时间、网络问答情况，线上考核情况等，从而教会学生不要片面地思考问题，要从不

---

① 刘浩、徐琴、唐莉：《基于 PBL 教学法对传染病学示教的翻转课堂研究》，载《中国继续医学教育》2020 年第 24 期，第 15~17 页；Yew EHJ, Goh K, Problem-Based Learning. An Overview of its Process and Impact on Learning, *Health Professions Education*. 2016, 2, pp. 75-79.

② 徐祯：《线上线下混合式教学一体化设计与实施》，载《中学教学参考》2020 年第 36 期，第 77~78 页。

同方面全方位入手。教师也可以从专业知识考核逐渐向素质水平、能力和国家情怀等延伸，比如通过实际走访调研广大群众迫切关心的公共健康问题，寻找最佳的解决方案，实现从思想到行动双线并行的考核评价机制。

四、结语

实施课程思政教育教学对塑造高校学生的人生观、价值观和世界观具有重要意义。在新时代背景下，要真正做到润物细无声的思政教育，需要老师和学生共同努力，并且仅仅依靠课堂教学是不足够的，我们要从课堂内走向课堂外，融入平时的生活中和言行上。对于卫生化学的课程思政，要做到与时俱进，将卫生化学领域最新的前沿研究成果和理论融入课堂教学中，不断改进教学方法和补充符合时代需求与特色的知识内容，要做到坚持以学生为中心，实践为导向，在探索中发现合适的教学方法，努力为社会培养出符合时代要求的高素质、复合型公共卫生人才。

以"大体老师"为中心的人体结构学课程思政教育实践①

郑 勇 何 柳 胡成俊 潘 勤 雷岳山*

(武汉大学 泰康医学院(基础医学院),湖北 武汉 430071)

摘 要：把思政教育贯穿于课程教学全过程既是课程教学改革的需要，更是新时代医学人才培养的关键。人体解剖学教研室以"大体老师"为中心进行人体结构学课程思政体系建设，将思政元素有机地融入课程。实践证实课程思政教学能够激发学生感恩之情、敬畏之心和责任之感，充分调动学生学习的积极性和主动性并提升学习成绩。人体结构学与思政的有机结合，既有利于医学生掌握扎实的专业知识，也达到培养职业素养的目标，实现专业课和思政教育协同育人的效果。本文对教师队伍建设、素材库构建和应用，以及实践效果进行了阐述，以期能为同行提供参考和借鉴。

关键词：人体结构学；课程思政；大体老师；解剖教学

医学不仅具有自然科学属性，而且还具有人文科学属性。② 在医学生教育方面，既要进行医学知识和专业技能的培养，更要注重道德情操和职业素养的培育。③ 随着医疗体制改革的深入，新时代对医生的诊疗技术水平和职业素养也提出了更高的要求。人体结构学是学生步入医学殿堂的第一门核心基础

---

① 基金项目：2022 年武汉大学本科教育质量建设综合改革项目(2022ZG191)；武汉大学医学部教学改革研究项目(2020007)。

② 刘惟、苏振兴：《医学教育中的科学精神与人文精神》，载《中国医学伦理学》2021年第 11 期，第 1484~1487 页。

③ 李海军、王番宁：《基于医学教育标准的"医学人文社会科学"课程改革思考》，载《医学教育研究与实践》2020 年第 5 期，第 777~780 页。

课，是学习后续医学课程的基石，也是培育优秀职业素养的基础。① 它以人体为学习对象，通过对"大体老师"解剖操作来获得医学知识，蕴含着众多可为思政教育采用的素材。如何围绕"大体老师"，将这些思政素材融入教学活动，将课程资源转化成思想政治教育资源，使每一位教师在进行课程思政时能够有据可依，有材可用，实现专业课课程与思政教育的统一。② 我们教学团队在思政理论学习的基础上，以"大体老师"为主线，在构建课程思政素材库的基础上，将课程思政融入人体结构学教学的各个环节。本文通过分析和探讨开展课程思政教学实践的效果，进一步改进和完善以"大体老师"为主线的人体结构学课程思政教学，同时也为广大人体结构学教学同行提供参考和借鉴。

一、对象和方法

（一）研究对象

本研究对象为人体结构学教学团队和参加人体结构学课程学习的 2019—2021 级临床医学专业学生。

（二）研究方法

1. "大体老师"为中心的教师队伍建设

人体结构学课程思政的顶层建设：（1）建设课程思政教学团队：通过参加课程思政会议和培训，借助集体备课的方式提高教师思政水平。（2）建设新的教学体系：结合人体结构学课程特点和课程设置，构建多层次和多形式的课程思政素材库，实现课程思政与专业知识的有机结合。

2. "大体老师"为中心的课堂教学建设

课堂内教学以 3 种教学形式进行，即理论授课、分组实践操作和病案讨论。（1）理论授课：讲述本次课程的主要内容，并将解剖学课程中的思政元素，以"润物无声"的方式融入课程教学中。（2）分组实践操作：完善解剖学

---

① 郑勇、何柳、胡成俊等：《基于卓越医师培养的人体结构学题库建设实践与思考》，载《中国组织化学与细胞化学杂志》2020 年第 4 期，第 386~390 页。
② 修丽莉：《基于核心素养的正常人体结构课程思政教学设计》，载《解剖学杂志》2021 年第 4 期，第 351~353 页。

开课致敬仪式、实验课团队合作、尊重爱护"大体老师"和结课回顾感恩仪式，注重培养学生吃苦耐劳和团队精神，同时把生命教育和感恩教育融入实验教学。(3)病案讨论：在每个单元解剖结束后，解剖操作小组举行与本解剖单元有关的病案讨论。进一步培养医学生的拓展创新精神、职业素养和职业责任使命感。

3. "大体老师"为中心的课堂外辅助教学

课堂外的教学改革包括以下3个方面：(1)引导学生观看与思政有关的人体结构学案例素材视频。(2)组织具有思政教育特点的课外实践活动，例如参加红十字会捐献纪念活动。(3)组织解剖绘图大赛及解剖技能大赛，促进专业技能与思政教育融合。

4. "大体老师"为中心的科学素养培养

对在解剖"大体老师"操作过程中发现的异常或变异解剖结构，指导学生进行解剖、测量、记录、查阅相关文献、撰写和发表"大体老师"研究论文，培养学生的科学素养。

5. 调查和统计

使用问卷星制作在线调查问卷，在课程结束后，发送二维码的方式推送给学生和教师。学生成绩采用 SPSS 软件进行统计分析，组间采用列联表卡方分析进行比较，$p<0.05$ 时，表明该差异有统计学意义。

二、实践的效果分析

1. 夯实教师队伍的课程思政基础

教师是教学改革和实施的主体，是影响课程思政效果的重要因素之一。[①]课程思政建设的关键在于教师的育人意识和育人责任。要实现思想政治教育融入专业课堂，使专业教育与思想政治教育形成协同效应，这就要求教师在讲授专业知识的同时，潜移默化的价值引领和精神塑造，达到育人于无形的效果。[②] 所以，教师在专业知识基础之上，需要进一步掌握思想政治教育的一

---

① 姜丹、鲍艳丹、李春华：《新形势下专业教师与思政教育工作者协同育人研究》，载《文教资料》2017 年第 23 期，第 136~137 页。

② 刘戈、凌杰：《高校课程思政与师资队伍建设现状分析》，载《学校党建与思想教育》2021 年第 16 期，第 82~84 页。

些教学规律和方法。积极挖掘课程所蕴含的思想政治教育元素和所承载的思想政治教育功能，实现思想价值教育与知识体系教育的有机统一，并把这种观念贯穿教学的始终。

本课程教学团队利用"大体老师"这个得天独厚的思政元素展开课程思政教育活动，不仅可以提升专业课程的教学质量，同时对医学生早期树立正确的世界观、人生观和价值观及职业道德和职业素养的形成具有重要意义。① 在教学团队一致认同课程思政建设必要性的基础上，团队成员全部参加"全国思政课程学习"、多种渠道的课程思政经验交流，树立课程思政教育理念，通过集体备课交流经验，快速实现了专业课教师课程思政理论水平提升。根据课程思政目标，通过挖掘与"大体老师"相关的思政素材，制定详细可行的教学方案，在教学过程中选择合适的授课方式切入思政素材，依托丰富的素材，本课程教师围绕本课程思政核心素养目标内容：感恩教育、尊重生命、社会责任、传统美德、科学精神和职业使命进行教学。在实践操作部分完成八项共 13 个思政素材的建设工作(见表 1)，明确每个素材期望达到的思政目标和对应课程章节，借助"大体老师"的科学奉献精神有机地融入人体结构学课程中。

表 1 以"大体老师"为中心的人体结构课程思政教学设计实施方案

序号	课程章节名称	"大体老师"和思政素材	思政目标
1	绪论	解剖学开课致敬仪式(介绍张绪将军和校友柯俊院士遗体捐献事迹，致敬"大体老师")	感恩教育，尊重生命
2	下肢	脚踝结构与运动(通过姚明左脚频繁的伤病介绍运动防护的作用和意义)	职业使命感
3	上肢	手的结构(通过断指再植手术，介绍我国显微外科创始人，科技国家科技进步奖三等奖获得者，我校中南医院陈振光教授)	社会责任，职业使命感

① 靳辉、冯改丰、杨蓬勃等：《局部解剖学课程思政素材库的建设与应用》，载《医学教育研究与实践》2022 年第 4 期，第 476~481 页。

序号	课程章节名称	"大体老师"和思政素材	思政目标
4	头颈部	中国科学院绘制"人类脑网络组图谱"（介绍脑区进行精细划分和脑图谱绘制的全新思想和方法）	科学素养
5	胸部	胸外科医师白求恩（介绍白求恩精神：一个高尚的人，一个纯粹的人，一个有道德的人，一个脱离了低级趣味的人，一个有益于人民的人）	人生观和价值观
6	胸部	聚焦2020年新冠肺炎（通过雷神山医院的建设，介绍我校医务工作者的无私奉献）	社会责任，科学素养
7	胸部	心的结构（通过心脏介入手术，介绍全国心脏介入的先驱者和引领者，3次国家科技进步奖二等奖获得者，我校人民医院江洪教授）	职业使命感，科学素养
8	腹部	中国外科之父裘法祖的事迹（始终听从党和祖国的召唤）	人生观和价值观
9	腹部	消化管道（介绍我校人民医院于红刚教授与"内镜精灵"的故事）	职业使命感，科学素养
10	腹部	胃的结构（介绍诺贝尔生理学或医学奖获得者马歇尔喝下幽门螺旋杆菌证实胃溃疡的真凶为幽门螺旋杆菌）	科学素养
11	盆部会阴	女性生殖（妊娠与分娩，关爱母亲，感恩母爱）	传统美德，感恩意识
12	盆部会阴	男性生殖（介绍全世界首创阴茎延长及功能重建术，国家科技发明二等奖获得者，学校人民医院龙道畴教授）	职业使命感，科学素养
13	结课仪式	我想对你说：感恩"大体老师"	感恩教育，崇高理想

2. 以"大体老师"为中心的课程思政增加学习动力，提升学习效果

在人体结构学课程中，每位医学生除了学习讲台上授课教师传授的知识，还要面对解剖台上的"大体老师"。"大体老师"是医学生进入医学院校的启蒙老师。"大体老师"用自己的身躯传授人体结构知识给新入门的医学生，还用他们的身躯诠释怎样去尊敬生命、善待生命，让医学生认识并感触到"大体老师"无私奉献的精神，深刻体会奉献的意义。以"大体老师"为核心的思政元素引入能够实现思想启迪和价值引领，从而激发学生的学习兴趣和内在学习动力，提升专业课学习效果。

人体结构学课程思政的效果不能简单地以分数的高低来衡量，而应从"知"与"行"两方面进行综合评价。[①] 知，即学生的自我评价和自我感知，通过对课程思政教育的学生调查的结果显示，几乎所有同学对"大体老师"怀有感恩之心，认为人体结构学的课程能够提升自己对生命的敬畏和触发对生命价值的思考；同时他们认为人体结构学的课程提高了自己救死扶伤的社会责任感和职业使命感，并认为通过该课程的训练提高了自己的团队合作精神(见图1)。在"大体老师"告别仪式上，同学们把对无言良师相伴成长的感恩与怀念通过海报形式展现出来。海报或精致、或朴素、或意象丰富、或寓意深远，承载着同学们对每位大体老师由衷的感谢和敬仰(见图2)。这些结果说明课程思政融入医学教育，将利于学生的职业素养和人文素养的养成。有助于医学生形成良好的医德医风、仁心仁术，对未来建立良好的医患关系也至关重要。

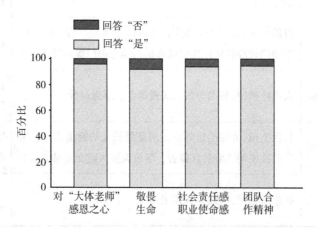

图1 以"大体老师"为中心的思政课程对学生思想的影响

---

① 靳辉、冯改丰、杨蓬勃等：《局部解剖学课程思政素材库的建设与应用》，载《医学教育研究与实践》2022年第4期，第476~481页。

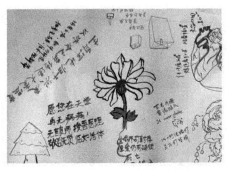

图 2　学生绘制的感恩追思无言良师"大体老师"海报

行，即所采取的行为和行动，可以通过学习成绩和行为成效来体现。通过对 2021 级临床医学专业的人体结构学课程思政教学实践，统计计算人体结构学总评成绩及各分数段人数，并与以往的成绩相比较结果显示，2021 级临床医学专业学生考试成绩明显高于 2020 年和 2019 年级临床医学专业学生，特别是人体结构学考试成绩优良程度明显高于 2020 年和 2019 年级临床医学专业学生(见表 2)。课程结束后，教师们普遍认为学生的学习态度端正，极大地提高了学习积极性和自主性。教师认为 2021 级学生的学习态度较往届学生端正，2021 级学生较往届学生有更高的学习积极性和自主性(见图 3)。这结果说明，在人体结构学教学过程中以"大体老师"为中心的思政教学可以端正学生学习态度、激发学习积极性和自主性，达到提高学生掌握专业知识的效果。

表 2　第二学期人体结构学各分数段分析

年级	90~100 分	80~89 分	70~79 分	60~69 分	<60 分
2019 级($n=165$；未开展课程思政)	11(6.67)	57(34.54)	56(33.94)	35(21.21)	6(3.64)
2020 级($n=141$；未开展课程思政)	12(8.51)	57(40.43)	36(25.53)	32(22.70)	4(2.84)
2021 级($n=150$；开展课程思政)	89(59.33)	39(22.00)	11(1.35)	7(7.33)	4(2.67)
R^2			160.258		
P			<0.001		

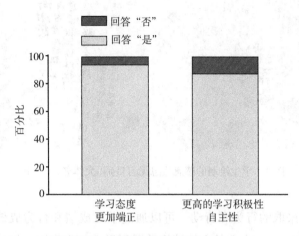

图 3　授课教师对学生的评价

3. 以"大体老师"为中心的课程思政利于培养科学精神

是否具有科学精神，以及科学精神的强弱，直接影响大学生的创新思维和创新能力的强弱，这决定一个国家是否拥有创新的灵魂和兴旺发达的不竭动力。[①] 在对"大体老师"学习过程中，会有一些与教材不同的新发现。在授课过程中，通过科学案例介绍科学家如何面对和处理这些新发现，如何去提炼新发现的科学意义。[②] 在培育学生正确的世界观、人生观和价值观的基础上，逐渐使学生构建科学的思维方式。在实施课程思政改革后，同学们能够积极面对和分析"大体老师"结构的变异，分析这些新发现的科学意义，参加课程的本科生已经完成相关研究论文撰写 1 篇，在国际期刊公开发表研究论文 1 篇，这说明课程思政建设能够提升学生的科学素养，在知识传授的同时逐渐培养科学分析问题和创新的能力。

三、总结

以"大体老师"为中心的课程思政在人体结构学教学中的实施，将课程思

---

① 张铭：《科学通识课程对学生创新素养培养影响研究——以"诺贝尔生理学或医学奖史话"为例》，载《创新人才教育》2019 年第 1 期，第 65~69 页。
② 秦永亭、张晓蕾、陈珊珊等：《课程思政融入人体解剖学教学的探索》，载《解剖学研究》2019 年第 4 期，第 356~358 页。

政融入课程教学的全过程，充分发挥了该课程的育人功效。在实施过程中，专业课教师的自身素养得到提高，并在此基础上帮助学生树立正确的人生观、世界观和价值观，增强学生的学习主动性，提高学习效果。教育教学工作不是一蹴而就的，课程思政的建设和实施是循序渐进的过程。遵循"十年树木，百年树人"的规律，在今后的工作中，根据时政热点、先进事迹，及时交流、更新和升级思政素材，对教学方法和组织形式进行不断的探索、实践和创新，从而实现"全员、全程、全方位育人"的整体战略目标，把学生培养成合格的、高素质的医学人才。

医学专业课程思政教学设计
——以武汉大学"课程思政"示范课程"循证医学"为例

黄 笛[1,2,3] 王 宇[1,2,3] 沈 可[4] 曾宪涛[1,2,3]

(1. 武汉大学第二临床学院循证医学与临床流行病学教研, 2. 武汉大学
中南医院循证与转化医学中心, 3. 武汉大学循证与转化医学中心,
4. 武汉大学医学部学科建设与科研管理处, 湖北 武汉 430071)

摘 要：大力推动以"课程思政"为目标的课堂教学改革是发挥课程育人作用、提高人才培养质量的重要抓手。本文以武汉大学"课程思政"示范课程"循证医学"为例,从教学目标、教学内容、教学方法、教学管理与教学评价五个方面对循证医学课程思政教学进行设计,形成"育人+知识+能力"三位一体的教学目标、基于课程内容挖掘思政元素并有机融入课堂教学、创新"1+4"教学模式实现课程与思政全方位整合,从教学准备、教学实施、教学监督与评价三个方面进行课程思政教学管理,构建"形成+终结""定性+定量"与"线上+线下"相结合的评价体系,以保证课程思政教学的顺利开展。

关键词：课程思政；循证医学；教学设计；教学管理；教学评价

立德树人是高校工作的根本任务、是高校发展的立身之本。① 全面推进高校课程思政建设是落实立德树人根本任务的战略举措、是提升人才培养质量的关键一招。② 2016 年, 习近平总书记在全国高校思想政治工作会议上强调要把思想政治工作贯穿教育教学全过程, 要用好课堂教学这个主渠道, 其他

---

① 《习近平在全国高校思想政治工作会议上强调把思想政治工作贯穿教育教学全过程开创我国高等教育事业发展新局面》, 载中华人民共和国教育部官网, http://www. moe. gov. cn/jyb_xwfb/s6052/moe_838/201612/t20161208_291306. html,2022 年 6 月 5 日访问。

② 《教育部关于印发〈高等学校课程思政建设指导纲要〉的通知》, 载中华人民共和国教育部官网, http://www. moe. gov. cn/srcsite/A08/s7056/202006/t20200603_462437. html, 2022 年 6 月 5 日访问;《全面推进高等学校课程思政建设——教育部高等教育司负责人就〈高等学校课程思政建设指导纲要〉答记者问》, 载中华人民共和国教育部官网, http://www. moe. gov. cn/jyb_xwfb/s271/202006/t20200604_462551. html,2022 年 6 月 5 日访问。

各门课都要守好一段渠、种好责任田。① 之后，教育部相继印发了《高校思想政治工作质量提升工程实施纲要》《高等学校课程思政建设指导纲要》，指出要大力推动以"课程思政"为目标的课堂教学改革，把思想政治教育贯穿人才培养体系。② 医学教育关系到我国卫生健康事业的长远发展，推进医学教育创新改革、提升医学人才培养质量，可以为提升我国医疗服务水平提供有力的人才保障。国务院办公厅 2020 年印发的《关于加快医学教育创新发展的指导意见》指出，要强化医学生职业素养教育，发挥课程思政作用，着力培养医学生救死扶伤精神。③ 课堂教学是课程思政建设的主渠道，如何将课程思政在医学专业课程落地落实，是我们需要解决的一个关键问题。本文以武汉大学"课程思政"示范课程"循证医学"为例，从教学目标、教学内容、教学方法、教学管理及教学评价五个方面对循证医学课程思政教学进行设计，以期为全面推进课程思政建设提供借鉴与参考。

一、开展循证医学课程思政的意义

党的十八大以来，在以习近平同志为核心的党中央坚强领导下，我国医学教育改革工作取得重大进展，为我国卫生健康事业输送了大量的医学人才。

---

① 中华人民共和国教育部：《习近平在全国高校思想政治工作会议上强调把思想政治工作贯穿教育教学全过程开创我国高等教育事业发展新局面》，2016 年 12 月 8 日，访问日期：2022 年 6 月 5 日，http://www.moe.gov.cn/jyb_xwfb/s6052/moe_838/201612/t20161208_291306.html；杨淑玉：《课程思政融入高校教育教学全过程研究》，载《教育教学论坛》2021 年第 48 期，第 153~156 页。

② 中华人民共和国教育部：《教育部关于印发〈高等学校课程思政建设指导纲要〉的通知》，2020 年 6 月 1 日，访问日期：2022 年 6 月 5 日，http://www.moe.gov.cn/srcsite/A08/s7056/202006/t20200603_462437.html；中华人民共和国教育部：《中共教育部党组关于印发〈高校思想政治工作质量提升工程实施纲要〉的通知》，2017 年 12 月 5 日，访问日期：2022 年 6 月 5 日，http://www.moe.gov.cn/srcsite/A12/s7060/201712/t20171206_320698.html；中华人民共和国教育部：《实施高校思想政治工作质量提升工程开创新时代高校思想政治工作新局面——教育部思想政治工作司负责人就〈高校思想政治工作质量提升工程实施纲要〉答记者问》，2017 年 12 月 6 日，访问日期：2022 年 6 月 5 日，http://www.moe.gov.cn/jyb_xwfb/s271/201712/t20171206_320712.html。

③ 国务院办公厅：《国务院办公厅关于加快医学教育创新发展的指导意见》，2020 年 9 月 17 日，访问日期：2022 年 6 月 5 日，http://www.gov.cn/zhengce/content/2020-09/23/content_5546373.htm。

但面对当前我国医学事业发展的新要求及新冠疫情带来的新挑战，我国医学人才培养质量仍有待进一步提高。人才培养，在于育才、更在于育人。循证医学作为我校医学专业学生的一门专业必修课，是开展课程思政、践行课程育人的理想渠道。然而，目前医学专业课程教学普遍存在重知识传授、轻思政教育的现象。循证医学课程包含大量优秀传统文化、爱国情怀、职业理想和职业道德等思政内容，将这些丰富的思想资源应用于课堂教学、寓于知识传授之中，对提升医学生思政素养、培养德智体美劳全面发展的医学人才具有重要意义。在循证医学课堂教学中，教师通过充分挖掘专业知识中蕴含的思政元素、精心设计教学过程，将思政内容有机融入课堂教学、将思政理念自然渗透给学生，有助于引导学生树立正确的人生观、世界观和价值观。

二、循证医学课程思政教学设计

专业课程是课程思政建设的基本载体。[1] 我教研室承担的"循证医学"课程是武汉大学"课程思政"示范课程、精品课程，面向我校医学专业本科及硕、博士研究生开设。同时，设计的"循证医学"MOOC 课程也已在中国大学MOOC 网第四轮开课并取得了较好的社会反响，截至第三轮累计选课人数达14 942 人，课程评分稳定保持在 4.8 分(满分 5 分)。[2] 为保证循证医学课程思政教学的顺利开展，我们从教学目标、教学内容、教学方法、教学管理与教学评价五个方面进行设计。[3]

1. 循证医学课程思政教学目标

按照专业课程课堂教学思政目标的思路设计教学目标。首先，结合专业课程特点及布局形成思政目标框架，再进一步挖掘各章节蕴含的思政元素，

---

① 《教育部关于印发〈高等学校课程思政建设指导纲要〉的通知》，载中华人民共和国教育部官网，http://www.moe.gov.cn/srcsite/A08/s7056/202006/t20200603_462437.html，2022 年 6 月 5 日访问。

② 武汉大学循证与转化医学中心、武汉大学第二临床学院循证医学与临床流行病学教研室：《课程上新！武汉大学 MOOC《循证医学》4.0 版上线！》，2022 年 2 月 23 日，访问日期：2022 年 6 月 5 日，https://cebtm.znhospital.com/detail/499.

③ 陆道坤：《论课程思政的教学设计与实施》，载《思想理论教育》2020 年第 10 期，第 16~22 页；王英龙、曹茂永：《课程思政——我们这样设计》，清华大学出版社 2020 年版。

形成各章节思政教学目标，将这些目标与课程专业目标有机结合，构建专业课程思政教学目标并编入教学大纲；根据课堂教学具体情况，包括学生情况、课堂类型、教学内容、教学方法等，结合教学大纲细分每次课堂教学的目标，将思政有机融入每次的课堂教学中。①

根据上述设计思路，围绕"育人"与"育才"两个核心，我们设计了循证医学课程的教学目标，最终形成了"育人+知识+能力"三位一体的目标体系。"育人目标"围绕立德树人，着眼于医学生理想信念、职业理想与职业道德、人文情怀及科学素养的培养；"知识目标"重点指导医学生学习循证医学理论知识；"能力目标"关键在培养医学生动手操作、解决实际问题的能力(见表1)。

表1 循证医学课程思政教学目标

教学目标	核心要点	具体内容
育人目标	立德树人	坚定医学生理想信念，塑造正确的世界观、人生观、价值观；深化医学生职业理想与职业道德，树立为医学事业奋斗终身的崇高理想、"敬佑生命、救死扶伤、甘于奉献、大爱无疆"的医者精神；培养医学生人文情怀与科学素养，包括人道主义、医学伦理、学术诚信、批判思维、循证思维等
知识目标	专业理论知识	循证医学理论知识
能力目标	实践操作技能、解决问题能力	查找证据资源、熟练应用软件、循证解决临床问题的能力

2. 循证医学课程思政教学内容

围绕课程思政教学目标，立足专业课程特点，查找其中包含的思想性资源，梳理、归纳形成思政知识体系；然后到课程各章节中继续深入挖掘思政元素，进一步丰富思政内容，形成专业课程思政内容体系；最后，根据课堂教学具体情况，提炼每次课堂教学的思政素材，结合教学大纲，找准切入点，将思政有机融入课堂教学。

① 陆道坤：《论课程思政的教学设计与实施》，载《思想理论教》2020年第10期，第16~22页。

　　按照上述思路，我们对循证医学课程可能涉及的思政元素进行了深入挖掘，在许多章节中发现了其中蕴含的思政元素及其承载的思政功能。然后，提炼每次课堂教学的思政元素及涉及知识点，通过合适的切入点，如历史事件、名人事迹、时事新闻等，将思政巧妙融入课堂教学并贯穿教学全过程(见表2)。

表 2　循证医学课程思政教学主要内容

课程章节	涉及知识点	思政元素	融入方式
循证医学总论	循证医学的概念与发展；临床研究向临床实践的转化；循证医学与临床科研	理想信念（家国情怀、初心使命）；科学素养（循证思维、批判思维、严谨求实、学术诚信）	介绍循证医学的意义时，以团队科技成果为例介绍循证医学在成果转化助力科技抗疫中的作用，宣传抗疫精神，引导学生树立爱国情怀、不忘初心使命；通过典型案例介绍未经循证的临床实践导致错误诊疗及对患者的不良影响，引导学生建立循证与批判思维及严谨求实的态度；以典型案例引入存在设计缺陷或数据造假的临床研究导致结果不可信等，引导学生树立批判思维、重视学术诚信
临床研究设计类型	临床研究与临床研究设计	职业道德（廉洁自律）；人文情怀（医学伦理、人道主义）；理想信念（政治认同、文化自信、家国情怀、责任担当）	以"伦敦霍乱""反应停"事件为切入点介绍各种临床研究设计类型，通过这些曾给人类健康带来巨大影响的历史事件引导学生思考原因、恪守职业道德，加强学生的医学人文情怀培养；介绍实验性研究时，提到我国研发的腺病毒新冠疫苗是世界首个新冠疫苗、彰显了我国的科研实力与科技水平，引导学生加深对党和国家的认同感、树立文化自信；介绍新冠疫苗临床试验时，以陈薇院士团队研发腺病毒新冠疫苗为例，提到陈薇院士作为志愿者第一个接种了疫苗，体现了我国科学家的勇气和担当，向学生传递这种责任与担当意识

续表

课程 章节	涉及知识点	思政元素	融入方式
循证医学数据库与检索	循证医学实践检索的一般原则；常见数据库检索	职业道德（平等尊重）；人文情怀（以人为本）；科学素养（循证思维、批判思维）；科学素养（勇于探索、解决问题、实践能力）	用一个具体的临床问题引出主题——如何进行临床决策，通过师生互动，同时结合历史事件指出应将临床证据、个人经验与患者的实际状况和意愿相结合来指导临床实践时，向学生传递出尊重患者、以人为本的职业道德与人文情怀，以及基于证据进行决策时的循证与批判思维；在实践操作——常见数据库检索中，鼓励学生结合自身专业提出一个具体的临床问题去查找证据并提交检索报告，引导学生养成独立思考、勇于探索的习惯，以及动手实践解决问题的能力
系统评价/Meta分析的制作步骤	系统评价/Meta分析的制作	科学素养（严谨求实）	通过一篇启发性文献导入本章主题，指出一篇高质量系统评价/Meta分析制作过程的严谨性，引导学生培养严谨负责、实事求是的学习态度
Meta分析非编程及编程软件使用	Meta分析软件操作	理想信念（马克思主义立场、知行统一）；科学素养（实践能力、解决问题）	在软件使用教学中，指导学生用理论指导实践，坚定马克思主义立场、知行统一，培养动手实践解决问题的能力
循证视角下的基础实验的选题与实施	分子流行病学；诊断性研究	职业道德（关爱生命、救死扶伤）；人文情怀（人道主义）	以"伦敦霍乱"事件中流行病学及分子流行病学的作用为例，引导学生认识科学研究对人类健康的作用，加强对学生的职业道德和医学人文情怀教育

3. 循证医学课程思政教学方法

教学方法是教师传授知识、师生互动交流的重要方式。除传授课堂讲授外，其他教学方法也不断涌现，如以问题为导向的教学法、以病例为基础的教学法等，这些教学方法已被应用于医学专业课程教学并取得了较好的效果。随着互联网及教育信息技术的发展，各种线上资源和平台，如MOOC、SPOC、"雨课堂"以及整合了传统课堂与线上教学优势的混合式教学法，也越来越多地应用于医学教育领域。[①] 为更好地将思政融入课堂教学，我们提出了"1+4"的教学模式，即以课堂讲授为主，线上教学、科研实践、学术培训及课外竞赛为辅，将思政理念通过各种教学方法贯穿于循证医学课程教学的全过程。[②]

在课堂教学中，根据不同课堂类型（理论、实践、理论+实践）及思政内容选择合适的教学方法。在"循证医学总论""临床研究设计类型"等以理论讲授为主的章节，可以根据其中的思政内容及融入方式辅以其他教学方法。如介绍循证医学意义时通过一个具体案例引入主题激发学生的家国情怀、使命感等，这里结合了讲授与案例导入法；在"循证医学数据库与检索""Meta分析非编程及编程软件使用"等结合了"理论+实践"的章节，除讲授法外，还可以采用操作演示法、问题导入法、互动探究法等培养学生的实践技能。在线上教学中，充分利用信息技术与网络资源的优势，将蕴含丰富思想价值的知识通过图片、短视频、小游戏等媒介传递给学生，提高课程思政的亲和力。在科研实践中，要求学生结合自身专业及兴趣自主选题、以小组合作的形式解读文献并完成报告，其中涉及自主学习法、小组合作等方法；学术培训主要依托本单位承办的国家级继续医学教育项目开展，以其为思政教育的第二课堂，学生通过聆听专家讲授、参与互动讨论等进行学习。课外竞赛是课堂教学的补充，鼓励学生积极参与各类知识与技能比赛，培养学生团队协作精神与解决问题的能力。除上述方法外，还可以通过课堂辩论、临床教学、情景模拟、角色扮演等方法开展课程思政教学，可以结合实际情况灵活选择。

4. 循证医学课程思政教学管理

主要从教学准备、教学实施、教学监督与评价三个方面进行循证医学课

---

① 刘清华、刘福、张杨等：《基于MOOC、SPOC和早临床设计的病理生理学在线翻转课堂——以休克教学为例》，载《高校医学教学研究（电子版）》2021年第11期，第45~50页；贾坚、李萍、杨安琪等：《"雨课堂"混合式教学在全科医师培训中的应用》，载《中华医学教育探索杂志》2019年第18期，第81~84页；王云云、王宇、黄笛等：《循证医学课程体系的建设与实践——以武汉大学为例》，载《医学新知》2022年第1期，第74~80页。

② 王云云、王宇、黄笛等：《循证医学课程体系的建设与实践——以武汉大学为例》，载《医学新知》2022年第1期，第74~80页。

程思政教学管理。教学准备包括修订教学大纲、选用教材、编写教案及制作课件等。教学大纲的修订由教研室组织、授课教师参与，在原有教学大纲基础上梳理各章节内容，结合课程思政教学目标，厘清专业知识与思政知识之间的内在联系，重新制定教学大纲。在教材选用上，根据教学目标及大纲要求，在认真梳理各章节知识点的基础上，将提炼出的兼具知识性和思想性、教育性的知识或案例编入讲义，以满足课程思政教学需要。课件制作上，主要着力提高思政的亲和力，以幻灯片、图片、音视频等形式呈现，避免大段文字"生硬植入"，使学生在潜移默化中接受思政熏陶。

在教学实施中，主要对教师课堂教学与学生课堂学习两个方面进行规范。对教师课堂教学的规范，除工作纪律、道德修养、教学工作(如教学任务、教学内容与进度、教学方法等)等方面要求外，还要注重对教师课堂教学育人的管理，关注教师是否在教学中融入了思政内容、融入了什么、怎么融入的，确保教师以正确的价值导向指导知识传授，防止专业教育与思政教育"两张皮"的问题；对学生课堂学习的规范，除学习纪律等基本要求外，还要重点关注学生思政发展情况，学生出现错误认知时应及时引导及纠正。

利用课堂教学监督与评价加强课程思政教学管理。通过多种途径强化教学监督，除教学督导评价、学生评价外，还推行课程负责人听课评课与教师听课评课。根据教研室安排，课程负责人、教师均须完成至少两次听课任务并填写听课评课记录表，对授课教师从教学态度、教学内容、教学方法及教学效果四个方面，对学生从出勤率与听课态度两个方面进行评价，特别关注其中涉及的思政内容，从课程负责人评价、同行评价及学生评价中发现教学管理的盲区和薄弱环节，不断提升课程思政教学的质量。

5. 循证医学课程思政教学评价

人才培养效果是课程思政建设评价的首要标准。[①] 对循证医学课程思政的评价，关键看学生课程思政学习的成效。对学生课程思政学习的效果评价主要围绕"思政""知识"与"能力"三个方面进行。"思政"主要评价学生思政知识掌握情况与思政素养发展情况；"知识"重点考查学生循证医学理论知识掌握

① 《教育部关于印发〈高等学校课程思政建设指导纲要〉的通知》，载中华人民共和国教育部官网，http://www.moe.gov.cn/srcsite/A08/s7056/202006/t20200603_462437.html，2022 年 6 月 5 日访问。

情况；"能力"主要关注学生的实践操作技能与解决问题的能力。由于学生思政素养的提升与价值观培养是一个循序渐进的过程，因此，对课程思政的教学评价不能"一刀切"，应更重视定性评价和过程评价。

既往循证医学课程教学评价采用形成性评价与终结性评价相结合的方式，但以终结性评价为主(70%)，而形成性评价占比较少(30%)、主要以课堂点名的形式进行，这种方式更注重考查学生的知识掌握情况，重结果而轻过程。而思政教育是一项长期系统工程，不能唯结果论，更要关注学生思政素养的发展过程。因此，我们对教学评价体系进行了优化，不仅加大了形成性评价的比重(60%)，同时对评价内容、考核方式及评价指标都进行了调整，将形成性评价贯穿课前、课中、课后教学全过程。[①]（见表3)，在评价内容上更重视对学生思政素养和价值观发展情况的评价，再结合线上学习平台反馈情况，形成了"形成+终结""定性+定量"与"线上+线下"的全方位评价体系。

表3　循证医学课程思政教学形成性评价

评价方式		考核形式
形成性评价(60%)	课前	参与线上学习与测试(20%)
	课中	参与课堂问答与讨论(5%)
	课后	独立完成检索报告(15%)、小组合作解读二次文献(20%)
终结性评价(40%)		期末考试(40%)

将学生课程思政学习效果的评价结果反馈给教师，能促使教师通过"教学—评价—反思—改进"不断调整教学策略，从而提高课堂思政教学质量。基于评价结果，教师应重点反思融入的思政内容是否合适，融入方式是否恰当，是否达到预期目标，进而加以改进。这种"教学—评价—反思—改进"过程应该是动态循环的，即教师在教学中不断进行反思，然后再回到教学中调整改进。

---

① 王云云、王宇、黄笛等：《循证医学课程体系的建设与实践——以武汉大学为例》，载《医学新知》2022年第1期，第74~80页。

三、讨论

全面推进课程思政建设是落实立德树人根本任务的战略举措。① 完善教学设计、加强教学管理，大力推动以"课程思政"为目标的课堂教学改革是发挥课程育人作用、提高人才培养质量的重要抓手。以武汉大学"课程思政"示范课程"循证医学"为例，从教学目标、教学内容、教学方法、教学管理及教学评价五个方面对循证医学课程思政教学进行设计，最终形成了"育人+知识+能力"三位一体的教学目标，基于课程内容挖掘思政元素并有机融入课堂教学，创新"1+4"教学模式实现课程与思政全方位整合，从教学准备、教学实施、教学监督与评价三方面对课程思政教学进行管理，构建了"形成+终结""定性+定量"与"线上+线下"相结合的评价体系，为循证医学课程思政的顺利开展提供了保障。

2021年秋季学期，我教研室在循证医学课程中全面开展课程思政教学并取得了较好反响，学生接受度与满意度均较高。同时，我们也在教学过程不断发现问题并总结经验教训。在设计教学目标时，主要基于课程专业知识的连续性而未充分考虑思政内容的内在逻辑及与思政课的内在联系，这可能导致课程思政与思政课程不能发挥好协同效应。未来在修订教学大纲时应充分考虑思政课程的教学进度，可以邀请思政理论教师指导。另外，将提炼出来的思政内容落实到具体课堂及相应知识点并设计好融入方式，这大大提高了教师课堂思政教学的效率，但也容易导致课堂思政教学走向"套路化""形式化"，特别是课程内容没有大的变动时，教师更容易"机械执行"；课程思政作为一种隐性教育手段，强调的是在专业课程教学中自然渗透思政理念，让学生在潜移默化中接受思政教育，因此不能一味根据预设"剧本"照本宣科。解决好这个问题，要求教师自身加强思政学习、提高思政教学本领，不断从专业知识中发掘思政元素、丰富课程思政的内涵。目前，尽管我们采用了"形成+终结""定性+定量"与"线上+线下"相结合的方法对学生课程思政学习效果进

---

① 《教育部关于印发〈高等学校课程思政建设指导纲要〉的通知》，载中华人民共和国教育部官网，http://www.moe.gov.cn/srcsite/A08/s7056/202006/t20200603_462437.html，2022 年 6 月 5 日访问。

行评价，且更多采用定性评价，但最终还是由教师根据评价指标以按点给分的形式形成量化评价结果，这种方式有着易操作、可横向比较的优点，但在一定程度上忽视了学生思政素养发展的客观规律，如何科学制定评价标准、建立科学的评价指标体系仍是未来工作的一个重点；另外，目前对学生课堂思政效果评价仍以教师评价为主，未来可考虑加入更多主体进行评价，如学生自评、学生互评、辅导员评价等；还可以参考同行课程思政教学的经验，建立学生思政发展档案，将有关学生思政教育的材料存档以备教学评价之用。①

最后，需要注意的是，开展课程思政是在专业课程中践行思政，将思政理念以润物无声的方式融入专业课程教学中，而非在专业课程中生硬植入思政内容；强调专业课程的思政教育功能，并不意味着改变课程性质，不能变课程思政为思政课程，因此，开展专业课程思政要注意把握好这个度，在知识传授中实现价值引领。

---

① 陈华栋等：《课程思政——从理念到实践》，上海交通大学出版社 2020 年版。

工学类课程"课程思政"探索

——以"测绘学概论"为例

王正涛　邹进贵　许　婷

（武汉大学　测绘学院，湖北　武汉　430072）

摘　要："育人的根本在于立德"，立德树人成效是检验高校一切工作的根本标准。除思想政治理论课程外，其他专业课程也要做到与思政课程同向同行，形成协同效应，方能构建全员、全过程、全方位的育人大格局。本文以"测绘学概论"课程为例，立足理工科课程"课程思政"建设实践，从培养目标、教师团队、教学方式、思政元素应用等方面探讨如何构建科学的课程思政教学体系，培养具有高度社会责任感和良好科学、文化素养的德智体美劳全面发展的高素质测绘人才。

关键词：测绘学；测绘学概论；课程思政

一、如何落实工科课程思政

"建国君民、教学为先"，教育对于社会稳定、国家发展的重要意义是不言而喻的。党的十八大报告明确指出"立德树人"是教育的根本任务。习近平总书记在 2016 年全国高校思想政治工作会议上强调，"要坚持把立德树人作为中心环节"。2019 年 8 月，中共中央办公厅、国务院办公厅印发的《关于深化新时代学校思想政治理论课改革创新的若干意见》，① 文件指出要"坚持思政课在课程体系中的政治引领和价值引领作用""推动各类课程与思政课建设

---

① 中共中央办公厅国务院办公厅印发：《关于深化新时代学校思想政治理论课改革创新的若干意见》，载《人民日报》2019 年 8 月 15 日，第 1 版。

形成协同效应"，由此可见，在新形势下，推动"课程思政"与"思政课程"协同育人、培育德智体美劳全面发展的综合人才是顺应思政教育改革发展潮流的重要任务。2020 年 5 月，教育部印发《高等学校课程思政建设指导纲要》，提出"要深入梳理专业课教学内容，结合不同课程特点、思维方法和价值理念，深入挖掘课程思政元素，有机融入课程教学，达到润物无声的育人效果"。本文以"测绘学概论"的课程思政教学探索为例，探讨课程思政实践的逻辑以及可结合的思政元素。立足该课程作为测绘学科发展的基础地位，从培养高素质测绘人才的目标出发，系统分析了测绘类专业课程思政建设的路径；以该课程作为工科类课程的典型代表，深入分析如何培养一批综合素质高、专业水平佳的卓越测绘工程师，为我国测绘学科的长久发展提供人才储备，以此推进工科类课程思政建设。

二、抓好"测绘学概论"的思想政治教育作用

工科进行课程思政探索的难点在于如何把重"操作实践""技术手段"等"工具理性"的工科教学转化为重"道"等"价值理性"的教学。开设测绘专业的高等院校，不仅要培养学生成为具有深厚的数理基础、扎实的测绘、导航、遥感、地信等方面的专业能力和熟练的计算机开发能力，能够引领我国测绘事业发展，还要注重挖掘专业知识背后的思政元素，将专业教育与思政教育有机融入，促进学生的综合全面发展。本文探索"测绘学概论"思政教育的教学体系改革，挖掘课程蕴含的思政元素，避免思政政治教育的"孤岛"困境，①培养德才兼备、全面发展的高素质测绘人才。

三、实践"测绘学概论"课程思政的逻辑结构

"测绘学概论"作为一门重要的入门专业技术基础课程，它主要介绍了测

---

① 高德毅、宗爱东：《从思政课程到课程思政：从战略高度构建高校思想政治教育课程体系》，载《中国高等教育》2017 年第 1 期，第 43~46 页；杨涵：《从"思政课程"到"课程思政"——论上海高校思想政治理论课改革的切入点》，载《扬州大学学报（高教研究版）》2018 年第 2 期，第 98~104 页。

绘学的基本概念、研究内容、测绘学科的分类与国内外发展现状及地位等。探索实践"测绘学概论"课程思政的逻辑结构,① 必须从"育人"的本质要求出发,把课堂教学本身作为育人最主要的过程。结合学科专业特点融入思政元素,使"测绘学概论"这门专业入门课程能真正做到"润物细无声"的育人效果。该课程思政体系建设可以分为以下部分②:

1. 培养目标

结合武汉大学"三创"教育理念,从知识、能力、价值目标三方面综合考量,设定以下学生培养目标:

(1)知识目标:掌握测绘学的基本概念与研究内容;了解测绘学的历史发展及科学分类;全方位了解测绘学的现代发展、时代定位及在国家发展中发挥的作用。

(2)能力目标:引导学生独立思考,发现当前社会经济发展中涉及的测绘问题,并初步了解解决问题的思路和方法,具备将课堂所学理论知识应用到实际生产生活中的能力和素质。

(3)价值目标:对科学伦理有初步认知,能准确认知个人在新时代发展中的定位,具有探索未知、追求真理、勇攀高峰的"珠峰精神",能够践行热爱祖国、忠诚事业、艰苦奋斗和无私奉献的"测绘精神"。通过理论学习及案例分析,提高学生科学伦理的认知,提升学生对个人在新时代发展中定位的认知,引导学生在实践中追求真知、在探索中求解未知。

2. 思政课教师与测绘类专业课教师面对面交流

本课程打造以院士和教学名师授课为主,获得各类国家级人才称号的一流师资做支撑服务的一流国际化教学团队,团队编著的国家级规划教材"测绘学概论",成为国内大多数高校测绘类专业的核心教材。要想实现专业课程育人,需要教师团队参与课程思政学习培训与教研,要求教师具备思政意识及思政能力。作为课程思政的讲授主体,教师以德育人的能力提升是推进课程

---

① 余江涛、王文起、徐晏清:《专业教师实践"课程思政"的逻辑及其要领——以理工科课程为例》,载《学校党建与思想教育》2018 年第 1 期,第 64~66 页。

② 马兴铭、张李峰、王竞秋、雒艳萍、吴玉凤、谭继英、梁亚玲、于红娟、曹明强:《医学免疫学"课程思政"的教学改革与探索》,载《医学教育研究与实践》2018 年第 6 期,第 1013~1015,1086 页。

思政体系建设的重要一环。

教学团队积极参加线上课程思政培训活动，包括教育部高教司主办的"全国高校课程思政建设专题培训会"，清华大学举办的"2021年高校课程思政建设系列专题研讨会"等。此外，2021年3月，团队教师参加了武汉大学课程思政教学研究中心主办、上海交通大学李梁教授主讲的以"深入解读课程思政重要文件，全面介绍课程思政上海经验"为题的专家讲坛。发挥武汉大学马克思主义理论学科优势，强强联合，教学团队与学校课程思政教学研究中心、马克思主义学院联合举办测绘学科课程思政建设研讨会，围绕内容双向供给，立体多元教学方法等开展深入研讨。

3. 教学方式

"测绘学概论"以测绘学科为载体，将科学精神和伦理教育放在突出位置，强调要在马克思主义理论的指导下发现问题、分析问题、解决问题。① 院士们将"测绘学概论"定位为讲授测绘学科发展故事的一门课程，通过介绍我国测绘从中华人民共和国成立前的任人欺负、成立初期的艰难起步、在党和国家关怀下的大规模发展以及今天成为世界一流的发展历程，说明中国共产党对我国测绘事业发展起到了决定性因素，彰显了我国测绘人员的爱国情怀和拼搏精神，激发了学生的爱国情怀、爱党热情和奉献情怀。围绕大地测量与工程测量、海洋测绘、空间定位与导航技术和测量数据处理与应用等内容，提炼学科底蕴、发挥科研优势、专业特色，发挥大师引领、课堂示范和实践育人的优势，挖掘测绘精神、新时代北斗精神和珠峰精神的热爱祖国、自主创新、团结协作和勇攀高峰的思政元素，引导学生锤炼品格、学习知识、创新思维和奉献祖国。

教学形式采用线上线下虚实结合，通过MOOC课程和虚拟现实平台，引导学生自主学习、终身学习。同时，走进测绘地理信息知名企业，开辟实习实训第二课堂，有利于学生了解行业前沿的高精尖测绘装备和技术，在实践中亲身体会测绘学科的日新月异和迅猛发展，激发和增强学生学习测绘专业的兴趣和信心。

---

① 高燕：《课程思政建设的关键问题与解决路径》，载《中国高等教育》2017年第Z3期，第11~14页。

四、"测绘学概论"课堂教学可结合的思政元素

1. 教学内容与科学家精神教育结合

结合南极测绘、珠峰测量、北斗等我国测绘学最新进展，以我国独立自主研发北斗卫星导航系统过程中所经历的重重困境遭遇为例（原子钟限制出口、境外限制建站等国际封锁）。再引入老一辈科学家通过潜心钻研和精湛巧妙的技术设计，突破了技术瓶颈，最终实现了核心技术和关键器部件的全部国产化的教学案例，让学生感受测绘学科在科学研究、国民经济建设发展等领域的作用，激发学生对测绘行业的热情。从中提炼出"南极精神""北斗精神"及"珠峰精神"，培养学生科技爱国情怀，勉励同学们要迎难而上，学好过硬本领，立志科技报国。

2. 教学内容与爱国主义教育结合

结合我国四大发明之一的指南针、极地科考、珠峰高程测量、嫦娥登月等科技故事，介绍测绘学发展史，深入浅出讲解其背后的测绘科学技术，包括我国古代在天文、制图方面的贡献等，提炼"不畏艰难、敢于担当"的育人元素，使学生在专业学习中找到文化共鸣和民族认同感。[①]

3. 教学内容与团队协作教育结合

讲解测绘学科分类时，通过给学生展示各学科作业图片，引导学生不论是测绘工作的外业测量实习，还是内业数据处理与绘图，都要仔细检查校对，以此培养学生严谨认真的科研态度。同时指出，任何一项测绘工作都不是个人能够完成的，团队合作，各司其职，才能完美完成测绘任务。再结合珠峰测量、港珠澳大桥等实际案例，让学生了解合作精神与责任意识的重要性。

4. 教学内容与培养创新意识相结合

近年来，我国测绘学科的国际竞争力在一批批测绘工作者不懈努力下逐步提升，但距离最顶尖的技术领域还有一定的距离，这需要新一代测绘学生接过学科改革进步的火炬，发奋图强，努力争赶。通过介绍 GPS、VLBI 等新技术，提醒学生钻研创新在学科发展中的重要性，培养学生的创新精神。以

---

① 肖琼、黄国文：《关于外语课程思政建设的思考》，载《中国外语》2020 年第 5 期，第 1，10~14 页。

下列举了其他"测绘学概论"课程中专业知识蕴含思政元素的例子（见表1）。

表1 "测绘学概论"专业知识蕴含的思政元素

项目	思政载体	思政元素
测量导论	图说中国测绘历史 点亮文化自信之灯	文化自信、工匠精神、理想信念、文化修养、职业道德、个人品德
高程测量	不断创新直面极限 坚忍不拔勇测珠峰	珠峰精神、职业情操、个人品德、社会责任、文化传承、爱国主义
角度测量	中国智慧北斗精神 铸就善良精神坐标	北斗精神、团结协作、自主创新、开放互融、职业道德、个人信念
距离测量	以身为尺测九州 心怀家国绘社稷	测绘精神、热爱祖国、文化素质、职业修养、个人品德、创新拼搏
定向测量	极地测绘担使命 风正扬帆谱华章	南极精神、爱国主义、无私奉献、吃苦耐劳、个人品德、勇于拼搏
控制测量	测天量地写忠诚 砥砺奋进葆情怀	忠诚为党、勇挑重担、理想信念、敢为人先、吃苦耐劳、严谨仔细
施工测量	国测一大队 山河功业存	国测一大队精神、理想信念、薪火相传、职业道德、矢志奉献
数字测图	规范用图强化国家版图意识、数字红色地图践行爱国教育	社会主义核心价值观、中华传统美德、个人道德素养

五、结语

　　"测绘学概论"的课程思政建设不是一蹴而就的，要坚持以课程建设作为"主战场"，课堂教学作为"主渠道"。课程设计要把握习近平新时代中国特色社会主义思想实现铸魂育人，进一步加强教学方法和教学手段的改革，把课程育人的理念贯穿专业教学改革过程中需要继续加大改革力度，不断完善并探索出最适合我国高校测绘专业学生的课程思政教育体系。

参 考 文 献

一、中文文献

1. 图书

[1]马克思恩格斯选集(第一卷)[M].北京：人民出版社，2012.

[2]毛泽东.毛泽东选集(第一卷)[M].北京：人民出版社，1991.

[3]毛泽东.毛泽东文集(第七卷)[M].北京：人民出版社，1999.

[4]邓小平.邓小平文集：一九四九～一九七四年(下卷)[M].北京：人民出版社，2014.

[5]江泽民.江泽民文选(第二卷)[M].北京：人民出版社，2006.

[6]胡锦涛.胡锦涛文选(第三卷)[M].北京：人民出版社，2016.

[7]习近平.习近平谈治国理政(第二卷)[M].北京：外文出版社，2017.

[8]习近平.习近平重要讲话单行本(2020年合订本)[M].北京：人民出版社，2020.

[9][德]弗里德里希·包尔生著；何怀宏，廖申白译.伦理学体系[M].北京：中国社会科学出版社，1988.

[10][德]卡尔·马克思著；中共中央马克思恩格斯列宁斯大林著作编译局译.哥达纲领批判[M].北京：人民出版社，2015.

[11][美]玛莎·努斯鲍姆著；丁晓东译.诗性正义：文学想象与公共生活[M].北京：北京大学出版社，2010.

[12][美]约翰尼·萨尔达尼亚著；刘颖，卫垌圻译.质性研究编码手册[M].重庆：重庆大学出版社，2021.

[13]陈华栋等.课程思政——从理念到实践[M].上海：上海交通大学出版社，2020.

[14]杜震宇.生物学科课程思政教学指南[M].上海：华东师范大学出版社，2020.

[15]傅献彩，沈文霞，姚天扬，等．物理化学（上册）（第五版）[M].北京：高等教育出版社，2005.

[16]胡宗刚．庐山植物园最初三十年[M].上海：上海交通大学出版社，2010.

[17]李红霞，邓文钱，等．高校课程思政：共识、设计与实践[M].北京：清华大学出版社，2021.

[18]林爱文，李全，郑永宏，等．庐山地理学野外实习教程[M].北京：科学出版社，2021.

[19]闾国年，汤国安，赵军，等．地理信息科学导论[M].北京：科学出版社，2019.

[20]邱仁富．多元文化互动视域下社会主义核心价值体系话语权研究[M].北京：人民出版社，2019.

[21]任长松．探究式学习——学生知识的自学建构[M].北京：教育科学出版社，2005.

[22]汤国安，赵牡丹，杨昕，周毅．地理信息系统[M].第2版．北京：科学出版社，2010.

[23]涂艳国主编．教育学导论[M].武汉：华中师范大学出版社，2011.

[24]王炜．中国整形外科学[M].杭州：浙江科学技术出版社，2019.

[25]王英龙，曹茂水．课程思政：我们这样设计[M].北京：清华大学出版社，2020.

[26]余文森，王晞主编．教育学[M].北京：北京大学出版社，2009.

[27]中国科学院福建物质结构研究所固氮研究小组等编译．化学模拟生物固氮进展[M].北京：科学出版社，1976.

2. 期刊

[1]习近平．思政课是落实立德树人根本任务的关键课程[J].求是，2020（17）：4-16.

[2]黄子平，陈平原，钱理群．论"二十世纪中国文学"[J].中国现代文学研究丛刊，1986（1）：292-293.

[3]黄风．外科消毒法之父——李斯特[J].科技文萃，1999（8）：139.

[4]科学探究性学习的理论与实验研究课题组．探究式学习：含义、特征及核心要素[J].教育研究，2001（12）：52-56.

[5]任长松.探究式学习:18条原则(上)[J].教育理论与实践,2002(1):47-50.

[6]徐学福.探究学习的内涵辨析[J].教育科学,2002(3):33-36.

[7]鲁洁.超越性的存在——兼析病态适应的教育[J].华东师范大学学报(教育科学版),2007(4):7.

[8]孙澄,董慰.转型中的建筑学学科认知与教育实践探索[J].新建筑,2010(3):39-43.

[9]钟佩君.高校思政教育资源开发与利用模式创新探究[J].探索,2011(6):135-137.

[10]邹宏秋.着眼教学实效探索高职思政课与专业教育融合新路径[J].中国高等教育,2011(22):38-39.

[11]孙彩平.知识·道德·生活——道德教育的知识论基础[J].教育研究与实验,2012(3):18.

[12]张浩,吴秀娟.深度学习的内涵及认知理论基础探析[J].中国电化教育,2012(10):7-11,21.

[13]杜娟,李兆君,郭丽文.促进深度学习的信息化教学设计的策略研究[J].电化教育研究,2013,34(10):14-20.

[14]刘化章.合成氨工业:过去、现在和未来——合成氨工业创立100周年回顾、启迪和挑战[J].化工进展,2013,33(9):1995-2005.

[15]安富海.促进深度学习的课堂教学策略研究[J].课程·教材·教法,2014,34(11):57-62.

[16]卢峰.当前我国建筑学专业教育的机遇与挑战[J].西部人居环境学刊,2015,30(6):28-31.

[17]沈壮海,段立国.思想政治理论课的主渠道作用及其发挥——基于2014年度大学生思想政治教育状况调查数据的分析[J].中国高等教育,2015(10):17-22.

[18]曾明星,李桂平,周清平,等.MOOC与翻转课堂融合的深度学习场域建构[J].现代远程教育研究,2016(1):41-49.

[19]李从德.浅析"碎片化"学习对现代医学教育的影响[J].现代交际,2016(11):159-160.

[20]刘玥.论杏林文化的继承与创新[J].新西部(理论版),2016(12):80.

[21]王占可．高校思想政治理论课课程资源开发模式探究[J]．思想教育研究，
2016（9）：78-81．

[22]吴晶，胡浩．习近平在全国高校思想政治工作会议上强调把思想政治工
作贯穿教育教学全过程开创我国高等教育事业发展新局面[J]．中国高等
教育，2016（24）：5-7．

[23]高德毅，宗爱东．从思政课程到课程思政：从战略高度构建高校思想政
治教育课程体系[J]．中国高等教育，2017（1）：43-47．

[24]高德毅，宗爱东．课程思政：有效发挥课程育人主渠道作用的必然选
择[J]．思想理论教育导刊，2017（1）：31-34．

[25]高德毅．实施大中小德育课程一体化建设的现实需求[J]．社会主义核心
价值观研究，2017（3）：74．

[26]高燕．课程思政建设的关键问题与解决路径[J]．中国高等教育，2017
（Z3）：11-14．

[27]姜丹，鲍艳丹，李春华．新形势下专业教师与思政教育工作者协同育人
研究[J]．文教资料，2017（23）：136-137．

[28]李国娟．构建"同向同行、协同育人"新机制[J]．红旗文稿，2017
（12）：22．

[29]谭可欣，蒋志诚．"观其脉证，知犯何逆，随证治之"——中医经典临床
思维特色和方法浅析[J]．中医药导报，2017，23（11）：18-24．

[30]燕连福，温海霞．高校各类课程与思政课同向同行育人的问题及对
策[J]．高校辅导员，2017（4）：13-19．

[31]钟登华．新工科建设的内涵与行动[J]．高等工程教育研究，2017（3）：
1-6．

[32]陈静静，谈杨．课堂的困境与变革：从浅表学习到深度学习——基于对
中小学生真实学习历程的长期考察[J]．教育发展研究，2018，38（Z2）：
90-96．

[33]李保强．大学生社会实践活动不能"走形式"[J]．人民论坛，2018（1）：
112-113．

[34]李彦冰．新闻传播教育实施"专业思政"的三个基本问题[J]．今传媒，
2018（12）：139-142．

[35]陆道坤．课程思政推行中若干核心问题及解决思路——基于专业课程思

政的探讨[J].思想理论教育,2018(3):64-69.

[36]吕宁.高校"思政课程"与"课程思政"协同育人的思路探析[J].大学教育,2018(1):122-124.

[37]马兴铭,张李峰,王竞秋,雒艳萍,吴玉凤,谭继英,梁亚玲,于红娟,曹明强.医学免疫学"课程思政"的教学改革与探索[J].医学教育研究与实践,2018,26(6):1013-1015,1086.

[38]万林艳,姚音竹."思政课程"与"课程思政"教学内容的同向同行[J].中国大学教学,2018(12):52-55.

[39]王亚丽,陈雨菡.从中医西传看中西文化交流[J].中国中医基础医学杂志,2018,24(4):477-478.

[40]辛静."双一流"建设背景下高等中医药院校内涵式发展路径研究[J].中医药导报,2018,24(14):131-133.

[41]严三九,王虎.切实加强卓越新闻传播人才培养的组织保障[J].当代传播,2018(6):11-12,17.

[42]杨涵.从"思政课程"到"课程思政"——论上海高校思想政治理论课改革的切入点[J].扬州大学学报(高教研究版),2018,22(2):98-104.

[43]余江涛,王文起,徐晏清.专业教师实践"课程思政"的逻辑及其要领——以理工科课程为例[J].学校党建与思想教育,2018(1):64-66.

[44]张策,徐晓飞,张龙,等.利用MOOC优势重塑教学实现线上线下混合式教学新模式[J].中国大学教学,2018(5):37-41.

[45]张利娟,薄惠,信建豪,解岩.EIP-CDIO项目教学法在医学教育中的应用[J].实验室研究与探索,2018,37(1):177-80.

[46]张正光."思政课程"与"课程思政"同向同行的逻辑理路[J].思想政治课研究,2018(4):16-19.

[47]郑伟涛,"双一流"背景下学科内涵式发展策略研究[J].中国高校科技,2018(5):4-7.

[48]周海晏.课程思政教育的中国话语建构[J].思想政治课研究,2018(6):74-77.

[49]陈旻.基于历史演变谈医学人文素质教育与大学人文素质教育的异同[J].中国医学人文,2019(12).

[50]陈新岗,张秀变.经济学专业"课程思政"建设的实现路径研究:以《经

济史》为例[J].思想政治课研究，2019(6)：96-102.

[51]成怡，佟晓宇，朱伟康．改进 ORB 的轮式机器人视觉导航算法[J].天津工业大学学报，2019，38(5)：58-63.

[52]董梅昊，佘双好．新中国 70 年来思想政治理论课教学研究回顾与展望[J].思想理论教育导刊，2019(10)：77-82.

[53]胡洪彬．课程思政：从理论基础到制度构建[J].重庆高教研究，2019，7(1)：12-120.

[54]贾坚，李萍，杨安琪，等．"雨课堂"混合式教学在全科医师培训中的应用[J].中华医学教育探索杂志，2019，18：81-84.

[55]林泰．高校思政课教学怎样坚持八个相统一[J].求是，2019(12)：6.

[56]刘鹤，石瑛，金祥雷．课程思政建设的理性内涵与实施路径[J].中国大学教学，2019(3)：59-62.

[57]刘舒．《摄影测量学》课程思政实施途径探讨[J].吉林广播电视大学学报，2019(12)：158-160.

[58]骆郁廷，秦玉娟．新中国 70 年高校思想政治理论课建设的回顾与展望[J].思想理论教育导刊，2019(11)：67-75.

[59]秦永亭，张晓蕾，陈珊珊，等．课程思政融入人体解剖学教学的探索[J].解剖学研究，2019(4)：356-358.

[60]吴满意，景星维．精准思政：内涵生成与结构演化[J].学术论坛，2019(5)：133.

[61]吴勉华，黄亚博，文庠，等．学习总书记重要论述坚定中医药发展自信[J].江苏中医药，2019，51(7)：1.

[62]吴永军．关于深度学习的再认识[J].课程·教材·教法，2019，39(2)：51-58，36.

[63]杨秀娟．"双一流"建设中高等教育内涵式发展路径探析[J].黑龙江高教研究，2019，37(8)：11-14.

[64]杨宜花，刘端勇，赵永红，等．中医专业教学中融入中医文化思政德育的探讨[J].光明中医，2019，3(9)：1454-1456.

[65]张俊山．对经济高质量发展的马克思主义政治经济学解析[J].经济纵横，2019(1)：36-44.

[66]张良，杨艳辉．核心素养的发展需要怎样的学习方式——迈克尔·富兰

的深度学习理论与启示[J]. 比较教育研究，2019，41(10)：29-36.

[67]张铭. 科学通识课程对学生创新素养培养影响研究——以"诺贝尔生理学或医学奖史话"为例[J]. 创新人才教育，2019(1)：65-69.

[68]赵琰，蒋伟，陆静，等. 课程思政的探索与实践：以信号与系统为例[J]. 中国教育技术装备，2019(8)：84-85.

[69]郑佳然. 新时代高校"课程思政"与"思政课程"同向同行探析[J]. 思想教育研究，2019(3)：96.

[70]郑敬斌，孙雅文. 思政课与其他课程同向同行的逻辑前提、现实梗阻与实践指向[J]. 高校辅导员，2019(8)：30.

[71]周叶中. 以"成人"教育统领"成才"教育、推进通识教育改革[J]. 中国高等教育，2019(Z1)：24-26.

[72]毕晶. 构建"课程思政"的"三位一体"——以《经济学》课程为例[J]. 山西财经大学学报，2020，42(S2)：57-60，71.

[73]边永钎，李跃军，李靖，等. 多元化教学模式在整形外科临床教学中的应用探讨[J]. 中国医药导报，2020，17(25)：57-60.

[74]柴高尚，聂运娟，吴亚先，等. 以培养临床思维为导向的病理生理学综合教学模式探讨[J]. 中国高等医学教育，2020(9)：79-80.

[75]杜鸿志，刘义梅，张秀桥，等. "课程思政"背景下的中药学类课程教学改革探讨[J]. 时珍国医国药，2020，31(7)：1736-1738.

[76]范文明，龚荣康. 高校教师的授课引力探析[J]. 湖北经济学院学报(人文社会科学版)，2020，17(2)：150-152，157.

[77]冯秀芝，任艳玲，刘立萍，等. 中药学课程思政教育资源的挖掘与实施途径研究[J]. 卫生职业教育，2020，38(11)：27-28.

[78]高晓红，赵希婧. 守正创新：我国新闻传播教育理念探索与实践转型[J]. 中国出版，2020(14)：3-9.

[79]韩宪洲. 课程思政方法论探析——以北京联合大学为例[J]. 北京联合大学学报(人文社会科学版)，2020，18(2)：1-6.

[80]黄海鹏，门瑞雪. 中医药院校"课程思政"教学模式的构建策略[J]. 学校党建与思想教育，2020(16)：45-47.

[81]黄洁慧，秦勇，郭宝云，李彩林. 思政教育融入"数字图像处理"教学中的探索[J]. 地理空间信息，2020，18(10)：116-117.

［82］靳卫萍．经济学原理课程思政的初步实践［J］．中国大学教学，2020
　　（Z1）：54-55.

［83］李海军，王番宁．基于医学教育标准的"医学人文社会科学"课程改革思
　　考［J］．医学教育研究与实践，2020（5）：777-780.

［84］李志远，乔玉婷，郭勤．高校思政课一体化建设研究综述［J］．高教论坛，
　　2020（12）：1-4.

［85］刘浩，徐琴，唐莉．基于PBL教学法对传染病学示教的翻转课堂研
　　究［J］．中国继续医学教育，2020，12（24）：15-17.

［86］鲁力．论社会主义核心价值观与当代中国精神的弘扬［J］．桂海论丛，
　　2020，36（5）：40-45.

［87］陆道坤．论课程思政的教学设计与实施［J］．思想理论教育，2020（10）：
　　16-22.

［88］潘颖洁，金策，黄真，等．融入中医药文化和工匠精神的中药炮制学课
　　程思政教育的探索和实践［J］．中医教育，2020，39（2）：24-31.

［89］强月新，孔钰钦．新文科视野下的新闻传播人才培养［J］．中国编辑，
　　2020（10）：58-64.

［90］曲升刚．新时代高校新闻传播人才培养的优化路径［J］．传媒，2020，
　　（18）：81-83.

［91］佘双好，张琪如．习近平总书记在学校思想政治理论课教师座谈会重要
　　讲话研究透析［J］．学校党建与思想教育，2020（5）：53-61.

［92］佘双好，周伟，课程思政研究的现状、问题及建议［J］．高校辅导员，
　　2020（6）：8-13.

［93］沈壮海．在思想政治工作体系中理解和推进课程思政［J］．教育研究，
　　2020，41（9）：19-23.

［94］石坚，王欣．立德树人润物细无声：课程思政的内涵建设［J］．外语电化
　　教学，2020（6）：43-45.

［95］舒静，王琳，晋永，等．基于课程思政理念的专业课程教学设计［J］．中
　　华医学教育杂志，2020，40（1）：1-3.

［96］陶韶菁，陈镇喜．课程思政：专业性和思政性的相统一相促进——以经
　　济学类课程为例［J］．华南理工大学学报（社会科学版），2020，22（6）：
　　128-134.

[97]田园．基于"课程思政"元素"挖"与"融"的教学路径探究——以经济学类
专业课为例[J]．北京联合大学学报，2020，34(4)：34-38．

[98]王易．高校思想政治理论课改革创新的多维解读[J]．马克思主义理论学
科研究，2020，6(5)：142-150．

[99]卫文乐，芦利斌，金国栋，谭力宁，陈丹琪．基于单目SLAM的无人机
视觉导航研究综述[J]．飞航导弹，2020(7)：17-22．

[100]肖琼，黄国文．关于外语课程思政建设的思考[J]．中国外语，2020，17
(5)：1，10-14．

[101]徐祯．线上线下混合式教学一体化设计与实施[J]．中学教学参考，2020
(36)：77-78．

[102]闫利，李建成．测绘类专业的"新工科"建设思考[J]．测绘通报，2020
(12)：148-154．

[103]严晓秋．课程思政视域下大学生社会实践成果"回归"理论课堂的实践创
新研究[J]．湖北经济学院学报(人文社会科学版)，2020，17(5)：
140-142．

[104]阳美艳．基于马新观的新闻史论课程思政教学创新——以"中国新闻传
播史"课程为例[J]．青年记者，2020(31)：58-59．

[105]于亚新，丁义浩．以课程思政重塑大数据与智能时代的数据科学思维体
系[J]．中国高等教育，2020(8)：9-11．

[106]臧睦君，柳婵娟，刘通，邹海林．人工智能专业的课程思政探索[J]．计
算机教育，2020(8)：67-69．

[107]张正光，张晓花，王淑梅．"课程思政"的理念辨误、原则要求与实践探
究[J]．大学教育科学，2020(6)：52-57．

[108]赵志伟．我国高校"课程思政"的脱嵌性问题研究——以社会科学类课程
为例[J]．中州学刊，2020(4)：88-92．

[109]郑勇，何柳，胡成俊，等．基于卓越医师培养的人体结构学题库建设实
践与思考[J]．中国组织化学与细胞化学杂志，2020(4)：386-390．

[110]周贤，刘毅，汤钰文，等．谈"工匠精神"与"大医精诚"——试论中医
药高校专业教师职业道德与责任的特殊性[J]．教育教学论坛，2020
(44)：56-57．

[111]蔡霞．课程思政视角下社会保障学教学改革探索[J]．黑龙江教育(高教

研究与评估），2021（7）：91-92.

[112]陈仕涛，张明礼，张志刚，等．地理研学旅行融入思政元素的探索与实践[J]．地理教学，2021（9）：35-37.

[113]程赛杰，龙苏兰，孙志强．三全育人视域下中医药院校课程思政教学改革探索[J]．光明中医，2021，36（24）：4271-4273.

[114]迟剑宁，于晓升，严志刚，贾文卓，汪青．数字图像处理与机器视觉课程中"深度学习"式思政教学的探索与实践[J]．中国多媒体与网络教学学报（上旬刊），2021（9）：65-68.

[115]冯利，苏伟英，李晓峰．课程思政联合PDCA循环理论在教学中的效果分析．中国继续医学教育，2021，13（34）：70-74.

[116]龚一鸣．课程思政的知与行[J]．中国大学教学，2021（5）：77-84.

[117]郭超，王习胜．历史唯物主义视域下思想政治教育人文关怀的向度[J]．华北电力大学学报（社会科学版），2021（1）：128-134.

[118]韩喜平，肖杨．课程思政与思政课程协同育人的"能"与"不能"[J]．思想理论教育导刊，2021（4）：131-132.

[119]贺武华，王凌敦．我国课程思政研究的回顾与展望[J]．学校党建与思想教育，2021（643）：26-30.

[120]胡迪，钟怡然，周洁雨，等．徐霞客GIS课程思政案例设计[J]．南京师范大学学报（自然科学版），2021，44（S1）：25-32.

[121]黄温勉，朱霞艳，陈至立．人文素养视角下医学生社会实践的剖析与探索[J]．教育教学论坛，2021（15）：181-184.

[122]黄泽文．"新工科"课程思政的时代蕴涵与发展路径[J]．西南大学学报（社会科学版），2021，47（3）：162-168.

[123]蒋庆，种迅，冯玉龙，黄俊旗．混凝土结构基本原理课程思政教学设计与实践[J]．高教学刊，2021，7（21）：178-180，184.

[124]蒋云赞．思政建设在"社会保险"课程中的思考和实践[J]．中国大学教学，2021（7）：64-69.

[125]蒋正容，刘霄峰，陈新民．新工科理念下建筑学应用型人才培养模式建构[J]．华中建筑，2021，39（10）：133-136.

[126]酒明远，王成．"数字图像处理"课程思政教学方法的探索[J]．现代职业教育，2021（11）：70-71.

[127]李宝贵，刘家宁．新时代国际中文教育的转型向度、现实挑战及因应对策[J]．世界汉语教学，2021(1)：3-13.

[128]李博，陈栋．课程思政一体化建设的挑战与改进[J]．中国大学教学，2021(9)：75-79.

[129]李清富，刘晨辉，张华．论课程思政与新工科人才培养的有效融合[J]．时代报告，2021(2)：122-123.

[130]李勇，邱静文．推进专业课教师开展课程思政建设的思考[J]．学校党建与思想教育，2021(8)：56-57.

[131]梁玉，蔡幸．"金融学"课程的思政困境与教学渗透[J]．广西财经学院学报，2021，34(6)：128-138.

[132]廖伟聪，肖向东，卢艳红，等．"课程思政"视域下医学人文教育的改革逻辑与探索进路[J]．中国医学伦理，2021，34(10)：1376-1379，1384.

[133]刘戈，凌杰．高校课程思政与师资队伍建设现状分析[J]．学校党建与思想教育，2021(16)：82-84.

[134]刘红毅，张军，张峥嵘．"数字图像处理"课程思政教学实践——以图像变换单元为例[J]．教育教学论坛，2021(50)：129-132.

[135]刘楠，陈凯航．基于"课程思政"与协同育人深度融合的人才培养能力提升研究[J]．吉林工程技术师范学院学报，2021(11)：13-16.

[136]刘清华，刘福，张杨，等．基于MOOC、SPOC和早临床设计的病理生理学在线翻转课堂——以休克教学为例[J]．高校医学教学研究(电子版)，2021，11：45-50.

[137]刘惟，苏振兴．医学教育中的科学精神与人文精神[J]．中国医学伦理学，2021(11)：1484-1487.

[138]陆道坤．课程思政评价的设计与实施[J]．思想理论教育，2021(3)：25-31.

[139]骆郁廷，李俊贤．思政课何以成为立德树人的关键课程[J]．马克思主义理论教学与研究，2021(1)：113.

[140]吕品，于文兵．以思政元素助力学生获得学习幸福感的探索与实践[J]．计算机教育，2021(9)：11-14.

[141]毛瑶，张利民．新时代大学生中国精神的培育[J]．西南交通大学学报(社会科学版)，2021，22(2)：10-17.

[142]苗则朗，徐卓揆，王亮，等．融入测绘精神的"变形监测与数据处理"课程思政实践[J]．测绘与空间地理信息，2021，44(12)：15-18.

[143]蒲清平，何丽玲．高校课程思政改革的趋势、堵点、痛点、难点与应对策略[J]．新疆师范大学学报(哲学社会科学版)，2021(9)：109.

[144]全国煤化工信息总站编辑整理．2021年我国合成氨、尿素产能、产量、进出口量统计[J]．煤化工，2022(3)：78.

[145]沈壮海．"大思政课"我们要善用之：思考与探索[J]．思想政治教育研究，2021，37(3)：26-30.

[146]沈壮海．办好思政课的根本遵循——写在习近平总书记主持召开学校思想政治理论课教师座谈会两周年之际[J]．国家教育行政学院学报，2021(1)：3-10.

[147]施欣怡，赵琳琳．德国乌尔姆大学"医学历史、理论与伦理"人文教育的启示[J]．中国医学伦理学，2021，34(5)：650-656.

[148]史夏阳．马克思主义政治经济学理论融入思政教育全过程研究[J]．教育理论与实践，2021，41(27)：37-41.

[149]孙梦，吴宪．中医药院校思政课创新"思政+中医药"模式的探索[J]．高教学刊，2021，7(18)：33-37.

[150]孙朋，陆曼，刘娜，等．地质学基础实践教学中课程思政元素挖掘与实践[J]．西昌学院学报(自然科学版)，2021，35(3)：115-118.

[151]唐建兵．"思政课程"与"课程思政"同向同行的价值意蕴和实践路径[J]．淮北师范大学学报(哲学社会科学版)，2021(12)：102-108.

[152]王伟，黄颖．讲好金融故事："金融学"课程思政改革的有效路径[J]．思想理论教育导刊，2021(3)：112-116.

[153]王小红，张弘，张勇．经济学课程思政教学设计与实践[J]．教育与教学研究，2021，35(2)：75-85.

[154]王新华，王娜．论课程思政改革的价值引领[J]．学校党建与思想教育，2021(2)：52-54.

[155]文太林，张金峰．课程思政视角下的教学改革探索与实践——以社会保障学为例[J]．甘肃教育研究，2021(6)：108-111.

[156]修丽莉．基于核心素养的正常人体结构课程思政教学设计[J]．解剖学杂志，2021(4)：351-353.

[157]徐永丽，韩春鹏，程培峰．土木工程专业课思政元素融入的实践与探讨[J]．黑龙江教育(高教研究与评估)，2021(11)：66-68.

[158]许家烨．论课程思政实施中德育元素的挖掘[J]．思想理论教育，2021(1)：70-74.

[159]宣秀元．数字图像处理课程中思政案例设计的引入——以北京城市学院表演学部摄影专业数字图像处理课程为例[J]．中国民族博览，2021(16)：106-108.

[160]闫长斌，汪流明，李永辉，等．嵩山地区野外地质实习课程思政建设探索与实践[J]．高等建筑教育，2021，30(6)：128-136.

[161]杨淑玉．课程思政融入高校教育教学全过程研究[J]．教育教学论坛，2021(48)：153-156.

[162]杨四耕．场景课程论：当代课程理论发展的一个方向[J]．教育学术月刊，2021(11)：3-10.

[163]杨松，刘永华．医学免疫学开展课程思政的探索[J]．中国高等医学教育，2021(1)：69-70.

[164]杨威，汪萍．课程思政的"形"与"质"[J]．马克思主义与现实，2021(2)：195-202.

[165]杨震，赵志根，王世航，等．论地质地理野外实习课程思政育人元素的挖掘与融入[J]．中国地质教育，2021(4)：100-105.

[166]姚丽亚，杨晓东，甄国红．本然、实然、应然：新闻传播类专业课程思政的价值[J]．职业技术教育．2021，42(26)：54-58.

[167]殷德辉，张美荣．卫生化学课程的教学改革及探索[J]．中国继续医学教育，2021，13(31)：6-9.

[168]于力，陈忠道．"新工科"背景下课程思政的案例设计与实施——以"数字图像处理"课程为例[J]．工业和信息化教育，2021(3)：33-36.

[169]袁娇，张运超．习近平党史观融入高职院校课程思政育人体系：价值意蕴与困境破解[J]．继续教育研究，2021(12)：78-81.

[170]张国彪．人类命运共同体视域下大学生中国精神培育的价值意蕴[J]．太原城市职业技术学院学报，2021(7)：176-178.

[171]张凯，段妩迪，辛海燕．课程思政研究综述[J]．职业技术，2021，20(4)：1-6.

[172]张蕾，姚勤．中医院校大学生中国传统文化素养教育现状调查分析[J]．中国中医药现代远程教育，2021，19（22）：189-191．

[173]张丽霞，梁黎明，陈敏亮．整形修复外科临床医学专业实习生带教经验总结与探讨[J]．医学美学美容，2021（24）：106-107．

[174]张霆．"课程思政"理念融入高校新闻实务课程教学探析[J]．河北科技大学学报（社会科学版），2021，21（1）：73-79．

[175]赵辉辉．课程思政在高校外语教学中的实现途径[J]．中国高等教育，2021（22）：41-43．

[176]郑训臻．基础力学课程思政教学理念与实践探索[J]．高等建筑教育，2021，30（2）：103-112．

[177]周翊，范存辉，刘向君．"三全育人"理念下高校理工类专业课程思政建设研究——以地学学科为例[J]．四川轻化工大学学报（社会科学版），2021，36（2）：33-46．

[178]陈晓芳，陈昕，洪莛，李琴．"会计学原理"课程思政建设：价值意蕴与教学实践[J]．财会月刊，2022（1）：1-10．

[179]付朋．锂离子电池：后发先至独占鳌头[J]．中国海关，2022（7）：64-65．

[180]高井祥，陈国良，王潜心，等．面向新工科的行业特色测绘工程专业转型升级实践[J]．测绘通报，2022（5）：166-169．

[181]高婧，雷家艳，张尧，郑建斌，林婕．桥梁工程专业课课程思政建设路径探讨与实践[J]．高教学刊，2022，8（14）：193-196．

[182]郭浩，佟春霞．"课程思政"背景下社会保障概论课程教学改革研究[J]．华东纸业，2022，52（1）：183-187．

[183]韩俊，金伟．数字技术融合下思想政治教育智能转型探赜[J]．思想教育研究，2022（6）：32-37．

[184]韩丽丽．经济类专业课程思政建设的实现路径探索[J]．思想理论教育导刊，2022（5）：126-131．

[185]贺景霖．高校课程思政的价值内核及建设路径探究——以宏观经济学课程教学为例[J]．吉林省教育学院学报，2022（1）：85-89．

[186]黄畅，田阳春，和蕊，等．将工匠精神融入中医药教育的历史、内涵和路径[J]．中医教育，2022，41（3）：42-45．

[187]黄宁花，禹旭才．系统思维视域下高校课程思政建设的价值意蕴、实践反思与优化路径[J]．高校教育管理，2022，16(5)：106-115.

[188]黄艳雁，周聪．OBE 理念下的建筑学专业高素质应用型人才培养的探索与实践[J]．华中建筑，2022，40(9)：171-175.

[189]贾则琴，运迪．高校工科课程思政建设的困境、经验及优化路径——基于同济大学土木工程学院的调研分析[J]．教育与教学研究，2022，36(8)：24-35.

[190]贾志国，曾辰，孙不凡．以"思政元素"有效解码高校课程的策略研究[J]．教育探索，2022(8)：68-72.

[191]蒋占峰，刘宁．高校教师提升课程思政育人能力的价值意蕴、现实挑战与逻辑进路[J]．中国大学教学，2022(3)：70-76.

[192]金紫薇，司明宇，吴安春．新时代党的教育方针的理论创新[J]．中国高等教育，2022(8)：46-48.

[193]靳辉，冯改丰，杨蓬勃，等．局部解剖学课程思政素材库的建设与应用[J]．医学教育研究与实践，2022(4)：476-481.

[194]孔德慧，李敬华，王立春，张勇．工科课程思政建设及其作用研究——聚焦工科学生复杂工程问题解决能力的培养[J]．高教学刊，2022，8(14)：82-85，89.

[195]赖志杰，李春根，方群．论社会保障学的课程思政价值与实践路径[J]．社会保障研究，2022(2)：95-102.

[196]李红玉．习近平关于守正创新重要论述的内在意蕴[J]．思想理论教育导刊，2022(4)：24-31.

[197]李丽红．"三全育人"视角下保险学课程思政的设计与实践[J]．高教学刊，2022，8(2)：185-188.

[198]李世明．测量学课程思政教学实践探索——以华北水利水电大学为例[J]．河南教育(高等教育)，2022(5)：69-70.

[199]李天福．课程思政视域下新闻传播人才培养目标优化探析[J]．中国广播电视学刊，2022(7)：46-49.

[200]李勇威．价值、问题与路径：新时代高校研究生课程思政建设论析[J]．北京科技大学学报(社会科学版)，2022(2)：87-92.

[201]刘友昊，郝敏杰．医学影像专业课程思政人的思考[J]．现代商贸工

业，2022，43（9）：178-179.

[202]陆道坤. 新时代课程思政的研究进展、难点焦点及未来走向[J]. 新疆师范大学学报（哲学社会科学版），2022（3）：43-58.

[203]骆郁廷，周耀杭. 构建高校思想政治工作体系重在协同育人[J]. 思想教育研究，2022（6）：121-127.

[204]吕明华，姜凤良，姜朋涛，等. 医学免疫学"课程思政"设计与实践[J]. 中国免疫学杂志，2022，38（2）：223-226.

[205]牛景行，汤骅，李志强. 高等工程教育课程思政教学改革实践——以"混凝土结构设计原理"为例[J]. 黑龙江教育（理论与实践），2022（8）：68-71.

[206]蒲清平，何丽玲. 新时代高校课程思政教学提质增效的实践路径[J]. 思想教育研究，2022（1）：109-115.

[207]邵巍，王博宁，窦凌飞，赵韩雪，谢金城，姚文龙，黄翔宇. 基于不规则曲线匹配的小天体着陆器视觉导航算法[J]. 中国科学，2022，52（1）：83-93.

[208]覃骊兰，李海秀，薛中峰.《中药学》课程"五维一体"思政教学模式的探索与实践[J]. 时珍国医国药，2022，33（1）：225-227.

[209]滕升华，李晶. "以学生为中心"的数字图像处理课程思政设计与实施[J]. 计算机教育，2022（8）：53-56.

[210]汪小莉，黄琪，梁益敏，等. 中药炮制学课程思政探索与思考[J]. 卫生职业教育，2022，40（2）：15-16.

[211]王文思. 传媒院校"课程思政"建设的路径探索[J]. 传媒，2022（13）：86-88.

[212]王兴梅，赵一旭，战歌. 新工科背景下机器学习课程思政建设的研究与实践[J]. 高教学刊，2022，8（5）：193-196.

[213]王郅，方癸椒. 基于词云分析技术的课程思政评价探索[J]. 教育信息化论坛，2022（4）：99-101.

[214]王云云，王宇，黄笛，等. 循证医学课程体系的建设与实践——以武汉大学为例[J]. 医学新知，2022，32（1）：74-80.

[215]吴汤婷，卢立果，李大军. "新时代北斗精神"融入卫星导航定位课程思

政教学的探索与实践[J].导航定位学报，2022，10（1）：147-152.

[216]杨雯乐，卢研宇，谢俊秋，等.病理生理学实验"课程思政"的探索与实践[J].医学教育研究与实践，2022，30（1）：50-53.

[217]姚朝龙，周艳华，章家恩，等.高校测量学课程思政教学的探索与实践[J].大学教育，2022（5）：42-44.

[218]于明礼.东京奥运会：中国体育健儿呈现了一堂生动精彩的思政教育课堂[J].越野世界，2022，17（1）：209-210.

[219]鱼轮，李亚文.立德树人背景下"自动控制原理"课程思政探索[J].工业和信息化教育，2022（8）：60-63.

[220]张斌，陈好宏.测绘地理信息专业群课程思政融合与实践路径[J].创新创业理论研究与实践，2022，5（5）：24-26，30.

[221]张磊.发挥好思政课关键课程的关键作用——关于深入贯彻落实党的十九届六中全会精神的思考[J].社会主义核心价值观研究，2022，8（2）：89-96.

[222]张璨尹，何嘉豪.平台媒介沉浸背景下高校思想政治教育创新探析[J].学校党建与思想教育，2022（14）：73-75.

[223]张敏.价值共创视角下"实训+思政"深度融合的组态研究[J].实验技术与管理，2022（2）：32-35.

[224]张娜，庄敬宜，曲亮.新工科背景下建筑学应用型人才培养路径[J].人才资源开发，2022（16）：12-14.

[225]张瑞芳，徐鹏杰.新时代高校思政课课程引领课程思政建设的逻辑理路[J].教育理论与实践，2022（6）：45.

[226]张献，贾可荣，魏娜，崔良中，李永杰.人工智能课程思政核心元素探讨与思政素材建设[J].计算机教育，2022（8）：62-65.

[227]赵继伟.课程思政建设的原则、目标与方法[J].中南民族大学学报（人文社会科学版），2022，42（3）：175-180，188.

[228]赵美，郭栋梁.混合式教学的内涵、模式、价值诉求及优化路向[J].教学研究，2022，45（3）：69-74.

[229]赵重博，年婧，王晶，等.中药炮制学课程思政教学改革探讨[J].陕西中医药大学学报，2022，45（3）：110-113.

[230]郑振锋，徐健，张雨楠．红色文化融入新闻传播学课程思政的现实难点与实践路径[J]．传媒，2022(5)：22-24.

3. 报纸

[1]习近平．习近平在党的新闻舆论工作座谈会上强调：坚持正确方向创新方法手段提高新闻舆论传播力引导力[N]．人民日报，2016-02-20.

[2]习近平．把思想政治工作贯穿教育教学全过程，开创我国高等教育事业发展新局面[N]．人民日报，2016-12-09.

[3]习近平．在北京大学师生座谈会上的讲话[N]．人民日报，2018-05-03.

[4]习近平．用新时代中国特色社会主义思想铸魂育人贯彻党的教育方针落实立德树人根本任务[N]．人民日报，2019-03-19.

[5]习近平．在纪念五四运动100周年大会上的讲话[N]．人民日报，2019-05-01.

[6]习近平．"大思政课"我们要善用之[N]．人民日报，2021-03-07.

[7]中共中央国务院发出《关于进一步加强和改进大学生思想政治教育的意见》[N]．人民日报，2004-10-15.

[8]陈来．"创造性转化"观念的由来和发展[N]．中华读书报，2016-12-07.

[9]韩进．破解思政工作的"孤岛现象"[N]．光明日报，2017-04-06.

[10]蓝晓霞．深入落实立德树人根本任务[N]．光明日报，2018-08-21(06).

[11]中共中央办公厅 国务院办公厅印发《关于深化新时代学校思想政治理论课改革创新的若干意见》[N]．人民日报，2019-08-15.

[12]张烁．所有高校全面推进课程思政建设[N]．人民日报，2020-06-06.

[13]吴强．为大学思政改革创新赋能[N]．光明日报，2020-06-16.

[14]赵金洲．新生入学教育重在增强"四个认同"[N]．中国教育报，2022-01-10.

[15]田丽，赵婀娜，黄超，吴月．大思政课，总书记心中的一件大事[N]．人民日报，2022-05-22.

[16]骆郁廷，余杰．如何理解"思政课的本质是讲道理"[N]．光明日报，2022-07-08.

[17]叶雨婷．教育部高等教育司司长吴岩：打造"金专""金课"，锻造中国"金师"[N]．中国青年报，2022-08-08.

二、英文文献

1. 图书

［1］Agresti A. An introduction to categorical data analysis［M］. Hoboken, NJ: Wiley, 2007.

［2］Boyer Commission on Educating Undergraduates in the Research University. 1998. Reinventing undergraduate education: a blueprint for America's research universities［M］. Princeton, NJ: Carnegie Foundation for the Advancement of Teaching.

［3］Ryan M L. Narrative cartography［M］//International Encyclopedia of Geography: People, the Earth, Environment and Technology, 2016.

2. 期刊

［1］Sui D Z. A pedagogic framework to link GIS to the intellectual core of geography［J］. Journal of Geography, 1995, 94(6): 578-591.

［2］Spronken-Smith R, Walker R. Can inquiry-based learning strengthen the links between teaching and disciplinary research? ［J］. Studies in Higher Education. 2010, 35(6): 723-740.

［3］Walkington H, Griffin A, Keys-Mathews L, Metoyer S, Miller W, Baker R, France, D. Embedding research-based learning early in the undergraduate geography curriculum［J］. Journal of Geography in Higher Education, 2011, 35 (3): 315-330.

［4］Caquard S. Cartography I: Mapping narrative cartography［J］. Progress in Human Geography, 2013, 37(1): 135-144.

［5］Caquard S, Cartwright W. Narrative Cartography: From Mapping Stories to the Narrative of Maps and Mapping［J］. The Cartographic Journal, 2014, 51(2): 101-106.

［6］Baker T R, Battersby S, Bednarz S W, et al. A research agenda for geospatial technologies and learning［J］. Journal of Geography, 2015, 114(3): 118-130.

［7］Yew EHJ, Goh K. Problem-Based Learning: An Overview of its Process and Impact on Learning［J］. Health Professions Education, 2016, 2(2): 75-79.

［8］Caquard S, Dimitrovas S. Story Maps&Co. , The stat of the art of online narrative cartography［J］. Mappe Monde, 2017, 121.

［9］Liu B F, Wood M, Egnoto M, et al. Is a picture worth a thousand words? The effects of maps and warning messages on how publics respond to disaster information［J］. Public Relations Review, 2017, 43(3)：493-506.

［10］Egiebor E, Foster E J. Students'perceptions of their engagement using GIS-Storymaps［J］. Journal of Geography, 2019, 118(2)：51-65.

［11］Mukherjee F. Exploring cultural geography field course using story maps［J］. Journal of Geography in Higher Education, 2019, 43(2)：201-223.

［12］Dickinson S, Telford A. The visualities of digital story mapping：Teaching the messiness of qualitative methods through story mapping technologies［J］. Journal of Geography in Higher Education, 2020, 44(3)：441-457.

［13］González R D, Torres M L D. WebGIS implementation and effectiveness in secondary education using the digital atlas for schools［J］. Journal of Geography, 2020, 119(2)：74-85.

［14］Lee D M. Cultivating preservice geography teachers'awareness of geography using story maps［J］. Journal of Geography in Higher Education, 2020, 44(3)：387-405.

［15］Roth R E. Cartographic design as visual storytelling：Synthesis and review of map-based narratives, genres, and tropes［J］. Cartographic Journal, 2021, 58(1)：83-114.

［16］Deling Zhang, Ke Li, Yongming Liu, Yuchen Xia, Qi Jiang, Fangfang Chen, Pengfei Xu, Heng Sun, Jun Li, Xiaohua He, Lei Wei *. Comparison between the blended teaching practice and traditional teaching of Pathophysiology based on the cultivation of medical thinking ability［J］. Creative Education, 2022, 13, 3182-3190.

［17］Tian J, Koh J H L, Ren C, et al. Understanding higher education students'developing perceptions of geocapabilities through the creation of story maps with geographical information systems［J］. British Journal of Educational Technology, 2022, 53(3)：687-705.